Design, Anfang des 21. Jh.

Diskurse und Perspektiven
Petra Eisele & Bernhard E. Bürdek (Hrsg.)

avedition

INHALTSVERZEICHNIS

4	**Vorwort**	Petra Eisele & Bernhard E. Bürdek
10	**Design ist (doch) eine Disziplin**	Bernhard E. Bürdek
22	**Strategisches Design. Ökonomisch erfolgreiches Design?**	Christoph Herrmann & Günter Moeller
32	**Global Design**	Angeli Sachs
44	**Grenzgänge. Über das Verhältnis von Kunst und Design**	Sabine Foraita
56	**Conventional patchworks. Design und soziokulturelle Veränderungen**	Volker Albus
66	**Green Architecture**	David Cook
80	**Eco Design. Problemlösung statt Greenwashing**	Ursula Tischner
92	**Moralische Dimensionen von Design**	Rainer Funke
104	**Ethnologie und Konsum. Eine globale Perspektive**	Hans Peter Hahn
114	**Universal Design. Aus der Perspektive des Nutzers**	Oliver Herwig
126	**Eine Expedition zum Service Design**	Birgit Mager
136	**Retro-Design. Ende der Geschichte?**	Petra Eisele
150	**Vom Styling zum Style**	Elke Gaugele
164	**Vom Ornament oder von der Tiefe der Oberfläche**	Harald Hullmann
174	**Zum Verhältnis von Design und Technik**	Melanie Kurz & Frank Zebner
186	**Einfach einfach. Von interaktiven zu kooperativen Computersystemen**	Wolfgang Henseler
200	**Materialien einer neuen Designkultur**	Sascha Peters
212	**Natur und Technik. Eine neue Einheit!**	Axel Thallemer
224	**Zukunft gestalten. Visionen und Utopien im Design**	Gerda Breuer
236	**Avantgarde im Design**	Siegfried Gronert
250	**Ein Interview**	Hartmut Esslinger im Gespräch mit Bernhard E. Bürdek
262	Zu den Autoren	
268	Kumulierte Bibliografie	
271	Bildnachweis	

DIGITALISIERUNG
DISZIPLIN
ETHIK & MORAL
GESCHICHTE
GESELLSCHAFT
GLOBALISIERUNG
INNOVATION & STRATEGIEN
KOMMUNIKATION
KUNST & KULTUR
ÖKOLOGIE
ÖKONOMIE
TECHNOLOGIE
THEORIE
WISSENSCHAFT & FORSCHUNG
ZUKUNFT

VORWORT

In einer immer weiter überschäumenden Euphorie begegnet uns heute das Thema Design in unterschiedlichsten Ausprägungen. Die damit verbundene Inflation des Begriffs ist reichlich erschreckend. Wenn man beispielsweise den Begriff »Design« in eine gängige Internet-Suchmaschine eingibt, werden weit über 1.000.000.000 Treffer angezeigt – die Suche nach den Begriffen »Kunst« bzw. »art« ergibt deutlich weniger Fundstellen. Dies korreliert durchaus mit einem inflationären Gebrauch des Designbegriffs[1] in unserem Alltag, wo Hair-Design, Nail-Design, Drogen-Design bis hin zum Hundehütten-Design jeden zum Designer kürt und alles nur erdenklich Gestaltete als »Design« deklariert.

Noch vor rund zwanzig Jahren prognostizierte Wolfgang Welsch reichlich euphorisch, das 21. Jahrhundert könne – nachdem das 20. Jahrhundert das Jahrhundert der Kunst gewesen sei – zum Jahrhundert des Designs avancieren.[2] Dazu ist es bisher nicht gekommen. Und wird es wohl auch nicht. Aber die Verschränkung von Kunst und Design hat derart zugenommen, dass man heute vielerorts von Kunst-Design oder Design-Kunst spricht. Und so verwundert es kaum, dass heute Designobjekte wie Kunstobjekte auf Auktionen versteigert werden und entsprechend hohe Preise erzielen.

Produkte von Designern oder Architekten sollen einen ganz neuen Schwung in die Szenen bringen, dazu gehören beispielsweise Ron Arad, Scott Burton, Zaha Hadid, Ross Lovegrove, Marc Newson, Ettore Sottsass, Alessandro Mendini, die brasilianischen Brüder Campana u.a.m. Deren Werke werden zu exorbitant hohen Preisen gehandelt. Das Unikat eines Schranks von Marc Newson beispielsweise erzielte im Mai 2007 auf einer Auktion rund 1 Mio. US$ und ist damit in der Liga hochkarätiger Kunstwerke angesiedelt. 2007 erreichte seine »Lockheed Lounge« einen Auktionspreis von 1.100.000 € – der derzeitige Stand soll bei rund 1.500.000 € liegen. Und dies alles nur, weil sich darauf einmal der Popstar Madonna geräkelt haben soll.[3]

Nun könnte man also wirklich meinen, man sollte in diesen unsicheren Zeiten doch besser gleich in Design-Art investieren als in dubiose Zertifikate, denn da bleiben – bei einem Börsencrash – sogar Produkte, die man zur Not auch noch benutzen kann. Und die benötigt man ja insbesondere im privaten Umfeld, denn seit jener Zeit, als der Mensch sesshaft wurde, richtete er sich in Behausungen ein, aber erst die gebaute Wohnung bietet mehr als nur den physischen Schutz vor der unwirtlichen Natur. Sie ist eine Bühne für Selbstdarstellung: die seelischen Bedürfnisse des Einzelnen spiegelt sie ebenso wie den herrschenden Zeitgeist. Wohnen sei

---

1 Siehe dazu beispielsweise Matteo Kries: Total Design. Die Inflation moderner Gestaltung, Berlin 2010.
2 Wolfgang Welsch: Perspektiven für das Design der Zukunft (Vortrag in Nagoya 1989), in: ders. Ästhetisches Denken, Stuttgart 1990, S. 218.
3 Sieglinde Geisel: Zwischen Uterus und gläsernem Raumschiff. Die Ausstellung »Interieur/Exterieur« im Kunstmuseum Wolfsburg, in: Neue Zürcher Zeitung, Nr. 49, 28.2./1.3.2009, S. 25.

VORWORT
PETRA EISELE &
BERNHARD E. BÜRDEK

»*eine Weise des In-der-Welt-Seins des Menschen*«, sagte einmal Martin Heidegger,[4] ein Grund sicherlich dafür, dass aktuelles Design (zumindest in der öffentlich präsenten medialen Darstellung) noch immer vom Möbeldesign dominiert wird.

Institutionen wie die if in Hannover oder red dot in Essen haben schon lange erkannt, dass Designveranstaltungen hochkarätig kommerzialisierbar sind: die Vermarktung von Design wird als erfolgreiche und äußerst lukrative Geschäftsidee praktiziert. Aber dies gelingt nur, weil Unternehmen mit dem jeweiligen »Label« (wie eben if, red dot) werben können. Insbesondere asiatische Firmen, deren Produkte ausgezeichnet werden, fühlen sich dadurch geadelt und vom permanent über ihnen schwebenden Verdacht des Plagiats befreit.

In den 1980er Jahren veröffentlichte der Philosoph und Soziologe Bernd Guggenberger ein kleines Buch mit dem Titel »Sein oder Design«.[5] Heute kann man das durchaus weiter fassen: Design oder Nichtsein – das ist hier die Frage. Wenn der Designbegriff derart unreflektiert und in seiner Bedeutung zunehmend entgrenzt und auswuchernd durch die Medien schwirrt, ist es wahrlich höchste Zeit, für etwas mehr Orientierung zu sorgen.

Entsprechend haben wir Autorinnen und Autoren eingeladen, aus ihrer gestalterischen und/oder wissenschaftlichen Kompetenz heraus charakteristische Themenfelder näher zu beleuchten, die den Diskurs über Design unserer Meinung nach heute maßgeblich bestimmen oder bestimmen sollten – einen ernsthaften Diskurs von und über Design, der sich unserer Meinung nach schon längst meilenweit entfernt hat von oberflächlichen Berichterstattungen designorientierter Gazetten.

Dieses Buch versucht Orientierungen zu bieten und ein (Selbst-)Verständnis von Design zu befördern, das »Design« als professionelle Disziplin begreift, die ernsthaft an der Lösung gesellschaftlich relevanter Fragestellungen (mit-)arbeitet, indem ein hohes Maß an gestaltungsanalytischer Kompetenz zum Einsatz kommt. Die einzelnen Beiträge schildern in knappen Zügen die jeweiligen Entwicklungen, berichten über den historischen und aktuellen Stand der Dinge, bieten Ausblicke und Perspektiven.

Im Einzelnen wird der Frage nachgegangen, ob Design eigentlich eine Disziplin ist oder sein kann und wohin sich diese gegenwärtig entwickelt (Bernhard E. Bürdek), nicht zuletzt unter den Vorzeichen der sich verändernden ökonomischen und industriellen Rahmenbedingungen. Das »Strategische Design« (Christoph

---

4 Ebenda.
5 Bernd Guggenberger: Sein oder Design. Zur Dialektik der Abklärung, Berlin 1987.

Herrmann und Günter Moeller) ist dabei ein Bereich, der insbesondere für die Unternehmen immer wichtiger wird. Diese agieren heute zunehmend global, so dass sich der Blick auf die Zusammenhänge und Rahmenbedingungen richten muss, unter denen »Globales Design« (Angeli Sachs) heute wirksam wird.

Die eingangs erwähnten Übergänge von Kunst und Design untersucht Sabine Foraita, deren Beitrag die Gruppe der von ihr als »Borderliner« bezeichneten Gestalter – jener Grenzgänger, die zwischen beiden Bereichen agieren – detailliert analysiert.

Gesellschaftliche Strukturen und Rahmenbedingungen verändern sich immer schneller. Diesen Aspekten gehen Autoren nach, die sehr genau analysieren, wie sich diese Veränderungen beschreiben lassen. Volker Albus beobachtet, dass und wie neue nomadische Lebensstile insbesondere junger Menschen einen neuen Umgang mit den Dingen bedingen und neue gestalterische Impulse bieten. David Cook hingegen verdeutlicht, wie sich aus der studentisch rebellierenden Generation der 1960er Jahre Transformationsprozesse zu heute dringend notwendigen Bewusstseinslagen herstellen lassen: das Thema Ökologie wird zur überlebensnotwendigen Strategie für Entwerfer. Was Nachhaltigkeit im Design heute bedeutet und wie man Produktgestaltung gleichermaßen ökologisch effizient und ästhetisch realisieren kann, erläutert der Beitrag von Ursula Tischner sehr anschaulich. Fast schon vergessen scheinen Ethik und Moral im Design zu sein. Rainer Funke erinnert daran, dass es jenseits der Euphorie für den Konsum noch Werte gibt, die auch für die Designer gelten sollten.

Hans-Peter Hahn zeigt auf, in welchen Ausprägungen sich Konsum heute in der sogenannten Dritten Welt manifestiert und wie daran kulturelle Unterschiede deutlich werden. Dagegen wendet sich Oliver Herwigs Blick ganz anderen Nutzern zu: Eine immer älter werdende Gesellschaft stellt völlig neue Anforderungen an Produkte – das derzeit intensiv diskutierte und praktizierte »Universal Design« ist dafür ein tragfähiger Ansatz. Und Birgit Mager betont, dass es im Design eben nicht nur um die Gestaltung einzelner Produkte, sondern auch um die damit verbundenen Services geht und beschreibt »Service Design« als völlig neues Aktionsfeld für Gestalter.

Zu den Reflexionen um und über Design gehört natürlich auch der Blick zurück, denn »Zukunft braucht Herkunft« sagte einmal der Philosoph Odo Marquard. Dies gilt für das Design inzwischen ganz besonders. Petra Eisele geht der Frage nach, was Retro-Design eigentlich bedeutet und in welch unterschiedlichen ge-

VORWORT
PETRA EISELE &
BERNHARD E. BÜRDEK

sellschaftlichen Gruppen dies heute thematisiert wird. Nur wer sich seiner Herkunft bewusst wird, kann vorausschauen – es gibt kein Ende der Geschichte. Elke Gaugele analysiert kenntnisreich die legendäre Zeit des Stylings der 1930er Jahre und schlägt eine Brücke zu den aktuellsten Styles, die der Selbstinszenierung und Selbstfindung dienen. Mit der Frage nach dem Ornament im Design reflektiert Harald Hullmann ein zentrales Thema der Design- und Kunstgeschichte – damit hatte sich das »Neue Design« in den 1980er Jahren bereits beschäftigt; heute erhalten Ornamente jedoch vollkommen neue und andere Bedeutungen, da diese aus veränderten Technologien resultieren.

Eine besonders wichtige Rolle spielt für das Design weiterhin oder gar zunehmend die Technik. Mannigfaltige neue Technologien und Materialien werden entwickelt und bedürfen der Anwendung und Visualisierung durch die Designer. Dies ist eines der zukunftsträchtigsten Aufgabenfelder für das Design im 21. Jahrhundert. Melanie Kurz und Frank Zebner fordern nachdrücklich, dass sich Design am Gebrauch zu orientieren hat und dafür adäquate Formen gesucht werden müssen. Neue Technologien sind ergiebige Felder für Produktinnovationen, und Design lässt sich klar von künstlerischen Positionen abgrenzen. Wolfgang Henseler legt anschaulich dar, welch rasante Entwicklungen sich im Bereich der Mikroelektronik in kurzer Zeit ergeben haben; auch hier sind die Designer in die Pflicht genommen, zur Veranschaulichung des Unanschaulichen beizutragen. Welche kreativen Herausforderungen die neuen Materialien an Designer und Architekten stellen, verdeutlicht Sascha Peters anhand aktueller Beispiele – Design als Prozess zu verstehen ist hier wahrlich angesagt. Axel Thallemers Überlegungen zu einer neuen Einheit von Natur und Technik machen deutlich, welches Potential in der Bionik steckt, so man mit dieser ernsthaft umgeht.

Und natürlich geht es im Design auch immer um Zukunft oder gar Utopien. Gerda Breuer zeigt auf, wie sich Utopien im Design im 20. Jahrhundert manifestiert haben und fragt, ob Design auch zukünftig derartige Perspektiven entwickeln könnte. Ähnlich entfaltet Siegfried Gronert am Begriff der Avantgarde, der vor lauter Zeitgeistigkeit auch immer mehr in den Hintergrund rückt, eine Ideengeschichte des Designs. Gleichwohl: auch die Avantgarde hat im Design eine Zukunft. Hartmut Esslinger, einer der weltweit bedeutendsten Designer, der nicht zuletzt durch seine wegweisenden Arbeiten für das Unternehmen Apple bekannt geworden ist, macht deutlich, dass Design im 21. Jahrhundert mit völlig neuen Themen konfrontiert sein wird.

Der Designhistoriker und -theoretiker Heinz Hirdina fragte einmal: »*Ist das Design am Ende oder ist am Ende alles Design?*«. Die Beiträge in diesem Buch machen deutlich, dass es durchaus ernstzunehmende Diskurse und Perspektiven gibt, die für das Design im 20. Jahrhundert wichtig waren und für das 21. Jahrhundert gleichermaßen oder gar zunehmend bedeutsam werden.

Wir danken allen Autorinnen und Autoren für ihre sorgfältigen Recherchen und ihre allesamt zukunftsweisenden Beiträge zu diesem Buch.

Petra Eisele & Bernhard E. Bürdek, im April 2011

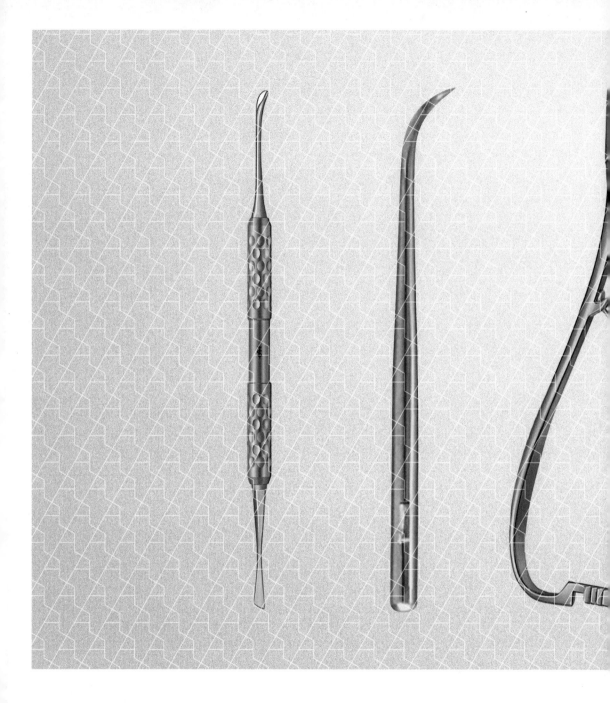

DESIGN IST (DOCH) EINE DISZIPLIN

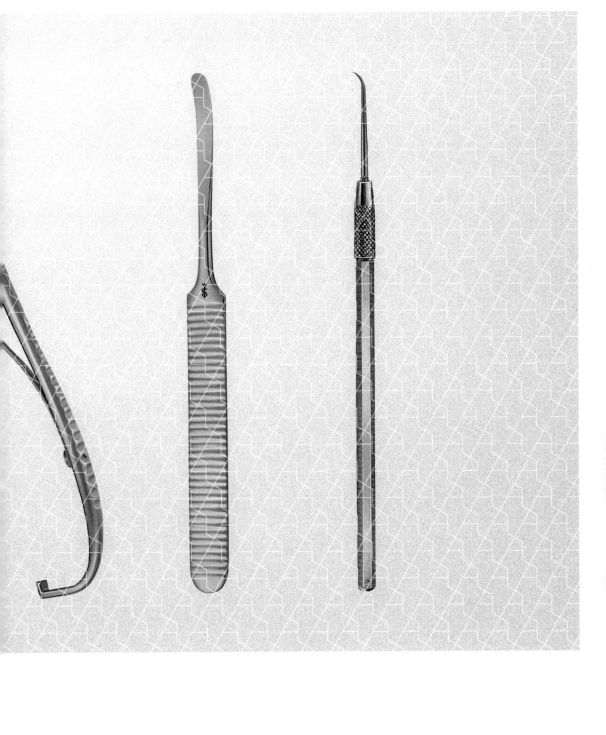

12

DIGITALISIERUNG
DISZIPLIN
ETHIK & MORAL
GESCHICHTE
GESELLSCHAFT
GLOBALISIERUNG
INNOVATION & STRATEGIEN
KOMMUNIKATION
KUNST & KULTUR
ÖKOLOGIE
ÖKONOMIE
TECHNOLOGIE
THEORIE
WISSENSCHAFT & FORSCHUNG
ZUKUNFT

BERNHARD E. BÜRDEK

Architektur, Design und Kunst sind derzeit wichtige und brisante Themen in den Medien, und zwar immer dann, wenn es über Schrilles und Schräges, manchmal auch Visionäres oder gar Utopisches, aber oftmals nur Absurdes zu berichten gilt: Gebäude, Produkte und Kunstobjekte sind dafür bestens geeignet. Die Zunft des Kreativen steht – nicht nur von der Aufmerksamkeit her, sondern insbesondere auch aufgrund seiner ökonomischen Relevanz – hoch im Kurs. Dies wurde beispielsweise durch ein Gutachten über die »Gesamtwirtschaftlichen Perspektiven der Kultur- und Kreativwirtschaft in Deutschland«[1] für die Bundesregierung besonders anschaulich: Mit einem Umsatz von rund 132 Milliarden Euro zählt das kreative Gewerbe zu den ökonomisch bedeutsamsten Bereichen, und mit einem Anteil von rund 2,6 % am Bruttoinlandsprodukt liegt es zwischen der chemischen Industrie und der Automobilindustrie, ein Umstand, der der Öffentlichkeit kaum bewusst sei, so ein Kommentar in der FAZ.[2]

Um so augenscheinlicher ist es, wie Städte und Regionen um ihre Anerkennung als »Kreativhauptstädte« buhlen, in Deutschland beispielsweise Berlin, Düsseldorf, Hamburg und Frankfurt am Main. Die europäische Kulturhauptstadt Essen involviert für ihre Aktivitäten gleich das gesamte Ruhrgebiet (www.ruhr2010.de). In Österreich profilierte sich die Landeshauptstadt der Steiermark Graz mit ihrem Netzwerk CIS (Creative Industries Styra) und steht seit März 2011 auf der Liste der von der UNESCO ausgezeichneten »Cities of Design«. Momentan gehören dazu auch Berlin, Buenos Aires (Argentinien), Kobe (Japan), Montreal (Kanada), Nagoya (Japan) und Shenzhen (China) – was zeigt, dass Kreativität ein wahrlich globales »business« darstellt. Die koreanische Hauptstadt Seoul wurde gar vom ICSID zur »World Design Capital 2010« ausgerufen.

VOM ÜBERSCHREITEN DER GRENZEN

Das Kreativgewerbe überschreitet scheinbar sämtliche Grenzen, lange Zeit gültige Maßstäbe werden aufgehoben, Disziplinen werden in Frage gestellt. »Design ist keine Disziplin«,[3] so lautet denn auch ein zeitgeistiger Essay von Tim Marshall, der versuchte, all jene Grenzen zu durchstoßen, die üblicherweise Disziplinen bestimmen und dabei recht vollmundig mit hochtrabenden Begriffen jonglierte: »*Interdisziplinarität, Intradisziplinarität, Multidisziplinarität, Transdisziplinarität, Metadisziplinarität, Undisziplinarität, Antidisziplinarität*«.[4] Des Weiteren plädiert er für einen »Meta-Sachverstand« oder gar eine »Trans-Spezialisierung«, was mir wie eine Flucht in das Wolkenkuckucksheim der Begriffe vorkommt, alldieweil in der

---

1 Siehe dazu: www.bmwi.de (Februar 2009)
2 FAZ (Frankfurter Allgemeine Zeitung) Nr. 42, 19. Februar 2009, S. 33.
3 Tim Marshall: Design ist keine Disziplin, in: Roger Nr. 2/2005, S. 32–36.
4 Ebenda, S. 33.

Designpraxis (regional, national und global) völlig andere Intentionen verfolgt und auch realisiert werden.

In wissenschaftlichen Bereichen ist man da viel vorsichtiger und auch präziser. So heißt es beispielsweise auf der Homepage des Fachbereichs Sozialwissenschaften an der Universität Frankfurt: »*Der Fachbereich fühlt sich seinen Traditionen verbunden, auch wenn sich der Einzugsbereich wissenschaftstheoretischer Orientierungen und vor allem die Spezialisierung und Ausdifferenzierung der Fächer deutlich erweitert haben. Als charakteristische und dauerhafte Elemente der Sozialwissenschaften in Frankfurt sind in diesem Zusammenhang zu nennen:*

- *die Durchlässigkeit der Fächergrenzen zwischen Soziologie, Politikwissenschaft, Ökonomie, Philosophie, Geschichts-, Rechts- und Kulturwissenschaften*
- *und die Teilintegration der Studiengänge Soziologie und Politikwissenschaft*«.[5]

Es geht einerseits um die kontinuierliche Weiterentwicklung (Differenzierung) der eigenen Disziplin und andererseits um eine zunehmende Durchlässigkeit (Interdisziplinarität) zu anderen Bereichen. So schlicht und präzise kann man (in den Wissenschaften) seinen Standpunkt beschreiben. Im Design ist dies jedoch kaum angesagt, deshalb bleibt es als Disziplin auch so fragwürdig, beliebig oder gar unseriös.

DESIGNFORSCHUNG GESTERN UND HEUTE

Gerne wird von Designern auf Richard Buckminster Fuller verwiesen, der als der erste Designforscher reklamiert wird.[6] Es wird jedoch schlichtweg übersehen, dass Bucky Fuller den typischen Erfindergeist repräsentiert, der in der ersten Hälfte des 20. Jahrhunderts aktiv war und auf verschiedenen Gebieten wie Architektur, Städtebau, Transportation Design etc. agierte, so wie eben Leonardo da Vinci in der Renaissance als der geniale Erfinder, Konstrukteur, Baumeister, Wissenschaftler – und letztlich auch Designer[7] gelten kann. Daran anzuschließen bedeutet aber auch, im Geiste einer »Moderne« zu argumentieren, die jedoch seit den 1980er Jahren (also mit dem Aufkommen der »Postmoderne«) in Frage gestellt wurde. Burghart Schmidt hat dafür einmal das sehr treffende Bild des Perspektivenwechsels verwendet: »*Da hat die bildende Kunst noch einmal etwas getan. Wenn uns auch die Perspektive als Einheitsprinzip verloren gegangen ist, die Vielfalt der Perspektivitäten ist uns nicht verloren gegangen*«.[8] Insbesondere im Design wurde ein radikaler Paradigmenwechsel vollzogen, den ich einmal mit dem Wort: »From Function to Meaning« umschrieben habe.[9]

---

5 http://www.gesellschaftswissenschaften.uni-frankfurt.de/index.pl/fachbereich sozialwissenschaften

6 Marco Siebertz: Der erste Designforscher, in: Roger Nr. 4/2007, S. 62–67.

7 Bernhard E. Bürdek: Design. Geschichte, Theorie und Praxis der Produktgestaltung, Köln 1991, S. 15.

8 Harald Krämer/Robert Lettner/Mara Reissberger/Burghart Schmidt: Im Bild – Über Bilder sprechen, Wien 2006, S. 8.

9 Bernhard E. Bürdek: »From function to meaning. In the long run everything is design«, in: Bloch-Jahrbuch 2008, Ernst Bloch und das Bauhaus. Gestern und heute, hrsg. v. Francesca Vidal im Auftrag der Ernst-Bloch-Gesellschaft, Mössingen-Talheim 2008.

Ein besonderer Tiefpunkt dieser Debatten wurde in einer Publikation über »design research« erreicht, als dort Georg-Christof Bertsch[10] dafür plädierte, im Zeitalter des »massive change« (was immer das sein mag, denn alles ändert sich ja permanent) Design gar »undiszipliniert« zu betreiben. Denn wenn man Design so versteht, dann werden auch jegliche Bemühungen konterkariert, relevante Diskurse zu führen und diese auch (im Sinne von Designtheorie oder gar Designwissenschaft) ernsthaft weiterzuentwickeln. In der Folge bleiben solche Diskurse über das Design einfach auf der Strecke und verkommen – wie es Tanjev Schultz in einer medienwissenschaftlichen Untersuchung über die so weit verbreiteten und beliebten Talkshows konstatiert hat – zum blanken Geschwätz.[11]

DAS BEISPIEL SCHWEIZ

Aber es gibt zum Glück auch andere, ernstzunehmende Ansätze. So hat das SDN (Swiss Design Network) ganz wesentliche Beiträge zur Disziplinwerdung von Design geliefert. Beat Schneider[12] zeigte beispielsweise auf dem erstem Forschungssymposium im Mai 2004 in Basel[13] auf, wie sich Forschung im Design etablieren müsste (nämlich als Disziplin) und Alois M. Müller skizzierte sehr präzise auf der gleichen Veranstaltung die Kontexte von Designforschung und Forschungsdesign.

Auf dem Zweiten Forschungssymposium des Swiss Design Network (im Juni 2005 in Zürich) referierte der Soziologe Franz Schultheis[14] interessanterweise über die Frage der Disziplinwerdung in den Wissenschaften. Dies stelle sich oftmals als ein langwieriger und mühevoller Prozess der Durchsetzung, Legitimation und Institutionalisierung, eben kurz einer »Disziplinierung« dar. Gleichwohl gibt er zu bedenken: *»im gegebenen Falle ist eine solche Herangehensweise notwendigerweise spekulativ, da wir es bei der Designforschung ja mit einem emergenten Gegenstand zu tun haben, dessen Konturen unscharf und dessen Inhalte noch recht nebulös sind«.*[15] Und weiter führt er aus: *»Um zur Disziplin zu werden, müssen sich die Vertreter oder Akteure einer spezifischen Praxis selbst Gesetze geben und sich diesen unterwerfen, sie werden zu ›Nomotheten‹, wie Roland Barthes es ausdrücken würde. Sie verzichten auf eine Form von Freiheit und Autonomie im Sinne individueller Selbstbestimmung und Spontaneität nach der Logik des anything goes, um an deren Stelle eine Art korporatistische Souveränität in Gestalt einer relativen Autonomie des sich konstituierenden Feldes zu erlangen. Man gibt dabei individuelle Freiräume auf, um zu einer kollektiven Machtposition zu gelangen...«.*[16]

Und so wird Franz Schultheis – übrigens ein renommierter Wissenschaftler und eben kein Designer – zu einem exzellenten Befürworter der ausgangs der 1990er Jah-

---

10 Georg-Christof Bertsch: Undisciplined? Design in an age of »massive change«, in: design research. A cura di Hans Höger, Milano 2008.
11 Tanjev Schultz: Geschwätz oder Diskurs? Die Rationalität politischer Talkshows im Fernsehen, Köln 2006.
12 Sein Buch »Design – eine Einführung« ist eine exzellente Grundlage für die hier diskutierte Thematik. Vgl. Beat Schneider: Design – eine Einführung. Entwurf im sozialen, kulturellen und wirtschaftlichen Kontext, 2. Aufl. Basel / Boston / Berlin 2008.
13 Erstes Design Forschungssymposium, HGK Basel 13. / 14. Mai 2004, hrsg. vom Swiss Design Network (SDN), Zürich 2004.
14 Franz Schultheis: Disziplinierung des Designs, in: Forschungslandschaften im Umfeld des Designs. Zweites Design Forschungssymposium (23. / 24. Juni 2005), hrsg. vom Swiss Design Network (SDN), Zürich 2005.
15 Ebenda, S. 68.
16 Ebenda, S. 69.

re einsetzenden intensiven Bemühungen, Design als Diziplin zu formieren, wohingegen viele andere das Ganze eher im Dunstkreis des Beliebigen belassen wollen.

Nun hätte man meinen können, nach diesen vielversprechenden Anfängen ginge es in der Schweizerischen Designlandschaft zügig voran, aber spätestens bei der fünften Veranstaltung im Jahr 2009 in Lugano wurde deutlich, dass man sich auch dort im Kreise dreht: denn anstelle einer Weiterentwicklung von Design als Disziplin fragte man – wie schon so oft – beispielsweise: »*How do theories, methods and practices from other knowledge domains inform the design research today? And, which kind of exchange exists between them?*«[17], als ob nicht das Schielen nach anderen Disziplinen irgendwann wirklich obsolet würde, wenn man selbst nicht in der Lage ist, eigenes, sprich »disziplinäres« Wissen zu generieren, das eben autonomer Forschung bedarf, und deren Ergebnisse auch kommuniziert werden können. Dies ist übrigens notwendig für die Disziplin selbst und natürlich auch für andere Disziplinen, mit denen das Design so gerne kooperieren will.

INTERNATIONALE DISKURSE

Nach dem langanhaltenden Erbe funktionalistisch geprägter Designtheorie und -praxis – insbesondere in Deutschland – befinden wir uns heute in einer Situation, wo man nach einem kurzen Rundblick auf die internationale Diskurswelt durchaus konstatieren kann, dass sich eine gewisse Klärung im Design abzeichnet.

In einer leider wenig rezipierten Arbeit von John A. Walker[18] »Designgeschichte – Perspektiven einer wissenschaftlichen Disziplin« wurde aber schon vor rund zwanzig Jahren deutlich, wo und wie das Design und seine Geschichte als Disziplin zu verorten sind. Walker argumentiert übrigens ähnlich wie Franz Schultheis: »*Jede neue wissenschaftliche Disziplin muss zuerst ihren Forschungsgegenstand genau bestimmen und die Grenzen des Fachgebiets abstecken*«[19], und weiter: »*Wenn es nicht gelingt, den Forschungsgegenstand der Designgeschichte [und des Designs überhaupt, so möchte ich hier ergänzen] präzise einzugrenzen, wird die unermessliche Vielfalt möglicher Themen alle Forschungsbemühungen lähmen. Dann wird sich das neue Fach zwischen tausend Themen verzetteln und einem Dutzend bestehender wissenschaftlicher Fachrichtungen die Rolle und das Sachgebiet streitig machen*«.[20]

Eine besonders relevante Bestimmung für die Disziplin Design unternimmt Walker dort, wo er auf den Stellenwert der Zeichenhaftigkeit verweist: »*Bezeichnenderweise enthält auch das Wort Design den Bestandteil signum, das heißt Zeichen*«.[21] Und

---

17 www.multipleways09.ch (Zugriff Mai 2009)
18 John A. Walker: Designgeschichte. Perspektiven einer wissenschaftlichen Disziplin, München 1992.
19 Ebenda, S. 34.
20 Ebenda, S. 49.
21 Ebenda, S. 77.

so folgt seine Argumentation durchaus auch den Überlegungen von Umberto Eco, wenn er schreibt: »*Da sich die gesamte menschliche Kultur als ein System von Zeichen betrachten lässt, ist die Semiotik wirklich eine Wissenschaft von höchster Wichtigkeit*«.[22]

BEISPIEL MEDIZIN

Wie sich solche Prozesse, d.h. wie sich Disziplinen entwickeln und formieren, kann man etwa recht anschaulich am Beispiel der Medizin verfolgen. Wirft man einmal einen Blick in deren Geschichte, so kann man diese über viele Jahrtausende hinweg bis zu den Naturvölkern zurückverfolgen. Aber erst im 19. Jahrhundert kamen naturwissenschaftliche Methoden zur Anwendung, die die Heilkunde von der Quacksalberei, z.B. Handauflegen, Aderlass oder Humoralpathologie (die sogenannte Säftelehre) befreite und die Medizin zu einer eigenständigen Disziplin werden ließ – mit einer Vielzahl von fachspezifischen Ausprägungen, die man heute kennt. Aber erst durch die Entwicklung der medizinischen Diagnostik (mittels technischer, biologischer, chemischer Methoden) kam es zur Etablierung einer gesellschaftlich hochangesehenen Disziplin. Ein Wissen, das sich immer weiter spezialisierte, beförderte den gewaltigen Fortschritt der Medizin im 20. Jahrhundert, der sich im 21. Jahrhundert unter anderem in der Gen- oder Hirnforschung fortsetzt.

Das immense Wissen der Medizin schlägt sich seit den 1930er Jahren beispielsweise in einem Werk nieder, das von einem »Wörterbuch der klinischen Kunstausdrücke« – über fünfzig Jahre lang von dem Berliner Arzt Willibald Pschyrembel (1901–1987) redigiert – zu einem Klassiker wurde. Den »Pschyrembel« – also das klinische Wörterbuch – gibt es inzwischen in der derzeit 261. Auflage mit rund 2.160 Seiten Umfang. Natürlich auch als CD-ROM verfügbar, als Online-Version im Abonnement zu beziehen oder als PDA-Version für den Arzt unterwegs. Von einem 148-seitigen Buch mutierte der »Pschyrembel« zu einem Standardwerk klinisch-medizinischen Wissens und repräsentiert damit natürlich in einzigartiger Weise das gesicherte und anerkannte Wissen der Disziplin (www.psychrembel.de).

Dazu ein Vergleich: 2008 erschien erstmalig ein »Wörterbuch Design«, in dem die Herausgeber[23] bereits in der Einleitung konstatieren, es gebe keine Definitionen, keine finalen Versionen, Design und dessen Facetten zu fesseln oder abschließend zu fixieren. Und in dem Eintrag über »Design« (S. 87f) schreiben sie, dass es keine allgemeingültige Definition für Design gibt. Und so bleiben viele weitere Einträge auch recht allgemein, umschreiben manches und vieles, aber den Kern dessen, was Design wohl sein könnte, also »Design als Disziplin« zu beschreiben, wollen

---

22 Ebenda, S. 167.
23 Wörterbuch Design. Begriffliche Perspektiven des Design, hrsg. von Michael Erlhoff und Tim Marshall, Basel/Boston/Berlin 2008.

oder können sie nicht einmal ansatzweise leisten. Und noch so ganz nebenbei: dieses Buch kommt gänzlich ohne jegliche praktische Beispiele aus, als ob sich Design nur im Diskursiven abspielte und gar nicht mehr mit Produkten, Interfaces oder Services beschäftigte.

Was wäre also von einem »Pschyrembel« zu halten, der nur so allgemein über Krankheiten, Diagnosen, Therapien etc. berichten würde? Dann wüsste man ja gar nicht, wofür das Buch eigentlich gut sein sollte. So gesehen befindet sich das Design – wissenschaftstheoretisch gesehen – über weite Strecken immer noch im Stadium der Wunderheilung oder gar der oben erwähnten Quacksalberei.

WIE DISZIPLINEN BESCHRIEBEN WERDEN

Ein solcher Rückschritt ist für das Design auch insofern problematisch, als dessen Theorie und Forschung in den 1970er Jahren schon wesentlich weiter waren. Bereits 1972 hatte Siegfried Maser [24] aus wissenschaftstheoretischer Sicht darauf hingewiesen, dass es dreier Kategorien bedarf, eine Wissenschaft oder Disziplin zu beschreiben: das Ziel, den Gegenstand und die Methoden.

- Das Ziel besteht in einer Fachsprache, das heißt, Begriffe und Sätze sind so zu formulieren, dass sie für die Disziplin allgemeingültig sind.
- Der Gegenstand wird als das Spezielle an der Disziplin gekennzeichnet. Im Design versteht man darunter die Fragen von Form und Kontext oder Form und Bedeutung, die mit dem Begriff der kommunikativen Funktion beschrieben werden können.
- Die Methode wird eher im geisteswissenschaftlichen Bereich zu suchen sein, da sich weder mit naturwissenschaftlichen noch mit formalwissenschaftlichen Methoden das Wesen von Kommunikation designspezifisch beschreiben lässt.

Dieser Ansatz wurde insbesondere zur Grundlage der Herausbildung einer »disziplinären Designtheorie«, in deren Mittelpunkt die sogenannte »Theorie der Produktsprache«[25] stand. Spätestens mit Erscheinen des Buches von Klaus Krippendorff[26] zum »Semantic Turn« im Jahre 2006 durfte deutlich geworden sein, dass sich mit Methoden der Kommunikationswissenschaften, der Semiotik und der Sprachwissenschaften (Stichwort: »linguistic turn«) der disziplinäre Kern von Design beschreiben lässt.[27]

Der renommierte englische Designmethodologe Nigel Cross[28] hatte bereits im Jahr 2001 die Entwicklung des Designs im 20. Jahrhundert sehr treffend beschrieben,

---

24 Siegfried Maser: Einige Bemerkungen zum Problem einer Theorie des Designs (Manuskript), Braunschweig 1972.
25 Vgl. Bernhard E. Bürdek: Design. Geschichte, Theorie und Praxis der Produktgestaltung, 3. erw. Aufl. Basel/Boston/Berlin 2005.
26 Klaus Krippendorff: The semantic turn. A new foundation for design, Boca Raton/London/New York 2006, dt.: Die semantische Wende. Eine neue Grundlage für Design, Basel 2011.
27 Vgl. dazu auch: Bernhard E. Bürdek: Objects: In between language and meaning, in: MEI (Médiation et Information) No. 30–31, Paris 2009, hrsg. von Bernard Darras & Sarah Belkhamsa, Paris 2009.
28 Vgl. dazu: Bürdek 2005 (Anmerkung 25), S. 279–280.

als er konstatierte, es seien wohl 40-jährige Zyklen, in denen sich in der Rückschau paradigmatische Veränderungen feststellen ließen:

- In den 1920er Jahren hat man damit begonnen, wissenschaftliche Erkenntnisse in die Designausbildung zu integrieren (zum Beispiel am Bauhaus in Weimar, Dessau und Berlin).
- Die 1960er Jahre waren die Blütezeit der Designmethodologie (England, HfG Ulm, USA) und wurden auch die designwissenschaftliche Epoche genannt.
- Seit etwa 2000 konzentriert man sich darauf, Design als eigenständige Disziplin zu profilieren.

ÜBER »MEANING« UND SEMANTIK IM DESIGN

Und so verwundert es auch nicht, wenn Nigel Cross[29] zum »Semantic Turn« schreibt: »*I would interpret this as in line with a now fairly widely accepted view of design as a discipline, meaning design studied on its own terms, within its own rigorous culture, based on a reflective practice of designing*«. Es ist auch durchaus positiv zu vermerken, dass sich die DeSFoRM – »Design and semantics of form and movement«-Bewegung mit inzwischen sechs Workshops (Northumbria 2005, Eindhoven 2006, Northumbria 2007, Offenbach am Main 2008, Taipeh/Taiwan 2009 und Luzern 2010)[30] dieser Thematik annimmt. Im Oktober 2009 war es insbesondere der Beitrag von Yong-Ki Lee und Kun-Pyo Lee,[31] die den so aktuellen Begriff »meaning«[32] in den Mittelpunkt ihres Beitrags stellen, woran man sieht, dass diese Thematik nunmehr auch in Asien angekommen ist und ernsthaft verfolgt wird.

Aber selbst weniger wissenschaftlich als vielmehr praxisorientierte Autoren wie Deyan Sudjic (der derzeitige Direktor des Londoner Design Museums) sind da wesentlich weiter, denn er kommt zu der Feststellung: »*...design has become the language with which to shape those objects and to tailor the messages that they carry. The role of the most sophisticated designers today is as much to be storytellers, to make design that speaks in such a way as to convey these messages, as it is to resolve formal and functional problems*«.[33] Oder an anderer Stelle noch wesentlich radikaler und gleichwohl einfacher formuliert: »*Design is understood as a primarily visual language. It uses colour to suggest playfulness or masculine, and shape to engage or inform users about functions. But it is much more than that: it makes use of all the senses*«.[34]

Es ist aber auch völlig unbestritten, dass die Konzentration auf »meaning« nur eine Seite der Medaille sein kann. Selbstverständlich sollten Designer/innen – so

---

29 Nigel Cross: Book Review »The Semantic Turn. A New Foundation for Design«, in: Design Studies, No. 1, Vol. 28, January 2007, S. 107–108.
30 http://www.desform.org/2009/index.html
31 http://www.desform.org/2009/program.html
32 Steve Diller/Nathan Shedroff/Darrel Rhea: Making Meaning. How Succesful Businesses Deliver Meaningful Customer Experiences, Berkeley, 2005.
33 Deyan Sudjic: The Language of Things, London/New York, 2008, S. 21.
34 Ebenda, S. 89.

man ihnen dazu die Möglichkeit lässt – mit einem »systemischen Blick«[35] an ihre Aufgabenstellungen und Projekte herangehen. Insbesondere durch den rasanten Fortschritt in den Wissenschaften und den erforderlichen Vernetzungen der Wissenschaften untereinander ist es erforderlich, sich fundierte Einblicke in deren Strukturen, Methoden und Ergebnisse zu verschaffen. Genau dies wird im aktuellen »design thinking«[36] propagiert, das mich in seinen Aussagen und Methoden stark an die Designmethodologie-Bewegung der 1960er Jahre (siehe Nigel Cross) erinnert. Aber dies allein genügt nicht: nur wenn disziplinäre Erkenntnisse transferiert werden können und sich in konkreten Produktkonzepten niederschlagen, kann man von einem »disziplinären« Beitrag des Designs in solch inter- oder multidisziplinären Projekten sprechen. Zu glauben, die Designer seien die Integralisten, ist schlichtweg naiv, insbesondere Naturwissenschaften sind heute derart spezialisiert, dass die Anschlussfähigkeit zu diesen erst mühsam hergestellt werden muss.

VON DER DISZIPLIN ZUR INTERDISZIPLIN

In der von Dick Klavans und Kevin Boyack veröffentlichten »Map of Science« (www.mapofscience.com) wurde deutlich, dass es insbesondere innerhalb der Wissenschaften selbst darum geht, einerseits die Stärkung und Weiterentwicklung der jeweiligen Disziplinen zu fördern, andererseits aber deren Vernetzung mit anderen Disziplinen zu forcieren, um wirksame Synergien zu schaffen. So entstand beispielsweise an der Schnittstelle von Biologie und Informatik die Bioinformatik. Dass in dieser Landkarte der Wissenschaften Design gar nicht vorkommt, ist eigentlich beim derzeitigen Erkenntnisstand kaum verwunderlich, denn dort wird noch reichlich wenig disziplinäres Wissen generiert, welches überhaupt in interdisziplinäre Projekte eingebracht werden könnte. Einer der ganz wenigen ernsthaften und erfolgreichen Bereiche ist übrigens die Design-Informatik. Hier werden Wissen und Erkenntnisse aus beiden Disziplinen zusammengeführt, um beispielsweise die Thematik des Interface-Designs neu zu definieren.[37]

Die Erfahrung hat gezeigt, dass es einfach nicht weiterhilft, Design, seine Theorie und gar Forschung als »elastische Diskurse«[38] betreiben zu wollen, denn nur fundiertes Wissen über Gestaltung selbst, das Entwerfen, die Produkte, die Interfaces und die Services, so wie es hier in diesem Band dargestellt wird, sowie deren Wirkungen und Auswirkungen sind heute gefragt, um die Disziplin inhaltlich voranzubringen. Und auch nur so gelingt es dem Design, auf Augenhöhe mit anderen Disziplinen zu gelangen, Wissen zu kommunizieren und erfolgreich zu kooperieren.

---

35 Vgl. dazu z.B.: Bernhard E. Bürdek: Im Dickicht der Diskurse – The Images of Design, in: form 221, 4/2008, S. 88–91.
36 Hasso Plattner/Christoph Meinel/Ulrich Weinberg: design Thinking. Innovationen lernen – Ideenwelten öffnen, München 2009.
37 Ein recht anschauliches Beispiel dafür ist die Dissertation von Maximilian Eibl an der Universität Koblenz/Landau, Fakultät für Informatik, zum Thema: »Visualisierung im Document Retrieval«, Bonn 2000 (Informationszentrum Sozialwissenschaften Bonn).
38 http://dgtf.de.news-ansicht.html (Zugriff 29.4.2009), vgl. dazu auch: Uta Brandes/Michael Erlhoff/Nadine Schemmann: Designtheorie und Designforschung, Paderborn 2009.

Erst dann kann die vielbeschworene Interdisziplinarität des Designs ernsthaft und fundiert praktiziert werden: »inter« bedeutet ja »dazwischen, zwischen zwei oder mehreren bestehend, sich befindend oder sich vollziehend«. Das »Dazwischen« benennt ja einen Zwischenraum – also die Leere – und diese sollte ja wohl kaum durch das Design bestimmt werden. Diese Leere zu füllen ist übrigens die eigentliche Aufgabe von Designwissenschaft, Designtheorie und erst recht Designforschung.

Dies wird auch von den Herausgebern eines gerade erschienenen Werkes[39] zur Designwissenschaft in ihrem Vorwort bestätigt: »*Wir halten Designwissenschaft für das übergeordnete Konzept, das die Aktivitäten und die Ergebnisse der Wissensproduktion im Design bezeichnet. Designwissenschaft entwirft auch Theorien und forscht, um neues Wissen im Design zu schaffen*«. Bedauerlicherweise wird dort jedoch reichlich wenig konkretes Wissen über Design dargestellt, vielmehr belassen es die meisten Autoren in ihren Beiträgen bei Ankündigungen, dies irgendwann (vielleicht) einmal tun zu wollen oder gar zu können – auch die Designwissenschaft steht so gesehen erst an ihrem Anfang.

---

39 Felicidad Romero-Tejedor und Wolfgang Jonas (Hrsg.): Positionen zur Designwissenschaft, Kassel 2010.

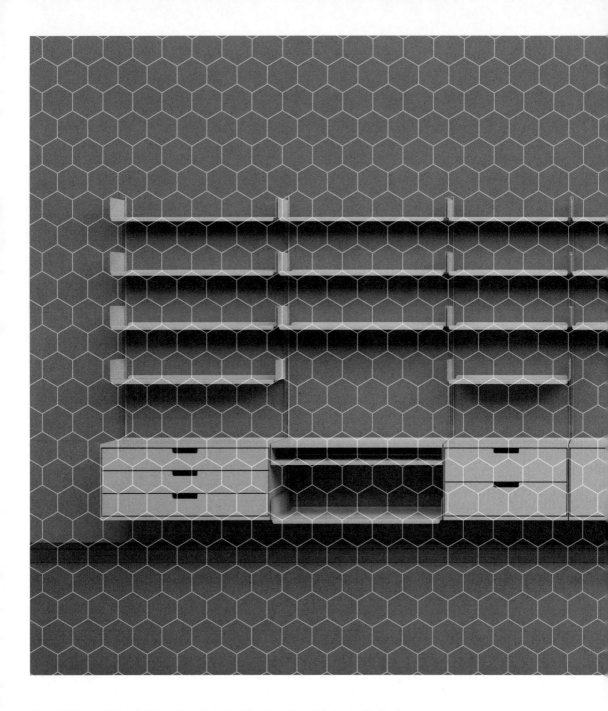

STRATEGISCHES DESIGN.
ÖKONOMISCH ERFOLGREICHES DESIGN?

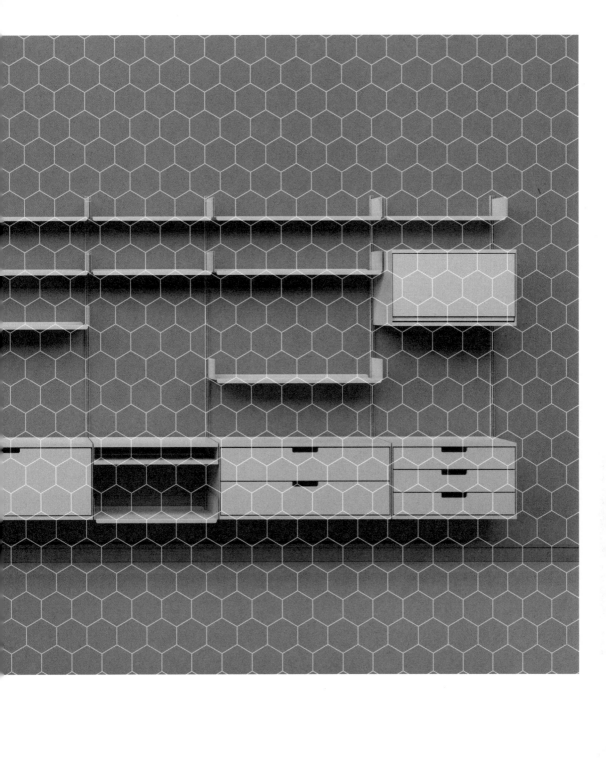

24

DIGITALISIERUNG
DISZIPLIN
ETHIK & MORAL
GESCHICHTE
GESELLSCHAFT
GLOBALISIERUNG
INNOVATION & STRATEGIEN
KOMMUNIKATION
KUNST & KULTUR
ÖKOLOGIE
ÖKONOMIE
TECHNOLOGIE
THEORIE
WISSENSCHAFT & FORSCHUNG
ZUKUNFT

CHRISTOPH HERRMANN & GÜNTER MOELLER

EIN KRITISCHER BLICK ZURÜCK

Strategisches Design ist eine noch recht junge Disziplin. Waren in den 1980er und frühen 1990er Jahren noch wenige Schriften erschienen, die sich mit dem Zusammenhang von Business und Design, Gestaltung und wirtschaftlichem Handeln auseinandersetzten, so häufen sich seit der zweiten Hälfte der 1990er Jahre die Publikationen zu diesem Thema. Brigitte Borja de Mozota und Margaret Bruce sind hier in erster Linie zu erwähnen, genauso wie Bettina von Stamm, Brigitte Wolf, aber auch das DMI in Boston.[1] Gui Bonsiepe hat jüngst aufgezeigt, dass die Welle an Publikationen zu Themen wie Design Management und Designstrategie einen regelrechten Sprachwandel innerhalb der Designdisziplin hervorgerufen hat, indem Begriffe wie Produktivität, Ergonomie oder Nutzen immer stärker durch Fachtermini aus dem Marketing wie Branding oder Identität ersetzt worden sind.[2]

Trotzdem steckt die Auseinandersetzung mit dem Strategischen im Design noch in den Kinderschuhen. Der einzige in Deutschland besetzte Lehrstuhl für Designstrategie an der Universität/Gesamthochschule Wuppertal ist gerade einmal vier Jahre alt. Insofern verwundert es nicht, dass strategisches Design noch immer als Eroberungsreise durch ein Meer voller Inseln, sprich ein »Archipel« (Lyotard) zu bezeichnen ist.[3] Betrachtet man die Realitäten im strategischen Design, dann muss man sich allerdings fragen, inwieweit diese Eroberungsreise für die Mehrheit der Disziplin nicht doch zu einer Art Irrfahrt, einer Odyssee, geworden ist.

VERSUCH EINER BEGRIFFSBESTIMMUNG

Nähert man sich dem Begriff »Strategisches Design« oder »Strategic Design«, kommt man nicht umhin, die beiden dahintersteckenden Grundbegriffe noch einmal kritisch unter die Lupe zu nehmen. Alles kann Design sein, so wie heute auch alles Marke ist, d.h. jedes beliebige Produkt, jeder Politiker und dank DSDS auch Lieschen Müller von nebenan. Art Design, Business Design, Cultural Design, Moral Design, Oral Design, Political Design ... Die Reihe ließe sich beliebig fortsetzen. Bruce und Bessant haben das Design folgerichtig bereits 2002 als »humpty dumpty word« bezeichnet.[4] Trotz oder gerade wegen dieser scheinbaren Beliebigkeit plädieren wir für eine Rückkehr zu einem eher engen Designverständnis, das Design als kognitiv-kreativen Prozess des Konzeptionierens, Entwerfens, Konstruierens und Gestaltens von zwei- bzw. dreidimensionalen Objekten begreift.

Wann wird dieser Prozess strategisch und warum kommt dem Strategischen in den heutigen Realitäten des Designs eine derart entscheidende Rolle zu? Spätes-

---

1 Vgl. Brigitte Borja de Mozota: Design Management. Using Design to Build Brand Value and Corporate Innovation, Paris 2001; Design in Business. Strategic Innovation through Design, hrsg. von Margaret Bruce und John Bessant, Harlow 2002; Investing in and Supporting Design Innovation, in: Design Management Review, hrsg. vom Design Management Institute Boston, Boston (Winter) 2004; Bettina v. Stamm: Managing Innovation, Design and Creativity, London 2003; Brigitte Wolf: Design Management in Professional Life – Survey in cooperation with the Design Management Institute Boston, www.kisd.de; Design & Innovation in KMUs, Studie hrsg. von Brigitte Wolf, Bergische Universität Wuppertal (April) 2009.

2 Vgl. Gui Bonsiepe: The uneasy relationship between design and design research, in: Design Research Now. Essays and Selected Projects, hrsg. von R. Michel, Basel/Berlin/Boston 2007, S. 25–39.

3 Vgl. Christoph Herrmann: Strategic Design, Wie man eine Insel erobert, oder: Warum die Designtheorie und die Designausbildung in Deutschland eine strategische Neuausrichtung brauchen, Vortrag an der Bergischen Universität Wuppertal, 20. Oktober 2004.

4 Vgl. Design in Business. Strategic Innovation through Design, hrsg. von Margaret Bruce und John Bessant, Harlow 2002.

**STRATEGISCHES DESIGN.
ÖKONOMISCH
ERFOLGREICHES DESIGN?**
CHRISTOPH HERRMANN &
GÜNTER MOELLER

tens seit Clausewitz, dem preußischen Militärstrategen, weiß man, dass Strategie vor allem etwas mit weiser Voraussicht, exakter und langfristiger Planung, guter Vorbereitung und ehrlicher Abwägung zu tun hat.[5] Ebendiese Eigenschaften müssen auch auf das Design übertragen werden. Allerdings zeigt die Strategieforschung auch, dass eine langfristige Planung in Zeiten des Hyper-Wettbewerbs häufig von der Realität überholt wird und deshalb manchmal eher schnelles, taktisches Reagieren gefragt ist. Der Strategiewissenschaftler Aloys Gälweiler hat daher schon vor mehr als zwei Jahrzehnten die klassische Opposition zwischen Kurzfristigkeit und Langfristigkeit als wichtigste Unterscheidungsmerkmale zwischen operativem und strategischem Management aufgehoben und durch das Gegensatzpaar »Management von Erfolgspotentialen« (strategisches Management) und »Management von Erfolgen« (operatives Management) ersetzt.[6] Wir haben diese Unterscheidung vor einigen Jahren auf das Design übertragen und strategisches Design entsprechend als »Management von Erfolgspotentialen im Design« bzw. »Management von Erfolgspotentialen durch das Design« beschrieben. Im Prinzip geht es beim strategischen Design also darum, wie das Design seine Erfolgspotentiale am besten entfalten kann, bzw. wie durch Design die Erfolgspotentiale von Unternehmen, wie auch die anderer Referenzgruppen (Nutzer, Gesellschaft, Umwelt etc.), erhöht werden können.[7]

In der Forschung wie in der Praxis trifft man allerdings häufig auf ein verkürztes Verständnis von strategischem Design. Sieht man von eher unglücklichen Definitionsversuchen ab, die strategisches Design seiner wichtigen gestalterischen Bezüge weitgehend berauben und in die Ecke eines eher unscharf definierten »Business Design« rücken,[8] beschränken sich die meisten Beschreibungen des strategischen Designs auf drei Teilaspekte:

- Designprozesse besser zu managen (Design Management)
- Designprojekte konzeptioneller, fundierter, zielorientierter aufzusetzen (Designstrategie)
- Design insgesamt eine höhere Bedeutung im unternehmerischen Tun zuzuordnen (»Designkultur«).

Abb. 1 / S. 28

Damit strategisches Design seine volle Wirkung entfalten kann, ist jedoch ein viertes Element von entscheidender Bedeutung: die Anschlussfähigkeit (vgl. Abb. 1). Erst wenn sich das Design zu den zentralen Strategie-, Innovations-, Konzeptions-, Entscheidungsfindungs- und Organisationsprozessen in Unternehmen wie ande-

---

5 Vgl. Carl v. Clausewitz: Vom Kriege, Hamburg 2008 (der Text entstand während seiner Tätigkeit als Verwaltungsdirektor der Allgemeinen Kriegsschule in Berlin, um 1830).

6 Vgl. Aloys Gälweiler: Strategische Unternehmensführung, 3. Aufl. Frankfurt a.M. 2005; ferner: Ders.: Grundlagen der strategischen Unternehmensführung, in: Der Wirtschaftsingenieur, Österreichischer Verband der Wirtschaftsingenieure, Heft 1/83, S. 8–29.

7 Vgl. Christoph Herrmann/Günter Moeller: Design als zentraler Wertschöpfungsfaktor, in: FAZ, Nr. 212, 12.09.2005, S. 24; Dies.: Innovation – Marke – Design. Grundlagen einer neuen Corporate Governance, Düsseldorf 2006.

8 Vgl. Franz Liebl: Vom »Defining the Business« zum »Designing the Business«. Auf dem Weg in eine Design Economy, in: form.diskurs, Nr. 8/9, 2000/01, S. 6–9; 73; Ders.: Do Placebo Products Dream of Electric Sheep? Annäherungen an »Strategisches Design«, in: The Paradox Endeavour To Design a Foundation for a Groundless Field, http://home.snafu.de/jonasw/PARADOXLiebID.html; Ders.: Strategisches Design. Eine Positionsbestimmung aus Sicht des Strategischen Managements, in: Strategisches Design. Tankstellenwelten der nächsten Generation, hrsg. von B. Bürdek, F. Liebl und C. Mennicken, Offenbach/Witten 2005, S. 5.

ren Referenzfeldern (Markt, Gesellschaft, Umwelt etc.) anschlussfähig zeigt, erweist es sich als wirklich zielführend und damit erfolgreich.[9]

DEBUGGING STRATEGIC DESIGN
Soll Design wirklich strategischer, konzeptioneller, relevanter, aber vor allem anschlussfähiger an die Anforderungen der spätkapitalistischen Moderne werden, sind aus unserer Sicht die folgenden fünf Aspekte von entscheidender Bedeutung:

1. Plädoyer für eine Kultur des »Vielen« im Design
Steve Jobs wird als Meister des strategischen Designs gefeiert. Tatsächlich hat er »Design« zu einer Anerkennung als wichtigem Marktfaktor verholfen und eine ganze Generation von Managern wachgerüttelt. Und doch eignet sich Steve Jobs nur bedingt als Beispiel für eine neue Designkultur. Zum einen gilt er als »autokratisch«, »narzisstisch« und »launisch«[10] – alles Eigenschaften, die zwar durchaus zu gutem Design führen können, es jedoch extrem von einer einzelnen Person abhängig machen und so die Durchsetzungsfähigkeit des Designs in unternehmerischen Kontexten nicht unbedingt erleichtern (das kann sich das Design nur dann leisten, wenn – wie bei Steve Jobs – der CEO selbst oberster Designer ist). Darüber hinaus hat er mit iTunes, iPhone und jetzt dem iPad einen Weg eingeschlagen, dessen Konsequenzen in innovations- und designtechnischer Hinsicht sehr differenziert zu betrachten sind. So haben zwar das iPhone und das iPad eine Welle neuer kreativer Programmentwicklungen angestoßen.[11] Allerdings bergen die neusten Apple-Schöpfungen und die mit diesen verbundene App-Kultur auch das Risiko der Beschränkung gestalterischer Potenziale.[12] Es bleibt also abzuwarten, wie gut, wie kreativ, wie erfolgreich die Designer und Designstrategen einmal sein werden, die mit dem iPhone / iPad groß geworden sind.

2. Plädoyer für einen erweiterten Bildungsbegriff im Design
Gute Bildung braucht – das wissen wir spätestens seit Humboldt – beides: gute Lehre und gute Forschung. An beidem herrscht, zumindest bezogen auf strategisches Design, eklatanter Mangel. Nicht wenige Designstrategen, Designmanager und Designberater, die an Hochschulen unterrichten, präsentieren in ihren Vorlesungen nur die eigenen Strategien und Konzepte. Das alleine macht aber keine gute Lehre aus. Dazu sind vielmehr zwei Dinge notwendig: Praxis und Training. Mit Praxis ist hier weniger das obligatorische Praktikum außerhalb der Hochschule in einem Designbüro, einer Designberatung oder dem Produktmanagement eines Unternehmens gemeint. Vielmehr sollte strategische genauso wie gestalteri-

---

9   Vgl. Christoph Herrmann / Günter Moeller: Design Governance. Design as a key factor for innovation and economic success, Hyderabad 2009; ferner: Strategisches Industriegüterdesign. Innovation und Wachstum durch Gestaltung, hrsg. Christoph Herrmann, Günter Moeller, Ronald Gleich u. Peter Russo, Heidelberg 2009.
10 Vgl. Steve Jobs profile: Apple's hard core, in: Scotland on Sunday, 11 January 2009.
11 Inzwischen gibt es über 140.000 Apps (Anwendungsprogramme) für Smartphones, die in den nächsten drei Jahren insgesamt 30 Mrd. US$ umsetzen sollen, vgl. Sandra Louven: Teuflische Signale, in: Handelsblatt, 16.02.2010, S. 4–5.
12 Wie jüngst Jörg Kantel anschaulich in der FAZ dargelegt hat, verführen iPhone und iPad und die damit entstandene App-Kultur – in Abkehr von den bewusst offenen und damit kreativitätsfördernden Prinzipien älterer Apple-Programme wie Hypertalk / Hypercard – unter Umständen eher zu einem passiven Verhalten oder gar »Unterschichtenfernsehen« (Kantel) statt dazu, selbst kreativ zu werden; vgl. Jörg Kantel: Endstation App-Store. Der iPad ist nur eine Fernbedienung, in: FAZ, 02.02.2010.

**STRATEGISCHES DESIGN.
ÖKONOMISCH
ERFOLGREICHES DESIGN?**
CHRISTOPH HERRMANN &
GÜNTER MOELLER

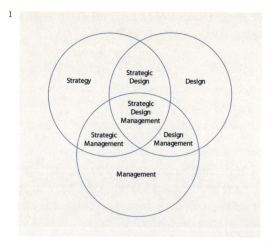

1   Grundverständnis des strategischen Designmanagements
2   Der IXO von Bosch Powertools – ein Beispiel für nachhaltigen Markterfolg durch strategisches Marken- und Designdenken

sche Kompetenz unter Anleitung aktiv eingeübt werden. Deshalb ist das Training so wichtig, eine Tatsache, die in der aktuellen Bildungslandschaft leider viel zu wenig Berücksichtigung findet.

3. Plädoyer für mehr Neugier auf das Fremde im Design
Aus designhistorischer Perspektive zeichnete sich deutsches Design durch eine starke Vernetzung zwischen industrieller Gestaltung und Wirtschaft aus (Deutscher Werkbund, Bauhaus, HfG Ulm). Inzwischen sind derartige Vernetzungen eher im Ausland zu finden. Indien, das Land, in dem TATA seinen Nano baut und das mit dem National Institute of Design (NID) eine respektable Designinstitution geschaffen hat, ist dafür nur ein Beispiel unter vielen. Der Blick ins Ausland und damit über den eigenen Tellerrand hinaus kann auch dazu verhelfen, die eigenen Stärken wieder besser zu definieren. Noch immer ist Deutschland beispielsweise in Sachen Produktqualität Weltmarktführer. Damit dies so bleibt, braucht das German Engineering nicht unbedingt ein deutsches Design, wohl aber ein Design, das mit der deutschen Ingenieurskunst kompatibel ist, indem es die Qualitätsvorsprünge deutscher Produkte deutlich macht, Preiswürdigkeiten unterstreicht und so nachhaltig wirkt. Genügend Ansatzpunkte also für ein strategisches Design.

4. Plädoyer für ein neues Qualitätsbewusstsein im Design
Dass Design von vielen immer noch als »Oberflächendisziplin« angesehen wird, zeigt eine Untersuchung von Managern, die wir Anfang 2009 in der Investitionsgüterindustrie durchgeführt haben.[13] 70% aller Befragten definierten Design zwar als relevant für den Erfolg ihrer Produkte, nur 26% gaben jedoch an, es auch wirklich strategisch zu nutzen. Eine Ursache hierfür ist sicherlich darin zu sehen, dass es Designer immer noch nicht geschafft haben, das kreative »Voodoo-Image« loszuwerden. Noch immer misstrauen vor allem Ingenieure dem konzeptionellen und konstruktiven Können der Designer und gestalten ihre Produkte daher lieber selbst.

Besonders interessant wird es immer dann, wenn beide Seiten (Anziehung und Ablehnung, Relativierung und Okkupierung des Designs) zusammenkommen. Ein Beispiel, das belegt, was wir meinen, liefert die Zeppelin University in Friedrichshafen (www.zeppelin-university.de): Hatte sich die Hochschule in der Gründungsphase bewusst jedweder Annäherung an Themen wie Design und Marketing enthalten, weil dies den eigenen intellektuellen Prinzipien widersprach, so hat sie in den letzten Jahren nicht nur eine für die deutsche Bildungslandschaft einmalige PR-Kampagne losgetreten. Sie ist vielmehr selbst zu einem »Design Space« gewor-

---

13 Christoph Herrmann/Günter Moeller: Markterfolg durch strategisches Investitionsgüterdesign, in: Perspektiven des Innovationsmanagements 2010, hrsg. von R. Gleich und P. Russo, Berlin 2010, S. 152 f.

den. Überall auf dem Campus befinden sich für eine Hochschule bemerkenswert durchgestylte Räumlichkeiten. An verschiedenen Wänden der Universität sind typografisch hochwertig gestaltete Zitate angebracht. Die Zeppelin University hat inzwischen sogar einen Lehrstuhl eingerichtet, der Konsumenten regelmäßig unter den Computertomografen legt, um untersuchen zu können, wie Menschen auf unterschiedliche Reize aus Werbung und Design reagieren.

Es ist eine Verflachung, die Tendenz zum Oberflächlichen, die Unterordnung unter eine falsch verstandene Branding-Kultur, die uns ärgert. Wenn nämlich einerseits eine ganze Generation von Studenten quasi mit Design aufwächst (über das iPhone, den von Papi gesponserten Mini und einen Schnellkurs in Designmanagement an der Uni), andererseits dabei jedoch kaum eine wirkliche substantielle Auseinandersetzung mit den wirklichen strategischen Herausforderungen einer gelingenden Designarbeit stattfindet, passiert das, was Lars Wallentin, jahrelang Designchef bei Nestlé, uns gegenüber einmal folgendermaßen auf den Punkt gebracht hat: »*Imagine a bunch of 25-to-35-year-old brand manageresses or managers, fresh out of MBA school, responsible for the conception, look and feel of new products. They often confuse design with fashion and instead of developing the design asset strategically, they take the innovation arena as a playground for their own personal tastes and desires.*«[14]

5. Plädoyer für eine Wiederentdeckung des »X« im Design
Eines der interessantesten Phänomene im strategischen Design Management (wie in anderen Managementbereichen auch) ist sicherlich der beharrliche Glaube an den Markt und die einseitige Ausrichtung der Entscheidungsfindung auf ebendiesen Markt. Dabei ist es längst »Common Sense« moderner Ökonomie, dass Märkte sich irren können, häufig sprunghafte Veränderungen aufweisen, ja sogar regelmäßig versagen. Wer den Markt ernst nehmen bzw. die richtigen Strategien dafür entwickeln will, muss daher – im Design wie auch anderswo – den Mut besitzen, sich immer auch ein Stück von diesem wegzubewegen, eigene Positionen zu finden und zu besetzen, über den Tellerrand hinauszuschauen und so selbst aktiv Märkte zu gestalten.

Auf das Design bezogen bedeutet dies zweierlei: Zum einen gilt es, das »X« als unabhängige Variable wiederzuentdecken, nicht im Sinne einer Loslösung des Designs von anderen Anforderungs- und Funktionsbereichen im Entwicklungskontext, sondern gerade umgekehrt, im Sinne einer selbstbewussten Auseinandersetzung

14 Herrmann/Moeller 2009 (Anm. 9), S.V.

mit ebendiesen. Nur dann kann es dem Design gelingen, die häufig einseitigen, verkürzten Sichtweisen anderer Funktionsbereiche zu durchbrechen und wichtige Innovationsimpulse zu setzen. Darüber hinaus geht es darum, im Sinne des bereits in den 1990er Jahren eingeführten und inzwischen deutlich weiterentwickelten »Design for X«-Ansatzes,[15] die verschiedensten Wirkdimensionen eines zeitgemäßen strategischen Designs – von der Ideenentwicklung über die Konzeption, die Ressourcenplanung, die Produktion, die Vermarktung bis hin zu Demontage und Recycling – zu erkennen.

Ein Beispiel dafür, wie ein solcher ganzheitlicher strategischer Designansatz mit Leben gefüllt werden kann, liefert der Powertool-Bereich von Bosch (vgl. Abb. 2): Dieser hat 2009 einen zukunftsorientierten Produktentwicklungsprozess gestartet, in den Design von Anfang an integriert ist und der Aspekte wie Qualität, Funktionalität, Wirtschaftlichkeit, Nachhaltigkeit und Kundenorientierung gleichermaßen berücksichtigt, ohne diese einem einseitigen Marken- oder Stylingdenken unterzuordnen. Das Erstaunliche daran: dieser Prozess ist nicht auf das nächste Gerät, auf die nächste Messe ausgerichtet. Es geht vielmehr um die Produktgeneration 2025, für die Produkt-, Sortiments- und Designentwicklungsprozesse grundsätzlich und langfristig ausgerichtet werden.[16]

Abb. 2 / S. 28

Idealismus, Ethik, Moral auf der einen Seite und ein gutes, gelingendes, strategisch orientiertes Produktdesign auf der anderen Seite müssen also kein Widerspruch sein. Im Gegenteil. Hoffnungslos ist dagegen der Glaube, man könne das Streben nach einem besseren Design, besseren Produkten, einer besseren Welt alleine dem Konsumenten überlassen (oder gar der Corporate Social Responsibility Abteilung der Unternehmen).[17]

Im Zeitalter ubiquitärer materieller wie virtueller Maschinen sind nicht nur die Menschen gefordert, die diese Maschinen verwenden, sondern nach wie vor auch diejenigen, die sie bauen. Nicht nur auf das Qualitätsbewusstsein der Nutzer eines Produktes, ihre Energie, ihr Exzellenzstreben, ihre strategische Raffinesse kommt es an, sondern ebenso auf das Qualitätsbewusstsein, die Energie, den Idealismus und die strategische Raffinesse der Ingenieure, Designer, Manager, die ein Produkt gleich welcher Natur konzipieren.

---

15 Vgl. W. Eversheim / U.H. Bölke / W. Kölscheid: Lifecycle Management as an Approach for Design for X?, in: Lifecycle Modelling for Innovative Products and Processes, hrsg. v. Frank-Lothar Krause und Helmut Jansen, Berlin 1995, S. 71–79.

16 Vielleicht kann sich so etwas nur ein Unternehmen leisten, das als Stiftung geführt wird und daher nicht dem sonst überall anzutreffenden Trend-Hopping ausgesetzt ist. Vielleicht äußert sich darin aber auch einfach eine andere Art zu denken, eine, die viel besser zum Design Thinking passen würde als all das Marketing- und Fashion-Blabla, das heute allzuhäufig damit verbunden wird; siehe hierzu u.a. Tim Brown: Design Thinking, in: Harvard Business Review, June 2008; ferner: Hasso Plattner / Christoph Meinel / Ulrich Weinberg: Design Thinking, München 2009.

17 Vgl. Stephan A. Jansen: Management der Moralisierung, in: brand eins, Heft 02/2010, S. 132–133.

GLOBAL DESIGN

34

DIGITALISIERUNG
DISZIPLIN
ETHIK & MORAL
GESCHICHTE
GESELLSCHAFT
GLOBALISIERUNG
INNOVATION & STRATEGIEN
KOMMUNIKATION
KUNST & KULTUR
ÖKOLOGIE
ÖKONOMIE
TECHNOLOGIE
THEORIE
WISSENSCHAFT & FORSCHUNG
ZUKUNFT

ANGELI SACHS

Erinnern Sie sich noch an die Zeit, bevor Sie ein Mobiltelefon und einen Laptop besaßen? Als Sie noch nicht überall erreichbar waren? Und wie sich Ihre Kommunikation und Ihre Arbeitsweise verändert haben, nachdem Sie jetzt auch unterwegs jederzeit Zugriff auf das Internet und Ihre E-Mails haben? Viele Menschen bewegen sich jeden Tag in einem internationalen Netzwerk, das die unterschiedlichsten Distanzen in Sekundenbruchteilen überbrückt und das Gefühl für Ort und Zeit komprimiert hat. Man könnte auch sagen: Wenn der Computer und der Container das Rückgrat der Globalisierung sind, dann ist die Kommunikation ihr Nervensystem. Ohne die Innovationen im Bereich der Informationstechnologie wäre die Globalisierung mit ihrem weltumspannenden Netzwerk nicht denkbar.

Die Globalisierung und ihre Auswirkungen auf die verschiedensten Bereiche der Gesellschaft ist ein intensiv und kontrovers diskutiertes Thema, das durch die internationale Finanz- und Wirtschaftskrise noch an Aktualität gewonnen hat. Aber es greift zu kurz, das Phänomen nur von seiner ökonomischen Seite zu betrachten. Vielmehr handelt es sich um ein Zusammenspiel politischer, wirtschaftlicher, technologischer, ökologischer und kultureller Prozesse, die eine interdisziplinäre Betrachtungsweise erfordern.

GLOBALISIERUNG UND GESTALTUNG

Global Design steht dafür, wie sich die globalisierte Welt im Design manifestiert und wie Design für die globalisierte Welt entwickelt wird. Dabei erscheint es sinnvoll, von einem Designbegriff auszugehen, der Architektur, Grafik-, Medien-, Mode-, Produkt- und Industriedesign genauso umfasst wie das Design von Lebenswelten, Kommunikations- und Produktionsprozessen. Neben der globalen Vernetzung in den Bereichen Mobilität, Kommunikation, Produktion, Handel und Kapital sind wichtige Themen die Globalisierung im Verhältnis zum Regionalismus, der eine immer deutlicher wahrnehmbare Gegenbewegung darstellt, der Container als tragendes Element der Globalisierung und seine Konsequenzen für Handel, Produktion sowie die Transformation der Stadt, Kulturtransfer in Geschichte und Gegenwart und seine Auswirkungen auf die Gestaltung der jeweilgen Umgebung und des Warenangebots sowie globale Trends, ihre Entstehung, Etablierung und Verbreitung. Ein wichtiger Aspekt sind zudem Szenarien der Kontrolle des Individuums und der Allgemeinheit in einer globalisierten Welt, die sich durch die Beschleunigung der Prozesse und den immer uneingeschränkteren Austausch von Kapital, Menschen, Gütern und Informationen auch stärker gefährdet fühlt.[1]

---

1 Dieser Beitrag beruht auf der von der Autorin kuratierten Ausstellung »Global Design«, die im Museum für Gestaltung Zürich vom 12.2. bis zum 30.5.2010 gezeigt wurde. Begleitend erschien die Publikation: Global Design. Internationale Perspektiven und individuelle Konzepte, hrsg. von Angeli Sachs, Kat. Museum für Gestaltung Zürich, Baden 2010.

GLOBAL DESIGN
ANGELI SACHS

1 iPhone 4 mit Piktogrammen, Apple Inc., 2010
2 Beijing Capital International Airport, Terminal 3, Beijing, Foster + Partners, 2003–2008
3 Kollektion »Rhythme de Jeunesse«, Vlisco, 2008

KOMMUNIKATION UND MOBILITÄT

IPhone (vgl. Abb. 1) und Laptop, der freie Zugang zum Internet und die weltweite Kommunikation unabhängig von Zeit und Raum, der Rollkoffer möglichst im Handgepäckformat, internationale Flughafenterminals (vgl. Abb. 2) – all das sind zeitgenössische Symbole einer privilegierten Welt in Bewegung. Dabei bewegen sich neben Informationen, Gütern und Kapital vor allem Menschen. Der Tourismus, einer der größten globalen Wirtschaftszweige, generierte im Jahr 2008 30 Prozent der global erbrachten Dienstleistungen. Aber während die globale Mobilität für alle, die die Wahl haben, Privileg und häufig auch Genuss ist, bedeutet sie für ca. 191 Millionen Migrantinnen und Migranten[2] und 42 Millionen Flüchtlinge[3] den Weg in eine ungewisse Zukunft. Die weltweite Migration hat praktisch alle Länder der Erde erfasst, ob sie darin nun eine Rolle als Herkunfts-, Aufnahme- oder Transitland spielen. Verändert Mobilität auch die Perspektive auf die Welt?

Abb. 1 / S. 36
Abb. 2 / S. 36

Eine wahrhaft globale Perspektive vermittelt das Internet, indem es Informationen allgemein zugänglich macht und Zeit und Raum überbrückt. Der »shrinking world effect« lässt die Welt als »global village« erscheinen und fördert bei den Internetbenutzern das Bewusstsein, selbst Teil einer globalen Öffentlichkeit zu sein. Aber bedeutet global auch, dass alle teilhaben können? Von der gesamten Weltbevölkerung haben nur 15 Prozent, in Afrika sogar nur 4 Prozent Zugang zum Internet. Im »digital divide« öffnet sich die Schere zwischen privilegierten Nutzern und Ausgeschlossenen.[4] Wenn man Wissen als essentielles öffentliches Gut betrachtet, dann ist es eine der gegenwärtigen und zukünftigen Herausforderungen der globalen Gesellschaft, diese Ressource gerecht zu teilen.

Mobilität, Kultur- und Wissenstransfer sind keine neuen Phänomene, sondern schon seit Jahrtausenden Bestandteil einer globalen kulturellen Entwicklung, in der die Kontinente in einem zunehmend komplexer werdenden Produktions- und Handelsgeflecht verbunden wurden. Dabei wirkte der Globalisierungsprozess nicht nur in Richtung der jeweiligen Expansion, sondern auch auf die Initiatoren zurück und veränderte ihre Ernährungsgewohnheiten, Produktionstechniken und Kultur. Gewürzimporte oder aus Südamerika stammende Pflanzen wie die Tomate veränderten die Küche ebenso wie die aus Asien importierte Tulpe die Gärten der Europäer. Im Bereich der Kunst und der Gestaltung geschah dies durch Importe wie Baumwolle, Farbstoffe oder Batik (vgl. Abb. 3), die von den Niederländern während der Kolonialzeit aus Indonesien nach Europa eingeführt und dort in eine industrielle Produktion transformiert wurde, mit der neue Märkte in West-

Abb. 3 / S. 36

---

2 United Nations – Department of Economic and Social Affairs – Population Division, International Migration Report 2006: A Global Assesment, 2009, S. XIV.
3 Vgl. www.unhcr.org/4a2fd52412d.html, Pressemitteilung 16.6.2009.
4 Vgl. Françoise Krattinger: Das World Wide Web. Goods and Bads, in: Global Design (Anm. 1), S. 25.

GLOBAL DESIGN
ANGELI SACHS

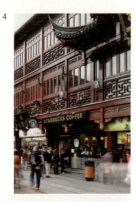

4 Starbucks Café am Yu Yuan Garden, Shanghai, 2005
5 Beijing Capital International Airport, Gesamtansicht, Beijing, Foster + Partners, 2003–2008
6 Sushi zum Mitnehmen, Globus, Zürich, 2009
7 IKEA-Einrichtungshaus Dubai

afrika erschlossen wurden.⁵ Neben dem Waren- war auch der Wissenstransfer von großer Bedeutung. Ebenso hatte die Migration Einfluss auf die Kultur ihrer Zielländer und führte zur Vermischung verschiedener Kulturen.

KULTURTRANSFER

In der Globalisierung seit den 1970er Jahren findet, bedingt durch die Entwicklungen in der Informationstechnologie und die weltweite Migration, eine zunehmende Ausbreitung und Intensivierung des Kulturtransfers statt. Nur: handelt es sich wirklich um Vielfalt oder doch eher um die Dominanz der westlichen, vor allem der nordamerikanischen Kultur? Die Verbreitung von McDonalds bis an die Corniche von Casablanca und von Starbucks bis nach Shanghai (vgl. Abb. 4) oder Dubai, das Tragen von Jeans, T-Shirts und Sneakers, die Omnipräsenz globaler Marken wie Coca-Cola und Nike haben zu Begriffen wie »McDonaldization« und »McWorld«⁶ im globalisierungskritischen Diskurs geführt. Dieser unterschätzt allerdings die Fähigkeiten der Menschen zu Rezeption, Aneignung und kreativer Übersetzung innerhalb der Konsumkultur. Und dem widersprechen neuere Forschungsansätze wie der von Roland Robertson eingeführte Begriff der »glocalization«, der eine komplexe Interaktion zwischen dem Globalen und dem Lokalen beschreibt, die zu hybriden Identitäten führt, in denen Inhalte aus unterschiedlichen kulturellen Kontexten zu immer neuen kulturellen Mustern zusammengesetzt werden. Dieser Prozess verläuft aber nicht unbedingt konfliktfrei und bedeutet noch lange nicht, dass der Süden dem Norden und seinen immer neuen Formen der *»Homogenisierung durch globale Prozesse der Kommerzialisierung«* gewachsen ist.⁷

Abb. 4 / S. 38

VERORTUNGEN IM GLOBAL VILLAGE

Wie sieht also das Design des zeitgenössischen Global Village aus? Machen wir eine kleine Rundreise und beginnen noch einmal am Flughafen. Er ist sicher einer der Orte, die einer globalen architektonischen Standardisierung unterworfen sind, welche die internationalen Notwendigkeiten in Bezug auf Organisation, Distribution und Sicherheit widerspiegelt. Interkulturell verständliche Piktogramme (mit regionalen Abwandlungen) erleichtern den Reisenden die Orientierung, wo immer sie gerade gelandet sind. Aber ist es den Reisenden egal, ob sie gerade den Flughafen von New York, Frankfurt am Main oder Peking betreten? Hier setzt die »Sense of place«-Bewegung an, die einigen dieser Bauten trotz ihrer Internationalität eine »lokale Identität« verleiht. Eines der bekanntesten aktuellen Beispiele ist der 2008 vollendete Beijing Capital International Airport (vgl. Abb. 5) von Foster + Partners,

Abb. 5 / S. 38

---

5 Vgl. Ellinoor Bergvelt: Batik im Kulturtransfer, in: Global Design (Anm. 1), S. 272 ff.
6 Der erste Begriff wurde von George Ritzer in seinem Buch The McDonaldization of Society (1993), der zweite von Benjamin Barber in seinem Buch Jihad vs. Mc World (1996) eingeführt. Vgl. Manfred B. Steger: Globalization, Oxford/New York 2003, S. 71–73.
7 Vgl. Rainer Winter: Globale Medien und die Transformation des Lokalen, in: Globales Amerika? Die kulturellen Folgen der Globalisierung, hrsg. von Ulrich Beck, Natan Sznaider und Rainer Winter, Bielefeld 2003, S. 263–283; Rainer Winter bezieht sich in seiner Argumentation hier u.a. auf Stuart Hall. Vgl. in Bezug auf Roland Robertson außerdem Manfred B. Steger (Anm. 6), S. 75.

der »*die traditionellen Farben Chinas und seine Symbole*« wie den Drachen in den Entwurf einbezog.[8] In den Flughafenlounges finden wir die Vielreisenden, die mit ihrem Handgepäck auf den Abflug warten. An ihnen lässt sich die globale Mobilität exemplarisch studieren. Nicht nur ihr Gepäck läuft auf Rollen, auch ihr Arbeitsplatz ist mobil geworden. Egal, ob sie ihrer Firma via Smartphone über das Meeting des Vormittags berichten oder auf ihrem Laptop wireless ihre E-Mails beantworten, es scheint sich eine globale Spezies des Managements entwickelt zu haben, deren Angehörige ähnlich aussehen und sich ähnlich verhalten. Um ihren Durst zu löschen, haben sie sich nach der Sicherheitskontrolle Mineralwasser meist in einer 0,5-Liter-PET-Flasche zugelegt und ihre Müdigkeit bekämpfen sie mit einem Coffee to go im großen Pappbecher. Falls sie noch Hunger verspüren, suchen sie die Sushi-Bar (vgl. Abb. 6) des Flughafens auf und genießen die »*kulinarische Ikone der Globalisierung*«, die im Zuge ihrer internationalen Verbreitung von einer japanischen Delikatesse zu einem globalen Lifestyleprodukt transformiert wurde, dessen Erfolg inzwischen gravierende Konsequenzen für den Fischbestand der Meere hat.[9] An ihrem Zielort angekommen, checken unsere Reisenden meist in einem Hotel einer internationalen Kette ein. Diese Einrichtungen sind, wie Petra Eisele schreibt, »*durch extreme Vereinheitlichung gekennzeichnet*« und nutzen diese »›*Ortlosigkeit*‹, *indem sie lokale oder historische Identität durch ihre eigenen, weltweit gültigen und universalistischen Standards ersetzten, um so Geschäftsleute, Touristen und andere Global Player in einen Kokon der Vertrautheit zu betten, der Orientierung gewährleistet*«.[10] Ähnliches gilt für die Shopping Malls, nicht nur der Flughäfen, sondern auch der globalen Metropolen, in denen die immer gleichen Marken, vor allem der international agierenden Modefirmen, ihre Flagship Stores einrichten, und für die Supermärkte mit der Dominanz der global vertriebenen Markenartikel, wenn auch Bio- und Fair-Trade-Produkte sowie Lebensmittel mit regionaler Herkunft wichtige neue Perspektiven eröffnen.

GLOBAL UND GLOCAL
Hier vereinen sich zwei Strategien, die von den Marketingstrategen mancher globaler Firmen sogar parallel betrieben werden: einerseits globales Design, das überall nahezu unverändert funktioniert, und andererseits globales Design, das regional abgewandelt wird, um sich den jeweiligen Märkten anzupassen. In der ersten Gruppe agieren zum Beispiel Coca-Cola mit ihrer global einheitlichen Corporate Identity, in der lediglich der Schriftzug landesspezifischen Anpassungen unterzogen wird, Apple mit Produkten wie dem iPod und dem iPhone oder IKEA

---

8 Vgl. Lilia Mironov: Flughäfen. Internationalität und »sense of place«, in: Global Design (Anm. 1), S. 60 f.
9 Vgl. Cynthia Gavranic: Sushi. Globale Delikatesse versus globale Ressourcen, in: Global Design (Anm. 1), S. 262 ff.
10 Petra Eisele: Hotels und Tourismus. Inside the bubble, in: Global Design (Anm. 1), S. 216.

(vgl. Abb. 7), international erkennbar an dem blauen Großcontainer mit gelber Aufschrift, mit deren global verständlichen und erschwinglichen »everyday heroes« wie dem Regal Billy, dem Sofa Klippan oder dem Beistelltisch Lack inzwischen auch Kunden in Dubai oder China ihre Wohnungen einrichten.[11] Für die zweite Gruppe, deren Motto »think global, act local« ist, steht zum Beispiel der 1981 gegründete internationale Musiksender MTV, der seine globale Identität, egal ob in den USA, Europa, Asien oder Australien den lokalen Vorlieben anpasst, und »*damit die Bedürfnisse nach Weltoffenheit und regionaler Zugehörigkeit*« gleichzeitig befriedigt.[12] Ein anderes Beispiel ist Bier. In der Spitzengruppe der international tätigen Bierbrauer herrscht ein erbitterter Kampf um den globalen Mengenausstoß und die Marktanteile in den Traditions- und Wachstumsmärkten. Aber Bier ist nicht nur ein Geschäft von globaler Bedeutung, sondern gleichzeitig auch ein stark fragmentierter, emotional besetzter Markt mit lokalen Wurzeln. Der nach Anheuser-Busch InBev und SABMiller drittgrößte Brauereikonzern der Welt Heineken vertreibt sein Bier mit dem auf Tradition und Prestige bedachten Verpackungsdesign in über 170 Ländern. Neben den ursprünglichen Marken Heineken und Amstel hat die niederländische Firma inzwischen weltweit ein Portfolio von 170 weiteren Biermarken mit den dazugehörigen Brauereien erworben und bedient damit das ganze Spektrum zwischen global und lokal.

Was sind die Motive dieses Lokalismus oder Regionalismus, vor allem, wenn er sich nicht als Marketingstrategie von Großkonzernen, sondern als Gegenbewegung und Protest formuliert? Das Design der Globalisierung ist durch seine sich ständig intensivierende globale Vernetzung gekennzeichnet. Dank der Informations- und Transporttechnologie werden Raum und Zeit komprimiert und zugleich entgrenzt. Wenn dies in der Konsequenz aber zu Empfindungen der Diskontinuität, Ortlosigkeit und Fremdbestimmung führt, kann der Regionalismus zum Gegen- und Wunschbild werden. Rückzug aus der ökonomischen Globalisierung, Konzepte der Nachhaltigkeit und Konzentration auf die vertraute Umgebung – auch als Konsument – einen die Anhänger des globalen Regionalismus. Wichtige Antriebsfedern sind die Rückgewinnung der Kontrolle über das eigene Leben und Auflösung der Entfremdung in einer zunehmend virtuellen Welt. Aber das Konzept hat neben seinen positiven Ansätzen praktische wie ideologische Schattenseiten: wenn Regionalismus sich in Protektionismus verwandelt – denn nicht immer ist fairer oder nachhaltiger, was lokal so erscheint – oder in Nationalismus, der das Eigene gegen das Fremde abgrenzen will.

---

11 Vgl. Andrea Eschbach: Ikea. Billy erobert die Welt, in: Global Design (Anm. 1), S. 156 ff.
12 Vgl. Rhea Kyvelos: MTV, the Music Television. Globales Design und regionales Zapping, in: Global Design (Anm. 1), S. 268.

GLOBAL DESIGN
ANGELI SACHS

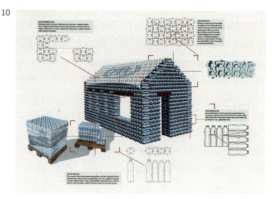

8   Unterricht mit Laptops »OLPC XO« in der Galadima School, Abuja, 2007
9   INCHfurniture, Regal »ENAM« vertikal, 2007 Teak massiv, geölt, bestehend aus zwei Elementen, beliebig erweiterbar
10 United_Bottle Szenario: Neu gestaltete PET-Flaschen werden bei Bedarf oder in Krisensituationen aus dem regulären Recyclingzyklus für eine Spezialnutzung abgezweigt.

Aber es gibt auch Designprojekte, die auf partnerschaftlichen Prinzipien beruhen und in denen der Norden den Süden nicht vor allem als Ressource, ausgelagerten Produktionsstandort oder Wachstumsmarkt wahrnimmt. »One Laptop Per Child« (vgl. Abb. 8) ist eine Non-Profit-Initiative, die am MIT in Cambridge, Massachusetts von Nicholas Negroponte begründet wurde, Designpartner ist Yves Béhar/fuseproject. Der nur 100 Dollar teure, aber anspruchsvoll gestaltete Laptop kann mit einem Jo-Jo wieder aufgeladen werden. Mit ihm soll der »digital divide« überwunden und Kindern in Entwicklungsländern Teilhabe an Ausbildung, Information und Kommunikation ermöglicht werden. Die Programme sind darauf ausgelegt, Inhalte zu kreieren und diese mit anderen zu teilen. Regierungen kaufen die Laptops direkt ein und verteilen sie an die Schulen. Ein anderes Beispiel ist das Projekt INCHfurniture (vgl. Abb. 9), bei dem die Basler Designer Thomas Wüthrich und Yves Raschle eine nachhaltige Zusammenarbeit mit einem der Holzfachschule PIKA auf Java angegliederten Produktionsbetrieb lanciert haben. Neben Know-how-Transfer und der innovativen und anspruchsvollen Verarbeitung von nachhaltig bewirtschaftetem Teakholz findet ein für beide Seiten fruchtbarer kultureller Austausch statt. Die United_Bottle Group (vgl. Abb. 10) schließlich begibt sich auf die Spur des Wohlstandsmülls, der sich besonders eindrücklich im 1999 von Meeresforschern entdeckten *»großen pazifischen Müllstrudel«* zwischen Kalifornien und Hawaii manifestiert. Es handelt sich nur um eine von vielen maritimen Müllhalden, aber mit geschätzten 3 Millionen Tonnen Plastikmüll um die größte. Die United_Bottle steht für eine Designstrategie des »secondary use« und ist ein Prototyp für neue Standard-PET/PE-Flaschen, die *»anstatt auf dem Müll zu landen – als Konstruktionsmodul genutzt werden können, besonders in Gebieten, in denen keine Recyclingkreisläufe existieren.«* Gefüllt mit unterschiedlichen Materialien, können aus ihnen *»temporäre oder dauerhafte Möbel, Einbauten und Gebäude«* entstehen.[13] Ein Baustein für eine Welt, die in globalen Zusammenhängen denkt.

Denn Globalisierung kann nicht statisch betrachtet werden, sondern ist ein dynamischer Prozess mit zahlreichen Akteuren. Daher kann dieser Beitrag nur eine Momentaufnahme der Globalisierung und ihrer Manifestation in der Gestaltung sein. Global Design wird nur verständlich, wenn man hinter die Strukturen und Mechanismen der globalisierten Welt blickt. Und kulturelle Interaktion auf gleicher Augenhöhe ist die Voraussetzung für eine Kultur des Global Design, die nicht als statisch begriffen wird, sondern als kreativer und produktiver Prozess, in dem sie immer wieder neue Formen annimmt.

---

13 United_Bottle Group/Jörg Stollmann: Secondary use von PET als Designstrategie. Die Mission der Plastikenten, in: Global Design (Anm. 1), S. 94/95.

GRENZGÄNGE.
ÜBER DAS VERHÄLTNIS VON KUNST UND DESIGN

46

DIGITALISIERUNG
DISZIPLIN
ETHIK & MORAL
GESCHICHTE
GESELLSCHAFT
GLOBALISIERUNG
INNOVATION & STRATEGIEN
KOMMUNIKATION
KUNST & KULTUR
ÖKOLOGIE
ÖKONOMIE
TECHNOLOGIE
THEORIE
WISSENSCHAFT & FORSCHUNG
ZUKUNFT

SABINE FORAITA

Um das Verhältnis von Kunst und Design zukunftsorientiert weiterdenken zu können, muss man den Blick zunächst in die Vergangenheit richten, denn dieses Verhältnis ist einem ständigen Wandel unterworfen.

Soweit heute nachweisbar, existiert eine Verbindung zwischen Gebrauchsgegenstand und sinnbildlicher Form seit dem Mittelpaläolithikum (etwa vor 300.000 bis 200.000 Jahren). Der künstlich hergestellte Gegenstand, das Artefakt, bildet die Grundlage sowohl für die Kunst als auch für das Design. Beide Professionen haben sich aus dem handwerklichen Gestalten entwickelt, sowohl ideell als auch materiell. Die veränderten Herstellungsprozesse seit der Industrialisierung führten nach und nach zu einer Trennung beider Bereiche. Seit den 1980er Jahren entwickelten sich Kunst und Design zunehmend wieder aufeinander zu, und heute können wir ein merklich entspannteres Verhältnis beider Disziplinen feststellen, das deutlich über eine friedliche Koexistenz hinausgeht. Man gewinnt den Eindruck, als hätten zwei Bereiche, die ohnehin originär zusammengehören, endlich Frieden miteinander geschlossen.

Dies kann natürlich nicht darüber hinwegtäuschen, dass es schwierig ist, Objekte der jeweiligen Kategorie zuzuordnen, also die Frage zu beantworten: Was ist Kunst bzw. was ist Design? Wer legt die Kategorien fest?

GRENZEN UND GRENZGEBIETE
Nahezu alle Kunsttheorien beinhalten eine Abgrenzung zum Design. Und schon im Mittelalter existierte die Unterscheidung zwischen pulchrum und aptum pulchrum. Pulchrum ist aus und für sich selbst schön und aptum pulchrum ist in der Funktion von etwas schön.[1] Ähnlich äußert sich Immanuel Kant, indem er freie Schönheit (pulchritudo vaga) und anhängende Schönheit (pulchritudo adhaerens) unterscheidet: »*Die erstere setzt keinen Begriff von dem voraus, was der Gegenstand sein soll; die zweite setzt einen solchen und die Vollkommenheit nach demselben voraus*«.[2] Danach liegt den Designgegenständen ein Begriff zugrunde, anhand dessen man den Gegenstand beurteilt. Ein Stuhl wird nach seinem Stuhlsein bewertet. Die Anmutungsqualität des Stuhls und das Gefühl, das der Stuhl beim Sitzen hervorruft, bilden die Bewertungskriterien. Darüber hinaus wird aber auch die Sinnhaftigkeit eines Gegenstands beurteilt: »*Good design admits to the deeper insight that beyond performing a purpose in a good way, the purpose itself has to be good.*«[3] Design ist demnach in zweifacher Hinsicht zweckorientiert und kann seinen Zweck entweder gut oder nicht gut erfüllen.

---

1 Vgl. Umberto Eco: Kunst und Schönheit im Mittelalter, München/Wien 1991, S. 32.
2 Immanuel Kant: Kritik der Urteilskraft, Köln 1959, § 16 Rn 48, S. 69.
3 Konstantin Grcic zit. n. Design Real, Ausst. kat. Serpentine Gallery, London 2010, S. 43.

GRENZGÄNGE.
ÜBER DAS VERHÄLTNIS VON KUNST UND DESIGN
SABINE FORAITA

1 Donald Judd, Möbel im Arena Building, The Chinati Foundation, Marfa, Texas
2 Stefan Wewerka, »Aufsehersitz«, 1987, documenta 8, Kassel
3 Verner Panton, »Vision II«, 1970
4 Tobias Rehberger, »Öffentlicher Platz für eine geschlossene Anstalt«, 2008, Kunstmuseum Wolfsburg

Die Grenzlinie zwischen Kunst und Design zieht Georg Simmel, indem er das Wesen des Kunstwerks darin sieht, dass es als Ganzes wirksam wird; dem gegenüber steht der Gebrauchsgegenstand, der als Teil einer Handlung dargestellt werden kann und nur in Beziehung zu anderen Gegenständen Bedeutung erwirbt.[4] Die Kunst hingegen ist als Darstellung der ästhetischen Idee aufzufassen.[5]

Ist es tatsächlich die Zweckfreiheit, die ein Kunstwerk ausmacht oder ist es die Aura des Unikats, der Handlungszusammenhang, liegt es im Auge des Betrachters, der Kunstindustrie oder der Absatzzahlen, ob es sich um Kunst oder Design handelt? Kunst kann nach wie vor nicht eindeutig definiert werden. Jede Definition setzt eine kunsttheoretische Auffassung voraus und ist abhängig von ebendieser.

Nun gibt es nicht die eine kunsttheoretische Auffassung, sondern viele, die sich obendrein ständig weiterentwickeln, erkennbar an der sukzessiven Erweiterung des Kunstbegriffs. Dies geht einher mit einer Expansion des Designbegriffs. Derzeit existieren viele verschiedene Ausprägungen der Kunst und ebensoviele Kategorien des Designs. Sicher sind nicht alle Kategorien miteinander vergleichbar. Allerdings gibt es Zwischenbereiche von Kunst und Design zum Beispiel im Möbeldesign, auf das ich mich im Weiteren exemplarisch beziehen möchte.

Ist ein Möbel, das ein Künstler entwirft, ein Kunstwerk, aber wenn es in Serie hergestellt wird, Design? Ist ein Kunstwerk, dem auch eine Funktion oder ein Zweck zugesprochen wird, allein schon deshalb ein Gebrauchsgegenstand? Kann ein Designgegenstand, dem ein über sich selbst als Gegenstand hinausdeutender Inhalt inhärent ist, deswegen auch ein Kunstwerk sein?

GRENZÜBERTRITTE UND GRENZGÄNGER

Was wollen wir also in ein Verhältnis zueinander setzen, wenn wir über Kunst und Design sprechen? Den Vorgang des Entwerfens, des Herstellens oder des Rezipierens? In allen drei Vorgängen besitzen Kunst und Design Bezüge zueinander, denen ich im Folgenden nachgehen werde.

Wenn Kunst und Design jeweils spezifischer Denkweisen bedürfen, die Bedeutungen generieren und sich eines Zeichenrepertoires bedienen, dann besteht in diesen Denkweisen sicher eine Übereinstimmung beider Professionen.

Künstler wie Donald Judd, Allan Wexler, Stefan Wewerka oder auch Franz West haben sich erfolgreich mit Design auseinandergesetzt. Wer die Räume in Marfa

---

[4] Vgl. Georg Simmel: Der Bilderrahmen. Ein ästhetischer Versuch, in: Ders., Soziologische Ästhetik, Darmstadt 1998, S. 111.
[5] Vgl. Kant, § 49 Rn 193, S. 168 (Anm. 2).

im US-Bundesstaat Texas, der Wirkungsstätte Donald Judds, einmal erlebt hat, erkennt die moderne Umsetzung des Interieurs als Gesamtkunstwerk (vgl. Abb. 1). Die sensible Abstimmung zwischen Raum und Möbel schafft einen nachhaltigen Eindruck. Judds künstlerische Auseinandersetzung mit Proportionen und Material findet Eingang in seine Möbelentwürfe – der Zusammenhang von Kunst und Design ist an seinen Objekten direkt ablesbar.

Als die documenta 8 in Kassel 1987 Design ausstellte, wurden Sitzmöbel von Künstlern und Designern gezeigt. Stefan Wewerka war vertreten mit seinem »Wächterstuhl« (vgl. Abb. 2), François Bauchet zeigte eine Sitzskulptur namens »A Denis Laget« und Scott Burton seine »Granite Chairs«. All diese Objekte hatten die Qualität von Skulpturen, könnten aber auch als Sitzmöbel genutzt werden. Diese Sitzobjekte oder -skulpturen können als »Borderliner« bezeichnet werden. Sie stellen die Kategorie derjenigen Objekte dar, die in ihrer Bestimmung zwischen Gebrauchsgegenstand und Kunstwerk oszillieren.[6]

Dieser Zwischenbereich schließt die Lücke zwischen Kunst und Design, die durch die Industrialisierung entstanden war. Dazu hatte Leslie A. Fiedler bereits 1969 mit dem Satz: »Cross the border – close the gap«[7] aufgefordert.

AUSSICHTSPUNKTE

Design als eigenständiger kultureller Faktor neben und teilweise auch mit der Kunst wird heute problemlos akzeptiert. Seit 1932 besitzt das Museum of Modern Art in New York eine Designsammlung, Kunstmagazine berichten über Design, Museen organisieren Ausstellungen, die Kunst und Design in unterschiedlichen Schwerpunktsetzungen thematisieren. Das Kunstmuseum Wolfsburg zum Beispiel stellte 2008 / 2009 »Interieur – Exterieur. Wohnen in der Kunst«[8] aus. Neben Designklassikern von Josef Hoffmann, Marcel Breuer, Walter Gropius und Verner Panton (vgl. Abb. 3) wurden hier Installationen von John Armleder, Andrea Zittel und Tobias Rehberger gezeigt.

Die Bezüge zwischen Kunst und Design werden besonders im Werk von Tobias Rehberger deutlich. Rehberger arbeitet als Künstler, der sich mit Design auseinandersetzt und damit die Grenzen fließend gestaltet. Er positioniert sich deutlich zum Thema Design: »*Meine künstlerische Arbeit hat auch mit Design zu tun, weil mich die Frage interessiert, was die Oberfläche eines Kunstwerks für einen Einfluß auf seine Wirkung hat*«.[9] Seine Installation »Öffentlicher Platz für eine geschlossene An-

---

6 Vgl. Sabine Foraita: Borderline. Das Verhältnis von Kunst und Design aus der Perspektive des Design, Diss. Hochschule für Bildende Künste Braunschweig 2005, S. 216.

7 Leslie A. Fiedler: Cross the border – close the gap, in: Playboy, December 1969, wiederabgedruckt in: Wege aus der Moderne. Schlüsseltexte der Postmoderne-Diskussion, hrsg. von Wolfgang Welsch, Weinheim 1988, S. 57.

8 Interieur – Exterieur. Wohnen in der Kunst. Vom Interieurbild der Romantik bis zum Wohndesign der Zukunft, hrsg. von Markus Brüderlin und Annelie Lütgens, Kat. Kunstmuseum Wolfsburg, Ostfildern 2008.

9 Zit. in: Claudia Voigt: Oder einfach nur Tee trinken, in: Spiegel spezial (Hamburg), 12 / 1996, S. 58.

stalt« für das Kunstmuseum Wolfsburg erscheint dem Betrachter zunächst als eine Sammlung von Skulpturen (vgl. Abb. 4). Auf den zweiten Blick erkennt man, dass eine Skulptur auch als Sitzobjekt genutzt werden kann. Interessant ist im Kontext des Museums jedoch, dass man sich nicht traut, es zu benutzen.

Abb. 4 / S. 48

Die von ihm gestaltete Cafeteria als Beitrag für die 53. Biennale in Venedig 2009 mit dem Titel »Was du liebst, bringt dich auch zum Weinen«, die mit dem Goldenen Löwen ausgezeichnet wurde, zeigt ebenfalls, dass Kunst und Design eine Einheit bilden können. Tobias Rehberger nimmt hier Anleihen an die Op-Art und gestaltet mit künstlerischen Mitteln ein Interieur als Gesamtkunstwerk (vgl. Abb. 5).

Abb. 5 / S. 52

»Design ist heute nicht mehr nur das rationelle Gestalten von Industrieprodukten oder Räumen. Vielmehr kann es als Verlängerung der Kunst in unser Leben begriffen werden«.[10] Bislang galt die Betrachtung den Künstlern, die Designobjekte gestalten. Gibt es denn auch Designer, die Kunst machen? Das Neue Deutsche Design der 1980er Jahre hat hier einen Vorstoß gewagt: Heinz Landes' Stuhl »Solid« (1986) aus Beton und Stahl (vgl. Abb. 6) oder »Consumer's Rest« von Stiletto (1983) sind zum Beispiel mit künstlerischen Mitteln gestaltete Objekte von Designern. Ebenso die Sitzskulptur »At Your Own Risk« oder »Pappardelle« von Ron Arad.

Abb. 6 / S. 52

Kunst und Design haben Bedeutung, ihnen liegt ein gemeinter Sinn zugrunde, die der Künstler und der Designer unter Verwendung von Zeichen deutlich macht. Das Kunstwerk ist Anlass zur Konstitution eines ästhetischen Gegenstandes. Anhand der Darstellung eines Gegenstandes entwickeln wir Vorstellungen. Dies gilt natürlich auch für das Design. Da wir ständig von gestalteten Gegenständen umgeben sind, bestimmen sie maßgeblich unseren Alltag, unser Leben. Design nimmt als kulturelle Kraft den größten Einfluss auf unser Leben. *»Design bestimmt nicht nur unser Dasein, sondern inzwischen auch unser Sein.«*[11]

FERN- UND NAHSICHTEN

Dies geht im Grunde bereits auf die ersten gestalterischen Maßnahmen in der Steinzeit zurück. Artefakte wurden verziert, um Unterscheidbarkeit hervorzurufen, sie zu individualisieren oder um ihnen magische Kräfte zu verleihen. Das Gestaltungswollen liegt im Menschsein begründet. *»Alles Wollen des Menschen ist auf die befriedigende Gestaltung seines Verhältnisses zu der Welt [...] gerichtet.«*[12]

Bis in das Mittelalter waren alle gestalterischen Tätigkeiten zweckgebunden und individuell, d.h. sowohl die Gegenstände, die man heute der Kunst zuordnen wür-

---

10 Mateo Kries: Funktion oder Fiktion? Zur Symbiose von Design und Kunst seit Jasper Morrison, in: Interieur – Exterieur (2008).
11 Bernhard E. Bürdek: Design. Geschichte, Theorie und Praxis der Produktgestaltung, 3. erw. Aufl. Basel/Boston/Berlin 2005, S. 11.
12 Alois Riegl: Spätrömische Kunstindustrie, Darmstadt 1992 (Original 1901 und 1923), S. 401.

**GRENZGÄNGE.
ÜBER DAS VERHÄLTNIS
VON KUNST UND DESIGN**
SABINE FORAITA

5   Tobias Rehberger, »Was du liebst, bringt dich auch zum Weinen«, 53. Biennale Venedig 2009
6   Heinz Landes, »Solid«, 1986
7   Front, »Sketch Furniture«, 2005

de als auch die sogenannten Gebrauchsgegenstände unterlagen denselben Kriterien. Erst mit der Entindividualisierung des Herstellungsprozesses entwickelt sich nach und nach eine Kategorie der Austauschbarkeit in Bezug auf die Gebrauchsgegenstände. Die zunehmende Automatisierung führte zu einer eher funktionalen Gestaltung, die den sinnlichen Aspekt der Gestaltung mehr und mehr vernachlässigte. Dies verbannte ebenfalls jegliche emotionale Bindung an die Produkte.

Die Postmoderne hat dies verändert und dazu beigetragen, Kunst und Design wieder einander anzunähern, indem sie den emotionalen und sinnlichen Aspekt in das Design hineingetragen hat. »*Da funktionale Objekte in verschiedenen Zusammenhängen genutzt werden, müssen sie eine gewisse abstrakte Nüchternheit ausstrahlen; sie müssen ausreichend allgemein und gut genug sein, um in mehrere Raumtypen zu passen. Weil aber symbolische Objekte mehr als nur Gebrauchswert haben und aufbewahrt (oder zumindest nicht durch Änderungen in Mode und Technik wertlos) werden sollten, können sie durchaus in einigen Teilen spezifisch und bedeutungsvoll sein. Sie stehen dann irgendwo zwischen serienmäßig produziertem Gegenstand und Kunstobjekt, zwischen Wegwerfartikel und Antiquität, und eine wachsende Anzahl von Designern und Verbrauchern beginnt sich heute für diesen Zwischenbereich zu interessieren.*«[13]

Dieser Zwischenbereich hat seitdem zunehmend an Bedeutung gewonnen. Der Designmarkt, der sich jenseits der Massenprodukte entwickelt hat, besitzt mittlerweile Tendenzen des Kunstmarktes. Ron Arad stellt beispielsweise Sitzmöbel in sehr kleinen Auflagen her. Designklassiker werden in Auktionen gehandelt wie Skulpturen und erzielen enorme Preise. Designer werden als Individuen verstanden und signieren ihre Werke, genauso wie sie ihren Produkten Titel geben, die zu Assoziationen anregen sollen und eine Individualisierung des Produkts vornehmen. Die Herstellungsmöglichkeiten erlauben mittlerweile, Kleinserien oder gar Unikate zu fertigen. Sogar Herstellungsmethoden mit künstlerischen Mitteln sind möglich, wie die schwedische Gruppe Front mit ihrer »Sketch Furniture« beweist (vgl. Abb. 7). Alles Attribute, die noch vor einigen Jahrzehnten ausschließlich der Kunst vorbehalten waren.

Abb. 7 / S. 52

Ohne Zweifel generieren beide Disziplinen Bedeutungen, allerdings auf den ersten Blick mit unterschiedlichen Intentionen. Die Hauptintention des Designs liegt in der Bedeutung des Gegenstands im Zusammenhang mit einer Handlung, der Handlungsästhetik. Schon 1920 hat Theodor Lipps Kunstwerke und technische Kunstwerke unterschieden. Seines Erachtens besteht der gravierende Unterschied darin,

---

13 Charles Jencks: Symbolische Objekte, in: Michael Collins: Design und Postmoderne, München 1990, S. 141.

dass beim technischen Kunstwerk (Gebrauchsgegenstand) in die materielle Masse eingefühlt wird, während beim Kunstwerk die materielle Masse nur der Träger von ideellen Werten ist, in die sich der Betrachter einlässt. Die Besonderheit bei gut gestalteten Gegenständen ist der Vorgriff auf eine potentielle Tätigkeit mit diesem Gegenstand – das ästhetische Darbieten einer Handlung.[14]

Wird ein Stuhl gestaltet, steht dahinter zunächst die Idee des Sitzens (Kant würde dies als den Begriff bezeichnen, der hinter einem Gegenstand steht), die auch in verschiedenen Formen der Lebenshaltung ausgeprägt sein kann: wichtig, lässig, vorübergehend, spielerisch, funktional oder künstlerisch. Die Form der Gegenstände ist Ausdruck eines produktiven, aber auch ideellen Verhältnisses zwischen Mensch und Wirklichkeit. Die Form ist der Ausdruck der gegenständlichen Tätigkeit, durch die der Mensch sich in der Welt positioniert. Erst im Handeln ist das Verhältnis zwischen Mensch und Gegenstand komplett. Design ist insofern real, weil es sich in seinem Handlungskontext selbst darstellt. Ein Kunstwerk stellt dagegen etwas dar, es verweist über sich selbst als Gegenstand hinaus und ist nur selten Teil einer Handlung.

Die reine Gegenstandsästhetik kann nicht über die Frage »Kunst oder Design?« entscheiden; die Haltung des Rezipienten sowie der jeweilige Kontext spielen bei der Beurteilung eine wesentliche Rolle. Die Bereiche, in denen Kunst und Design sich deutlich annähern, kann man von der Seite des Designs als Avantgarde Design oder Experimental Design ansehen. Die Kunst lotet die Grenzen der Sehgewohnheiten und Rezeptionsbedingungen aus. Davon kann das Design profitieren.

In Bezug auf Objekte gibt es Überschneidungen von Kunst und Design in Form der von mir genannten Borderliners wie zum Beispiel der Sitzskulpturen von Ron Arad.

Die Kunst spricht die Menschen vorwiegend auf der geistig-ideellen Ebene an, während Design die Nutzer auf dieser ebenso wie auf der physisch-realen Ebene anspricht. Aber genau an dieser Stelle vollzieht sich die Annäherung: Wenn das Design nicht mehr nur auf der rationalen, funktionalen Ebene arbeitet, sondern ebenfalls Anspruch auf die Bedienung der geistig-ideellen Ebene erhebt und die Kunst ebenso die physisch-reale Ebene anspricht, dann entstehen im Denken, Herstellen und Rezipieren Überschneidungen von Kunst und Design: *»Darüber hinaus ist der Übergang zu dem, was außer ihr [der Kunst] ist, immer fließend, manchmal gar nicht feststellbar«.*[15]

---

14 Vgl. Theodor Lipps: Ästhetik. Die ästhetische Betrachtung und die bildende Kunst, Leipzig 1920, S. 561.
15 Jan Mukařovský: Kapitel aus der Ästhetik, Frankfurt a.M. 1970, S. 17.

Das Verhältnis von Kunst und Design ist tatsächlich fließend. Kunst und Design sind bestimmende kulturelle Faktoren, die eng aufeinander bezogen sind. Beide arbeiten an der Bedeutungsebene. Beide arbeiten an der Wirkung der Erscheinungsformen. Beide arbeiten innerhalb des gesellschaftlichen Kontextes für den Menschen. Beide können viel voneinander »lernen«.

CONVENTIONAL PATCHWORKS.
DESIGN UND SOZIOKULTURELLE VERÄNDERUNGEN

58

DIGITALISIERUNG
DISZIPLIN
ETHIK & MORAL
GESCHICHTE
GESELLSCHAFT
GLOBALISIERUNG
INNOVATION & STRATEGIEN
KOMMUNIKATION
KUNST & KULTUR
ÖKOLOGIE
ÖKONOMIE
TECHNOLOGIE
THEORIE
WISSENSCHAFT & FORSCHUNG
ZUKUNFT

VOLKER ALBUS

Nicht wenige Zeitgenossen vertreten die Meinung, dass es im Prinzip wenig sinnvoll ist, permanent neue Produkte zu entwickeln. Angesichts des eher eingeschränkten Innovationspotentials vieler »Neuigkeiten« kann man eine solche Ansicht durchaus teilen, ja, man wird, berücksichtigt man die mit dieser Warenflut verbundenen Probleme, z.B. ökologischer Natur, nicht selten selbst zum glühenden Anhänger dieser These. Gleichwohl weist das Plädoyer für einen derart fundamentalen Ideen- und Produktionsstopp erhebliche Schwachstellen auf. Denn es ist nicht nur so, dass ein derartiges Einhalten massive ökonomische und damit politische Probleme zeitigen würde. Bezogen auf die Produktkultur verkennt diese Einschätzung, dass sich die Ausgangslage für die Entwicklung der uns umgebenden Produkte kontinuierlich verändert. Man denke hier nur an den Aspekt materialer und herstellungstechnischer Vorgaben, die in immer kürzeren Zyklen veränderte, zuweilen komplett neue beziehungsweise andere Optionen generieren. Und dass diese nicht selten dazu führen, dass die Produkte haltbarer, billiger und manchmal sogar »schöner« werden, muss hier nicht gesondert ausgeführt werden.

SOZIOKULTURELLE WANDLUNGEN

Es sind aber nicht nur solche die Produktphysis sozusagen über Nacht revolutionierenden Faktoren, die den Innovationsprozess nachhaltig prägen, sondern zunehmend sind es auch die soziokulturellen Wandlungen, die die Dingwelt in all ihren Facetten beeinflussen. Allerdings nimmt man diese zumeist nur unterschwellig wahr. Denn anders als die durch Forschung und letztendlich per Patent von heute auf morgen schlagartig vorhandenen technischen Innovationen, die sich dementsprechend auch unmittelbar im Produktpanorama niederschlagen, handelt es sich bei den soziokulturellen Wandlungen eher um so etwas wie Wucherungen, die nicht nur in unterschiedlicher Geschwindigkeit, sondern zudem in nicht voraussehbarer Nachhaltigkeit das kollektive Selbstverständnis befallen und sich epidemisch ausbreiten oder aber verkümmern und unter Umständen, à la Schweinegrippe, auch wieder komplett verschwinden. Und Erreger dieser Art, das wissen nicht nur die Mediziner, sind nur schwer zu diagnostizieren.

PORZELLANWELTEN

Auf das Design übertragen heißt das, dass solche evolutionär verlaufenden Wandlungsprozesse erst dann als für diese Disziplin relevant erkannt werden, wenn sie sich ganz konkret im Scheitern einer lange bestehenden oder im Erfolg einer gänzlich neuen Produkttypologie niederschlagen. *»Das neue Bürgertum kauft kein teures*

Porzellan«, titelte vor nicht allzu langer Zeit die FAS und konstatierte trocken: »*Die Krise von Herstellern wie Rosenthal hat mit der Globalisierung wenig zu tun. Die bürgerlichen Lebensformen haben sich geändert.*«[1] Wohl wahr. Denn porzellanperspektivisch betrachtet muss man feststellen, dass der Bürger von heute unterwegs, mit den Fingern oder im Stehen auf Partys und Empfängen isst. Und auch seinen Kaffee nimmt er nicht wie anno dazumal zu sich, nein, auch den trinkt er – aus einem Pappbecher!! – in der U-Bahn, auf dem Fahrrad oder direkt neben dem Computer. So richtig am sogenannten Esstisch sitzt er eigentlich nur noch alle paar Jubeljahre, zumindest nicht zuhause. Ergo: Er braucht kein Service, er braucht Geschirr – und das für all diese unterschiedlichen Situationen und für die sich daraus ergebenden, sehr spezifischen Bedürfnisse. Und genau auf diese Veränderungen muss sich ein Unternehmen einstellen, das sich mit der Ausstattung solcher Szenarien befasst.

MÖBEL- UND RAUMWELTEN

Nicht viel anders wirkt sich dieser soziokulturelle Wandel im aktuellen Möbel- und Interieurdesign aus, wobei die Veränderungen vor allem in den strukturorientierten Typologien sichtbar werden – und weniger bei den Möbeln, deren Qualität sich durch eine unmittelbare körperliche Interaktion definiert. (Wobei zu sagen wäre, dass z.B. das gemütliche Zusammensitzen bereits in den 1960er und 1970er Jahren einen sehr grundsätzlichen, ebenfalls soziokulturell bedingten Umwälzungsprozess – Stichwort »Sitzlandschaft« – erfahren hat.)

REGALE LEBENSSTILE

Aber wie äußern sich diese Veränderungen? Betreffen sie die genuinen Grundlagen des Designs der gesamten Gattung oder definieren sie lediglich eine spezifische Variante, die so nur durch Bedürfnisse und Verhaltensmuster einer bestimmten Gesellschaftsschicht bestimmt wird?

Betrachten wir also eines der markantesten Möbel unseres häuslichen Umfelds einmal genauer: das Regal. Wie stellen wir es uns eigentlich vor? Welche Bilder stellen sich ein, wenn wir mit diesem Begriff konfrontiert werden? Nun, als Vertreter des niedergelassenen Bürgertums, also derjenigen, die sich mehr oder weniger dauerhaft einrichten oder bereits eingerichtet haben und eine solche Frage dementsprechend auch unter besitzstandsrepräsentativen Gesichtspunkten betrachten, stellen wir uns dieses Möbel primär als statisches Konstrukt, als möglichst neutrales und unproblematisch erweiterbares, mithin also als ein zwar leicht ein-

---

1 Vgl. FAS (Frankfurter Allgemeine Sonntagszeitung) vom 18.01.2009.

baubares, aber dennoch fest installiertes Hintergrundmöbel vor. Für viele von uns stellt sich das Regal damit als »die« domizile Festlegung schlechthin dar: Egal, ob es sich dabei um ein funktionalistisches, ingeniös konzipiertes System à la USM Haller (www.usm.com)[2] oder um ein schweres Eichenholzmodell im Geiste des Gelsenkirchener Barock handelt – einmal fixiert und einmal mit der belletristischen oder wie auch immer gearteten, selbstverständlich penibel geordneten Habe bestückt, charakterisiert dieses Tableau bildungsbürgerlicher Wohnkultur unser Heim genauso wie die Fliesen in Küche und Bad, die Vorhänge des großen Wohnzimmerfensters oder der knarzende Parkettboden.

Für den Wohnungsnovizen dagegen stellt sich die Frage nach dem seinen Bedürfnissen und seinem kulturellen Selbstverständnis entsprechenden Regal schon etwas anders dar. Gerade um die dreißig und mit einem Anfangsgehalt ausgestattet, verfügt er oder sie nicht unbedingt über den Bücherfundus der etablierten Elterngeneration. Zehn, zwanzig, wenn's hoch kommt vielleicht auch hundert Bücher[3] – das isses dann aber auch schon. Zudem weiß man in dieser Lebensphase auch noch gar nicht, was kommt: Vielleicht heiratet man, vielleicht wird man aber auch versetzt und muss sich gänzlich neu orientieren – von einer langfristig angelegten »Planungssicherheit« kann also keine Rede sein.

Bei der Ausstattung verhält man sich dementsprechend, sprich: weniger endgültig. Was das Thema Regal anbelangt, dürfte in einer solchen Situation ein eher praktisches Modell, sozusagen etwas billymäßiges von IKEA, die erste Wahl sein. Oder, im Fall weniger stark ausgeprägter bibliophiler Neigungen, auch etwas Originelles, wie z.B. der »Bookworm« von Ron Arad.[4] Der ist vielseitig bespielbar, ist nach wie vor ein Eyecatcher und hat so gar nichts regal-Dröges. Wie dem auch sei: das ausgewählte Modell wird eher klein, preiswert und leicht montierbar ausfallen.

Von solchen Fragestellungen weit entfernt ist die Gruppe derjenigen, die sich mit dem Schulabschluss aus jedweder Form wohnungstechnischer Festlegung erst einmal verabschieden und sich – zumeist notgedrungen – in ein nomadisches Provisorium begeben. Die Wahl des Wohnsitzes unterliegt hier noch weitaus stärker rein praktischen, d.h. primär ökonomischen, logistischen oder soziologischen Überlegungen als bei den oben beschriebenen Gruppen, ergibt sich doch der Ort der anstehenden Berufsfindung und -bildung zumeist nicht nach Plan, sondern in den meisten Fällen nach dem Prinzip Angebot und Nachfrage: Man nimmt, was kommt, beziehungsweise, was man kriegt, und wenn sich irgendwann etwas Besseres fin-

---

2 Vgl. Klaus Klemp: Das USM Haller Möbelbausystem (Reihe Design Klassiker), hrsg. von Volker Fischer, Frankfurt a. M. 1997.
3 Vgl. Die Zeit (Hamburg), Nr. 43, 15.10.2009.
4 Vgl. Volker Albus: Der Bookworm von Ron Arad (Reihe Design Klassiker), hrsg. von Volker Fischer, Frankfur a. M. 1997.

62

**CONVENTIONAL PATCH-
WORKS. DESIGN
UND SOZIOKULTURELLE
VERÄNDERUNGEN**
VOLKER ALBUS

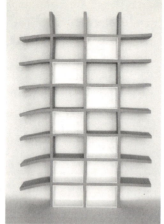

1–3 Tom Pawlofsky, Regal »Zinfandel«, kkaarrlls, 2001/2010

det, wechselt man von heut auf morgen. Diese Bereitschaft zum Wechsel wird aber nicht allein durch mehr oder weniger kommunikationsbedingte Neigungen befördert, sondern auch durch Struktur und Verlauf des Studiums beziehungsweise der Ausbildung: Praktika, Versetzungen, Auslandssemester usw. gehören heute zum selbstverständlichen Profil eines zeitgemäßen Berufsverständnisses.

Dass man sich unter solchen Bedingungen in keiner Weise festlegen will, liegt auf der Hand. Gleichwohl, auch die Angehörigen dieser Gruppe müssen sich irgendwie einrichten. Aber sie tun das eben vollkommen anders als die Novizen oder die Etablierten: Das Meiste wird übernommen, kommt vom Sperrmüll oder vom Flohmarkt und ab und zu nutzen auch die Eltern die Gunst der Stunde und entledigen sich der einen oder anderen Altlast.

Was die Abteilung Ordnen und Verstauen anbelangt, so wird auch dieses Segment eher pragmatisch gelöst: Kisten, Ablagen, Bretter: ein Dübel ist schnell in der Wand – also wo ist das Problem? Eben. Aber genau diese Ausgangslage, diese sich zumeist relativ kurzfristig ergebende Situation des Wechselnkönnens (oder -müssens – je nachdem), könnte man auch zum Anlass nehmen, die tradierten, ausschließlich statisch geprägten Ordnungsprinzipien durch eine Transportkomponente mobilitätstauglich zu machen. Und genau das passiert.

Zunehmend gehen insbesondere junge Designer bei der Bestimmung ihrer regalen Bedürfnisse nicht vom statischen Endstadium aus, sondern von ihrem nomadischen Lebensstil. Das heißt nicht, dass das Regal als Gattung ausgedient hätte – keineswegs. Aber es heißt, dass das Prinzip Regal nicht mehr ausschließlich als komplexes System, sondern auch als modulare Assemblage gedacht wird, deren Tauglichkeit sich also nicht nur über das finale, vollständig montierte Gesamtkonstrukt definiert, sondern eben auch über die Einsatzmöglichkeiten als leicht handhabbares Konvolut von Transportkisten, die vor und nach dem Umzug auch wieder zu einem veritablen »Regal« zusammengefügt werden können.

»MODUS HABITANDI«

Nun wäre man schlecht beraten, würde man die hier eher salopp vorgenommene Kategorisierung des Wohnverhaltens verschiedener Gesellschaftsschichten als unverrückbare Konstante betrachten. Sie mögen zwar in sich stimmig sein und für die jeweiligen Schichten eine gewisse Signifikanz aufweisen, eine gewissenhafte Analyse indes ergäbe eine weit vielschichtigere Facettierung. Allein das extreme Mobilitätsverhalten, das hier als typisches Merkmal der Gruppe der Studien- und Berufsanfänger apostrophiert wurde, wird mehr und mehr auch für andere, ganz und gar nicht umzugswillige Gruppen zum Modus habitandi. Man denke nur an die Verwerfungen am Arbeitsmarkt – Stichwort »Leih-, Zeitarbeit« oder, etwas konkreter »hire and fire« – die über kurz oder lang in allen gesellschaftlichen Gruppen und Einkommensklassen zu radikalen Veränderungen unserer klassischen, auf Dauer angelegten Lebensplanung führen werden.

Vor diesem Hintergrund lässt sich Tom Pawlofskys Regal Zinfandel (2001) als geradezu prototypisches Entwurfskonzept bezeichnen. Denn dieses Regal ist, zumindest unter ästhetischen Gesichtspunkten betrachtet, in keiner Weise milieuspezifisch gestaltet, sondern ausschließlich strukturell konzipiert – und somit von hoher Allgemeingültigkeit. Es besteht aus insgesamt 32 Kisten in einer Größe von ca. 30 x 45 x 30 cm und einem weichen Schaumstoffgitter. Je nach Bedarf können die Kisten einzeln, z.B. für den Umzug, aber auch für das haus-/bürointerne Transportieren genutzt oder in der Gitterstruktur fixiert werden. Und selbst wenn man nicht alle Felder dieses Rasters mit Kisten bestückt, ergeben sich Verformungen, die ebenso, z.B. mit Kleidungsstücken oder sonstigem Hausrat, gefüllt werden können. Das Schaumstoffgitter hat demnach ausschließlich die Funktion der regalartigen Fixierung; es erfüllt damit aber gleichzeitig unsere Erwartungen an ein stationär installiertes Wandregal und kommt damit genau der beschriebenen dualen Gemengelage aus Bedürfnis und Verhalten unterschiedlichster Nutzergruppen entgegen (vgl. Abb. 1–3).

Allerdings lassen sich nicht nur in Bezug auf die häuslichen Premiumelemente wie Tisch und Stuhl, Regal und Bett oder, etwas zusammenhängender formuliert, Kochen, Essen, Baden, Waschen, Arbeiten, Lesen usw. fundamentale soziokulturelle Veränderungen konstatieren. Auch im Kleinen, im Sammelsurium des ganz profanen Hausrats, des Spielzeugs, der Kleidung und der medialen Ausrüstung werden wir in immer kürzeren Abständen mit Innovationen und gesellschaftlichen Entwicklungen konfrontiert, die geeignet sind, unsere habituellen Handlungen ganz grundsätzlich zu beeinflussen.

Für das Design bedeutet das, dass es in Zukunft vermehrt darum geht, neben den mechanischen, utilitären und funktionalen Konditionen auch die situationistischen Differenzen unserer Interaktion mit Möbeln, Büchern, Geräten oder Fertiggerichten zu berücksichtigen. Es genügt eben nicht, ein Regal auf die Dimensionen des Buches zu reduzieren, sondern man muss sich darüber hinaus der Frage stellen, ob diese Form der Unterbringung des Buchs die tatsächlich alleingültige und für alle Endnutzer die absolut optimale Lösung darstellt. Man muss sich fragen, ob es genügt, eine Pizza so zu verpacken, dass sie leicht zu transportieren ist und möglichst lange warm bleibt oder ob es vielleicht angebracht ist, die Situation des Verzehrs z.B. auf einem Schreibtisch oder in einem ICE-Abteil zu bedenken.

Kurzum, man muss dieses »conventional patchwork«, das sich aus einem gruppenspezifischen oder gar absolut individuellen Verständnis der jeweilgen Dinglichkeit ergibt, analysieren und übersetzen. Nicht mehr – aber auch nicht weniger.

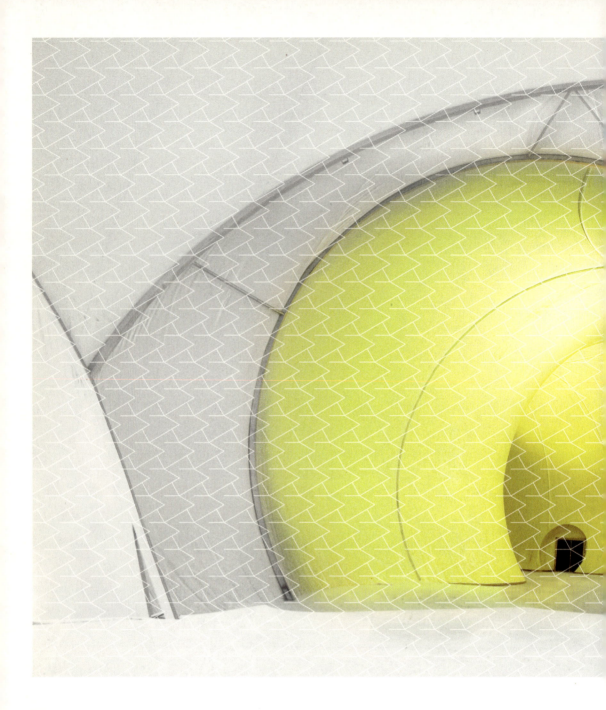

GREEN ARCHITECTURE

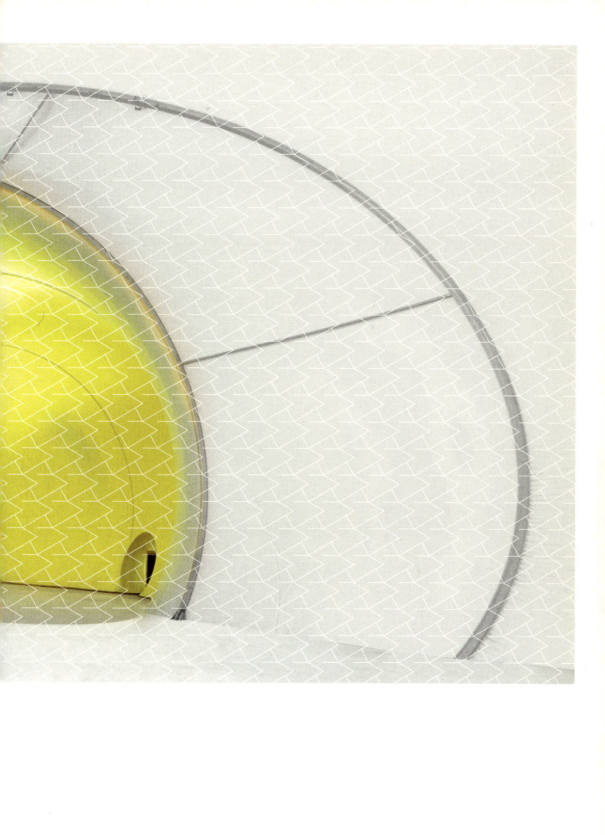

DIGITALISIERUNG
DISZIPLIN
ETHIK & MORAL
GESCHICHTE
GESELLSCHAFT
GLOBALISIERUNG
INNOVATION & STRATEGIEN
KOMMUNIKATION
KUNST & KULTUR
ÖKOLOGIE
ÖKONOMIE
TECHNOLOGIE
THEORIE
WISSENSCHAFT & FORSCHUNG
ZUKUNFT

DAVID COOK

Die Gegenkulturbewegungen der 1960er Jahre waren nicht nur durch den lautstarken Protest von Bürgerrechtsgruppen und Vietnamkriegsgegnern geprägt, sondern führten auch dazu, dass sich die Öffentlichkeit möglicher Alternativen zum traditionell-konservativen Lebensstil der Nachkriegszeit bewusst wurde. Zu Beginn diffamiert und hinter einer Wolke aus Musik und Drogen vernebelt, konnten sie doch insgesamt viele Facetten neuer Lebensstile ausbilden, die zu wichtigen Bestandteilen unserer heutigen Kultur geworden sind. Insbesondere Architektur, Design und Film, aber auch Lebensweisen und Bildung wurden davon beeinflusst.

Nachdem die ersten Schockwellen bereits 1962 spürbar gewesen waren, folgte 1968 ein wahres »Jugendbeben«, das rund um den Erdball massive soziale Unruhen auslöste. Diese Rebellion der Jugend fand ihr Pendant in einer Designrevolution, die geprägt war von der Ablehnung traditioneller Entwurfspraktiken und -theorien, wie sie die Vertreter der »Moderne« in der Nachkriegszeit propagiert hatten. Nun dominierten Experimentierfreude und sogenannte Groundswell-Bewegungen[1], bei denen sich aus spontanen Ideen und einzelnen Meinungen plötzlich eine größere Bewegung entwickelte, die kreative Köpfe zu ganz neuen Ideen hinsichtlich Form, Materialien, Farbe und Texturen angeregt haben.

Diese von den Medien oftmals pauschalisierend als gesellschaftlich entfremdete Studentengruppen dargestellten Bewegungen, die insbesondere Europa und Nordamerika erfasst hatten, können als eine Art natürliche Revolte gegen einen als trostlos erlebten Alltag betrachtet werden – eine Art tausendfachen Aufstands von unterschiedlicher Intensität und an ganz unterschiedlichen, sich teils überschneidenden Orten. Grundsätzlich geprägt von Vorstellungen gegenseitiger Verantwortung, die das Wohlergehen des Einzelnen vom Wohl der gesamten Gesellschaft abhängig machen wollte, wurden die 1960er auch als die »Wir-Generation« definiert.

EXPERIMENTIERFREUDE UND TECHNOLOGIE

Das Erscheinungsbild dieser Zeit war fest verbunden mit einer lebendigen und äußerst kritischen Jugendkultur. Sowohl das »Establishment« einschließlich des Bildungsbereichs als auch die zeitgenössische »moderne« Ästhetik standen unter ständigem Beschuss. Sicher wurde dies zunächst durch eine zunehmend positive öffentliche Einstellung gegenüber experimentellem Design unterstützt, denn sie ermöglichte mehr und mehr freiere, umfassendere gestaltungstheoretische Debatten, die Vielfalt nicht nur zunehmend als positiven Wert erkannten, sondern auch anerkannten.

---

1 Das gesellschaftliche Phänomen von der Basis ausgehender Massenbewegungen.

Während die Musik- und Drogenkultur der 1960er sehr gut dokumentiert ist, blieben die neuartigen Architektur- und Raumerfahrungen jener Zeit in der Rückschau nahezu unberücksichtigt, obwohl traditionelle Vorstellungen von Begriffen wie »Zimmer«, »Heim«, »Familie« und »Gemeinschaft« in Frage gestellt und neu formuliert wurden. Dies mag auch daran liegen, dass sich die Gesellschaft schwertat mit den futuristischen Kuppeln à la Buckminster Fuller, dass sich Tipis und improvisierte Veranstaltungen kaum in eine klar abgrenzbare Kategorie fassen lassen. Und dennoch: Obwohl heute nur noch wenige dieser Originalstrukturen erhalten sind, ist ihr Einfluss weiterhin spürbar und auch sichtbar.

Während konservative politische Kräfte sich bemühten, den überkommenen Status quo zu bewahren, initiierten wissenschaftliche Entwicklungen wichtige Veränderungen, nahm der technologische Fortschritt mit dem Wettlauf um die Vorherrschaft im All entscheidend an Fahrt auf. Großer Einfluss auf eine veränderte Weltsicht ist zudem der zeitgenössischen Literatur zuzuschreiben. Vor allem die Schriften und Experimente von Ken Kesey und seinen Freunden ermunterten deren Anhänger, die Welt mit neuen Augen zu sehen und ihre neuen Erkenntnisse buchstäblich auf die Straße zu tragen.[2] Die Entwicklung hin zum gesellschaftlichen Wandel war nicht mehr aufzuhalten.

»Wir sind alle Astronauten. Das waren wir schon immer« (R. Buckminster Fuller)[3]

Tatsächlich drehte sich anfänglich alles um Technologie: Shows, Veranstaltungen, Happenings waren ein ständiger Quell neuer gestalterischer Experimente. Im Epizentrum stand USCO (»The Company of Us«), der lockere Verbund von Multimedia-Künstlern, zudem gewannen Groundswell-Bewegungen rasch an Popularität; größere Bevölkerungsgruppen ließen sich von der »Crash Pad«-Kultur anstecken[4] – traditionelle Lebensmuster wurden umgekrempelt. Beim Entwurf des Eigenheims ging es nicht mehr nur darum, mit dem Nachbarn Schritt halten zu können, vielmehr avancierte es zum Agens persönlicher Veränderung.

»Verändere deine Umgebung und du veränderst dich selbst« (Sim Van Der Ryn)[5]

Diese Zeit des Optimismus und der Unschuld fand in den frühen 1970er Jahren ein jähes Ende, als sich das kreative, wirtschaftliche und kommerzielle Klima änderte. Rezession, Arbeitslosigkeit und Ölknappheit waren bis dato unbekannte Phänomene. Die Städte waren gezwungen, sich zu ändern, wenn auch nur vorübergehend. Die Einführung des »autofreien Sonntags« mag zwar als recht drastische

---

2 Ken Kesey hatte mit seinem Roman »One flew over the cuckoo's nest« (New York 1962; Dt.: »Einer flog über's Kuckucksnest«, Bad Homburg 1976) weltweit Beachtung erzielt und in der Folge zusammen mit den »Merry Pranksters« in der Nähe von San Francisco die Kommune gegründet, in der so genannte »Acid Tests« veranstaltet wurden.

3 Richard Buckminster Fuller: Operating Manual For Spaceship Earth, New York 1969.

4 Begriff für temporäres Wohnen in der Stadt, entstanden in Abgrenzung von der Elterngeneration. Das Leben in der Stadt als „Zwischenstopp" führte zu einem radikalen Wandel gesellschaftlicher Strukturen und veränderte ganze Wohnviertel. Das Instabile dieser Lebensform machte ihren Reiz aus, führte aber gleichzeitig zu ihrem endgültigen Niedergang.

5 Design for life. The architecture of Sim van der Ryn, Salt Lake City/Utah 2005.

Maßnahme empfunden worden sein, gleichzeitig war sie jedoch auch ein wertvoller Hinweis auf mögliche Alternativen (vgl. Abb. 1). Zudem beschleunigte der schier grenzenlose Idealismus der 1960er Jahre den eigenen Untergang: Freiheit und komplexe Vielfalt mündeten in Fragmentierung und Zerfall.

Da das Establishment, insbesondere der Reagan- und Thatcher-Ära, diese neue Bewegung als Affront gegenüber der bestehenden Ordnung betrachtete, führte das radikale Hinterfragen etablierter Werte letztlich auch zum Niedergang dieser neuen Bewegung. Stadtbezirke, in die immer mehr Mitglieder dieser Bewegung strömten, litten unter ansteigenden Kriminalitätsraten und zunehmendem Verfall – der unkontrollierbare Niedergang schien nicht mehr aufhaltbar. Der Optimismus hatte sich in Elend und Gewalt verkehrt, und so zogen sich zahlreiche Anhänger der Bewegung in ländliche Gegenden zurück.

Dieser Schritt hin zu einem primitiven Urzustand, hin zu »Mutter Erde«, von der es so viel zu lernen gab, markiert jedoch den Beginn eines neuen Umweltbewusstseins, das für viele Milieus der 1960er Jahre typisch war. Traditionelle Gebäudeformen und Möbel wurden abgelehnt; die ungeniert subversive »Drop City« (Trinidad / Colorado) und der äußerst erfolgreiche »Morning Star« (nahe San Francisco / Kalifornien) waren zwei der bekanntesten Kommunen. »Morning Star« stand für das Versprechen einer völlig autarken Lebensweise und löste dieses auch ein. Anfänglich war dieses Experiment sogar so erfolgreich, dass es Entfremdete und Desillusionierte wie ein Magnet anzog. Ihr endgültiges Aus war für Gouverneur Ronald Reagan Grund zum Feiern und er versprach, dass es keine Wiederholung dieses Experiments geben werde.

Die Strahlkraft dieser Kommunen war jedoch so groß, dass das Hudson Institute bis zum Jahr 2000 das Entstehen einer Nation von Aussteigern vorhersagte.[6] Stewart Brand, Autor und Mitglied der Medienkünstlergruppe USCO, beschrieb sie als ein »Gebiet der Geächteten«, und »Ant Farm«, eine Guerillabewegung, die sich aktiv für radikale Raumkonfigurationen des amerikanischen Lebensstils einsetzte, ging sogar so weit, für dieses imaginierte Land Falschgeld drucken zu lassen. Vielen Beobachtern erschien »Drop City« als Verkörperung eines Gebiets für Außenseiter, für andere wiederum erwies sich die Kommune als Ausgangspunkt für weitere soziale, technische und architektonische Recherchen. Steve Baer beispielsweise forderte durch seine spielerisch interaktiven Experimente mit Formen und Technologien und eine Neudefinition von »Obdach« (Shelter) allzu rationales Kas-

---

6 Alastair Gordon: Spaced Out. Radical environments of the psychedelic sixties, New York 2008.

GREEN ARCHITECTURE
DAVID COOK

1 Autofreier Sonntag in Berlin im Jahr 1973
2 Die Brettspiele »La Conquête du Pétrole« von 1973 und »Energy Quest« von 1977
3 Präsident Jimmy Carter weiht eine Solaranlage auf dem Dach des Weißen Hauses ein, 1979

tendenken heraus. Zudem betrieb er Recycling und entwickelte ein solares Heizsystem, mit dem sich Bauten an entlegenen Orten autark betreiben ließen.

Zwischenzeitlich hatte die Gegenkultur Buckminster Fullers geodätische Domes als Symbol des Widerstands übernommen. So kann das wachsende Interesse an seinen Ideen zwar teilweise durch die Faszination ihrer visionären technischen Eigenschaften erklärt werden, aber auch damit, dass ihre Ästhetik als natürlicher Bestandteil des charakteristischen »Looks« dieser Zeit erschien. Obwohl sich Fuller vorrangig für die philosophische Seite interessiert hatte und seine Arbeit weniger durch formale Überlegungen motiviert gewesen war, verhalf dies seinen Ideen dennoch zu weltweiter Popularität: als deren Verkörperung wurden sie geliebt und bewundert, aber auch als Technologie interpretiert, die gesellschaftlichen Wandel ermöglicht.

DER BLICK NACH VORN

Es musste erst zur Ölkrise im Jahr 1973 kommen, bevor allmählich klar wurde, dass die Rohstoffe der Erde nur begrenzt zur Verfügung stehen.[7] Naturgemäß entstand in der Krise auch ein stärkeres öffentliches Bewusstsein für alternative Lebensstile und für eine stärker an ökologischen Bedürfnissen orientierte Architektur, einschließlich der dazu passenden Technologien. Eine Veränderung des Lebensstils war unausweichlich geworden und entsprechende Botschaften fanden sich überall: sogar auf Brettspielen für Kinder (vgl. Abb. 2).

Abb. 2 / S. 72

Bedauerlicherweise führte die dann einsetzende Verschiebung politischer Machtverhältnisse dazu, dass diese Bewegungen buchstäblich im Interesse einer »freien Marktwirtschaft« niedergewalzt wurden, ohne die Chance erhalten zu haben, Fuß fassen zu können. E.F. Schumachers Vorstellung von der »Schönheit im Kleinen«[8] wurde vom damaligen US-Präsidenten Jimmy Carter durchaus noch geteilt. Unter der Reagan-Regierung, die darauf folgte, hatte sie jedoch nicht den Hauch einer Chance. Zukunftsweisende Initiativen verkümmerten mangels Unterstützung oder wurden einfach rückgängig gemacht. Die symbolträchtige Solaranlage, die Präsident Carter auf dem Dach des Weißen Hauses hatte anbringen lassen, wurde schnell wieder abmontiert (vgl. Abb. 3).

Abb. 3 / S. 72

Entscheidungen wurden revidiert, aufkeimende Industrien wurden nicht immer ausreichend unterstützt, während Subventionen auf derart unlogische Weise in traditionelle Industriezweige und die Landwirtschaft geleitet wurden, dass deren

---

7 Siehe dazu auch: Denis Meadows / Donella Meadows / Erich Zahm / Peter Milling: Die Grenzen des Wachstums. Bericht des Club of Rome zur Lage der Menschheit, Stuttgart 1972.
8 Ernst Friedrich Schumacher: Small is Beautiful – Economics as if People Mattered, London 1973 (Dt.: Die Rückkehr zum menschlichen Maß. Alternativen für Wirtschaft und Technik. Small is possible – Mittlere Technologien in der Praxis, Reinbek bei Hamburg 1977.)

Status quo aufrechterhalten blieb. Zudem kam der idealistische Schwung, der sich entwickelt hatte, mit dem unaufhaltsamen Aufstieg transnationaler Konzerne zum Erliegen; die Jünger der Umweltbewegung gingen buchstäblich in Deckung. Programme und Lehrpläne wurden radikalen Veränderungen unterzogen und die Stimme der »alternativen« Vernunft konnte sich gegen die lautstarken Forderungen der Konsumgesellschaft nicht mehr durchsetzen.

Dem unermüdlichen Einsatz engagierter Organisationen und einzelnen Überzeugungstätern ist es jedoch zu verdanken, dass wir heute – rund vierzig Jahre später – erleben, wie das öffentliche Interesse an Umweltthemen in großem Stil wieder aufflammt und die Umweltproblematik mit höherer Dringlichkeit wahrgenommen wird als damals. Zwar erleben wir, dass die Nachfrage nach Rohstoffen exponentiell zugenommen hat, unser Bewusstsein für ihre Knappheit jedoch auch deutlich gestiegen ist. Und trotzdem sehen wir, wie wenig man zu tiefgreifenden Veränderungen bereit ist. Vielleicht ist das so, weil es die eine, einfache Antwort nicht gibt und man stattdessen eine ganze Reihe sich gegenseitig bedingender Schritte tun muss: Veränderungen müssen jetzt auf allen Ebenen herbeigeführt werden. Daraus folgt, dass nachhaltiges Bauen nicht nur auf Städte und Gebäude begrenzt bleiben darf, sondern sich darüber hinaus auf alle physikalischen, politischen und gesellschaftlichen Infrastrukturen erstrecken müsste, die unser Verhalten letztlich bestimmen. Dafür bedarf es besonnener Führung und der Entwicklung eines angemessenen ökonomischen Modells.

Die möglichst weit verbreitete Verwendung neuer Technologien kann nicht der Schlüssel zur Zukunft nachhaltigen Bauens sein, insbesondere dann nicht, wenn sie der einzige Schlüssel ist; schließlich können wir uns nicht nur darauf verlassen, dass der technische Fortschritt ein Problem lösen wird, das sich dadurch noch verschärft, dass der westliche Lebensstil aktiv als erstrebenswertes Modell für Entwicklungsländer angepriesen wird.

Dennoch sollten wir auch nicht das Rad zurückdrehen wollen, sondern an fortschrittliche Technologien anknüpfen und diese unter dem Aspekt der Ressourcenknappheit betrachten. In seinem jüngsten Buch »Whole Earth Discipline«[9] verfolgt Stewart Brand einen Ansatz, der positiv und pragmatisch zugleich ist, wenn er argumentiert, dass die Eindämmung der Umweltzerstörung alleine nicht funktionieren kann. Indem wir die Herausforderung in ihrem ganzen Ausmaß erkennen und annehmen und uns gleichzeitig auch den Widerstand gegen die gewaltigen

---

9   Stewart Brand: Whole Earth Discipline. An Ecopragmatist Manifesto, New York 2009.

Veränderungen bewusst machen, die sie unserer konsumgetriebenen Gesellschaft abverlangt, sollten wir uns – so sein Vorschlag – für unsere Ökosysteme einsetzen und sie erhalten, auch wenn dies gleichzeitig bedeuten würde, dass wir Ökosysteme gezwungenermaßen ändern müssten. Dabei verweist er auf die lange Tradition der Pflege, Bewahrung und Reparatur von Ökosystemen, von der es viel zu lernen gibt und an die wir anknüpfen sollten.

ÜBER DAS GEBÄUDE ALS OBJEKT HINAUS

In der sehr kurzen Geschichte der Besiedlung der Erde durch die Menschen hat die Gesellschaft erreicht, dass unsere natürlichen Lebensräume akut bedroht sind. Spät, sehr spät sind wir nun anscheinend an einer Art Wendepunkt angelangt, an dem unsere Regierungen und das »Big Business« die Augen nicht mehr vor der Realität verschließen können. Auf der Suche nach einem Plan für die Zukunft besinnen wir uns unweigerlich der Experimente einer früheren Generation und erinnern uns an die Aufsätze von Bucky Fuller, Steve Baer, Stewart Brand[10] u.a.m., die heute relevanter erscheinen als jemals zuvor. So stand das Baer House in New Mexico mit seiner Nutzung der Sonnenstrahlung als wichtiger Energiequelle beispielhaft für die Bewegung hin zu einer anderen Architekturästhetik (vgl. Abb. 4).

Abb. 4 / S. 76

Obwohl uns die Klimaveränderung bereits erfasst hat, werden wir ihre schlimmsten Auswirkungen nicht schon nächste Woche oder nächstes Jahr zu spüren bekommen. Und vielleicht ist das die Erklärung dafür, dass unsere westlichen Gesellschaften kurzfristig nach wie vor einen Lebensstil führen und fördern, der eindeutig keine Zukunft hat. In dieser Situation bedarf es Belohnungen, keiner Strafen. Damit die Gesellschaft mit der gebotenen Dringlichkeit umdenkt und -lenkt, muss sie begreifen, welche Vorteile ihr daraus erwachsen. Deshalb müssen wir eine ganze Reihe passender Anreize schaffen – schließlich ändern die Menschen ihre Gewohnheiten nicht einfach so, sondern nur, wenn sie einen guten Grund dafür sehen. Nachhaltigkeit an sich sollte deshalb als vielschichtiges Thema verstanden werden, bei dem es vorrangig um den Menschen mit seinen Werten und Bedürfnissen geht.

In der Architektur sollte nachhaltiges Design das große Spektrum unterschiedlicher Nutzungsmuster berücksichtigen und diejenigen Eigenschaften stärker zum Vorschein bringen, die unsere Sinne ansprechen. Ganz gleich, von welchem Maßstab die Rede ist, wird sehr schnell deutlich, dass es in erster Linie die tagtäglichen Verhaltensmuster der Nutzer sind, die die Ökologie eines Gebäudes am stärksten

---

10 Stewart Brand war von 1969 bis 1974 Herausgeber des legendären »Whole Earth Catalog«, eine Art Versandkatalog der Alternativszene. Im Impressum hieß es: »An item is listed in the Catalog if it is deemd: 1) Useful as a tool, 2) Relevant to independent education, 3) High quality or low cost, 4) Easily available by mail«.

GREEN ARCHITECTURE
DAVID COOK

4 Baer House, Coralles, New Mexico, 1971

5 Handelskammer Hamburg: »Haus im Haus«, Behnisch Architekten, 2008. Beispiel für eine entschieden zeitgenössische architektonische Intervention mit lebensverlängernder Wirkung für ein bestehendes Gebäude.

beeinflussen. Deshalb kommt es vor allem darauf an, feine Unterschiede[11] der menschlichen Existenz und die Rolle der Lebensstile zu erkennen und zu nutzen. Dabei sollten wir uns auf die Grundprinzipien moderner, eher alternativer Gebäudeentwicklung, wie bereits durch die ehemalige Gegenkultur gefordert, zurückbesinnen, indem wir die Qualität natürlicher Kreisläufe als erstrebenswert erkennen und hinterfragen, was heute unter »Komfort« zu verstehen ist. Vorgefasste Meinungen über gesellschaftliche Werte, unseren Alltag und wie wir unsere bauliche Umgebung wahrnehmen, müssen überdacht werden. Deshalb ist es wichtig, dass wir in der Architektur den »grünen« Ansatz so betreiben und fördern, dass die Gesellschaft von Gebäuden mehr als nur begehrenswerte Objekte erwartet.

Aber wer soll hier mit gutem Beispiel vorangehen? Eines ist offensichtlich: Indem wir an die Moral appellieren, kommen wir nicht weiter, und wenn unsere Regierenden auch weiterhin die Ölindustrie auf Kosten derjenigen subventionieren, die Technologien auf Basis von erneuerbaren Ressourcen entwickeln, werden sich letztere nur sehr langsam verbreiten können. Trotzdem haben Groundswell-Bewegungen grundsätzlich bereits einige Anpassungen durch die Politik und einen Bewusstseinswandel bewirken können.

Entsprechend sehen wir uns heute zum Teil mit einer neuen Einstellung vieler Bauherren konfrontiert, die von uns erwarten, dass wir umweltfreundlich entwerfen, planen und bauen, wobei der Schwerpunkt auf einem wirtschaftlichen und verantwortungsvollen Umgang mit natürlichen Rohstoffen liegen muss. Zudem haben viele Unternehmen öffentlich den Wert einer gesunden Umgebung in der Arbeits- und Umwelt anerkannt.

Der Aufruf, einer nachhaltigeren Entwurfspraxis breiteren Raum zu geben, ist zweifellos gut gemeint. Die immer häufiger missbräuchliche Verwendung des Nachhaltigkeitsbegriffs läuft jedoch Gefahr, zum bloßen Etikett zu verkommen; einem Etikett, das zudem noch zu stark vereinfacht und zu eng ausgelegt ist. In der Fokussierung auf quantitative Aspekte wie etwa Energieeffizienz übersehen wir echte Innovationschancen. Damit »Green Architecture« nicht nur ein »Label« bleibt, sondern entscheidend an Bedeutung gewinnt, dürfen wir nicht nur das Gebäude als Objekt betrachten, sondern müssen auch den Bedingungskontext unseres architektonischen Wirkens neu bewerten.

Wir müssen uns dessen bewusst werden, dass wir uns als Architekten in der durchaus privilegierten Position befinden, uns die Frage stellen zu können, wie wir Ge-

---

11 Vgl. Pierre Bourdieu: Die feinen Unterschiede. Kritik der gesellschaftlichen Urteilskraft, Frankfurt a. M. 1982 (original: La distinction. Critique sociale du jugement, Paris 1979).

bäude entwerfen, die unsere Umwelt deutlich weniger belasten und gleichzeitig einen positiven Beitrag zur Lebensqualität und Stadtentwicklung darstellen können. Dies bietet dann die Grundlage für neue architektonische Visionen (vgl. Masdar City, S. 230).

DER MASSSTAB MUSS VERSCHOBEN WERDEN

Natürlich belasten ökologische Gebäude und umweltbewusste Bewohner oder Nutzer den Vorrat nicht erneuerbarer Ressourcen sehr viel weniger. Leider reicht eine verantwortungsvolle Herangehensweise beim Planen und Bauen einzelner Projekte nicht aus, um tatsächlich eine Veränderung bewirken zu können. Ein ökologisches Gebäude mit umweltbewussten Nutzern mag der Umwelt zwar geringeren Schaden zufügen. Letztlich bleibt es jedoch ein nur auf einen Ort begrenztes Beispiel und man könnte meinen, dass es nur einen verschwindend kleinen Beitrag zum Umweltschutz zu leisten imstande ist, außer, wenn die dazugehörige Infrastruktur entsprechend mitbedacht und -entwickelt wird, so nämlich, dass dadurch eine Lebensweise möglich wird, die zur Verfügung stehende Ressourcen optimal nutzt. Letzten Endes muss dabei ein höherer Lebensstandard für die Gemeinschaft als Ganzes herauskommen:

- Erstens müssen wir die Stadt als zunehmenden und zukünftigen Lebensmittelpunkt unabhängig von ihrem Standort als einen Ort begreifen, dessen Potential bei weitem noch nicht voll ausgeschöpft ist.
- Zweitens gilt es, den Gebäudebestand als wertvolle Ressource schätzen zu lernen, der wo immer möglich bewahrt und neuen Nutzungen zugeführt werden kann (vgl. Abb. 5).
- Drittens müssen wir uns bemühen, soziale, wirtschaftliche und ökologische Konflikte, die hier zum Ausdruck kommen, in ihrer ganzen Vielschichtigkeit zu verstehen und ihnen gestalterisch Rechnung zu tragen – Idealfälle gibt es so gut wie keine.

Die Infrastruktur einer Stadt erweist sich als viel zu unflexibel und ist bereits bei ihrer Fertigstellung schon veraltet. Schlimmer noch: selbst ihre Betriebsweise ist völlig ineffizient. Viele gute Ideen liegen eigentlich auf der Hand und oft sind Lösungen mehr als offensichtlich. Trotzdem lassen sie sich nicht durch planerische Maßnahmen umsetzen, weil oftmals andere, mächtigere Faktoren im Spiel sind. Eine nachhaltige Stadt zu bauen ist erstrebenswert und keine leichte Aufgabe. Und dennoch haben wir keine andere Wahl, wenn wir auch in Zukunft mit dem, was die Erde für uns an Ressourcen bereithält, auskommen wollen. Wichtig ist, dass wir dabei nicht die Fehler der Vergangenheit wiederholen. Auch darum nicht, weil wir eben nicht die Möglichkeit zum ständigen Neuanfang haben. Deshalb müssen wir die uns zur Verfügung stehenden Ressourcen bestmöglich nutzen, d.h. wir müssen neu organisieren, anpassen, neu definieren und wiederverwenden. Es ist klar, dass die zukünftige Planung unserer Städte radikale Schritte erfordert. Wir müssen Mechanismen umsetzen, mit denen sich Städte weltweit schnell in Orte verwandeln können, die wesentlich weniger Ressourcen verschlingen und der Umwelt geringeren Schaden zufügen als heute. Wir müssen neue Wertkriterien für den planerischen Entwurf schaffen, innerhalb dessen umweltbezogene, gesellschaftliche und ökonomische Erfordernisse nicht an sich schon limitierende Faktoren sind, sondern Hinweise darauf geben, wie sich Stadt und zeitgenössische Architektur verbessern lassen.

Eines steht fest: in Zukunft werden wir ein Zusammenlaufen der Top-Down- und Bottom-Up-Lösungsansätze erleben.[12] Die Politik und die gesellschaftliche Basis werden sich dabei treffen müssen. Nur indem wir unser Verständnis des komplexen Systems »Erde« vertiefen, werden wir zu einer neuen Form von »Green Architecture« kommen, die dann vielleicht bei dem Maß an Subsistenz ansetzt, das sich durch die weit verbreitete urbane Landwirtschaft erreichen lässt. Die Voraussetzung dafür ist jedoch die eingehende Arbeit an Infrastrukturmodellen, anhand derer zunächst unsere Städte transformiert werden, damit dann ein noch größerer planetarer Maßstab erreicht werden kann.

12 Top-Down: hierarchische, Bottom-Up: konsensorientierte Entscheidungsprozesse

ECO DESIGN.
PROBLEMLÖSUNG STATT GREENWASHING

DIGITALISIERUNG
DISZIPLIN
ETHIK & MORAL
GESCHICHTE
GESELLSCHAFT
GLOBALISIERUNG
INNOVATION & STRATEGIEN
KOMMUNIKATION
KUNST & KULTUR
ÖKOLOGIE
ÖKONOMIE
TECHNOLOGIE
THEORIE
WISSENSCHAFT & FORSCHUNG
ZUKUNFT

URSULA TISCHNER

DIE WELT IN KRISEN

Während wir derzeit unter Klima- und Finanzkrisen ächzen, ist langsam eine leichte wirtschaftliche Erholung abzusehen und es bleibt zu hoffen, dass Regierungen Gesetze und Richtlinien erlassen und mehr Kontrollorgane installieren werden, damit leichtsinnige Spekulationen und Wirtschaften »auf Pump« nicht mehr zu globalen Krisen führen können. Wenn wir jedoch unseren Planeten und das biologische Gleichgewicht permanent destabilisieren, helfen keine Regularien mehr. Und in der Tat zweifelt heute kaum ein ernstzunehmender Wissenschaftler oder Politiker mehr daran, dass das globale Phänomen der Klimaveränderung zum Teil menschengemacht ist, dass es nicht nur zu ökologischen und sozialen Problemen führen wird, sondern auch eine ökonomische Bedrohung darstellt und dass wir als internationale Staatengemeinschaft dringend handeln müssen, um den Ausstoß von Treibhausgasen zu verringern.

Jedoch nicht nur der Klimawandel ist eine Bedrohung. Die immer knapper und teurer werdenden Ölvorräte, die Ölkatastrophe am Golf von Mexiko, Kämpfe um Ressourcenverfügbarkeit oder um Wasser und Nahrungsmittel zeigen deutlich, dass eine ressourcenverschwendende Wirtschaftsweise der industrialisierten Länder nicht als Modell für die ganze Weltbevölkerung taugt und insbesondere die reicheren Länder hier deutlich umsteuern müssen, um das Überleben von bald neun Milliarden Menschen auf der Welt zu sichern. Die Industrienationen verbrauchen immer noch ca. 70% aller Ressourcen weltweit, obwohl sie nur ca. 20% der Weltbevölkerung ausmachen – und dies mit schrumpfender Tendenz.

Besonders drei Konsumfelder sind für 80% aller Umweltbelastungen der westlichen Industrienationen verantwortlich:

- *Ernährung/Landwirtschaft*
- *Mobilität/Tourismus*
- *Wohnen/Energieverbrauch in Gebäuden*[1]

UND WAS HAT DAS MIT DESIGN ZU TUN?

Genau diese Konsumbereiche sind mit mannigfaltigen, mehr oder weniger schlecht gestalteten Gütern und Infrastruktur ausgestattet. Laut einer berühmten Faustregel werden etwa 80% aller mit einem Produkt verbundenen Kosten in der Produktentwicklungs- und -gestaltungsphase festgelegt.[2] Ähnliches gilt – mit Ausnahmen – für Umweltbelastungen. Wenn Gestalter im Entwurfsprozess die richtigen Infor-

---

[1] European Environment Agency: Environmental Pressures from European consumption and production, EEA publication, TH-78-07-137-EN-D, 2007.

[2] Vgl. z.B. Bernd Schäppi/Mogens M. Andreasen/Manfred Kirchgeorg et al.: Handbuch Produktentwicklung, München/Wien 2005, S. 300.

**ECO DESIGN.
PROBLEMLÖSUNG STATT
GREENWASHING**
URSULA TISCHNER

1 Der Klassiker aus den frühen 1990er Jahren: Bürostuhl »Picto« von Wilkhahn, Design: Produktentwicklung Roericht, Burkhard Schmitz, Franz Biggel. Zerlegungs- und montagefreundliches Design, reduzierter Materialeinsatz, langlebige, reparatur- und recyclingfreundliche Konstruktion, umweltfreundliche Materialauswahl.

2 »Fria«, öko-effizientes Kühlgerät, Design: Ursula Tischner, econcept. »Fria« wird fest in die Küche eingebaut, besitzt daher eine viel bessere Isolierung als normale Kühlschränke und ist langlebiger; Verschleißteile können einfach ausgewechselt werden. Im Winter kühlt Fria mit der kalten Außenluft, im Sommer mit Strom aus einem Solarmodul.

3 »growing table«, mitwachsender Kindertisch und Bank. Hersteller: pure position, Design: Industrial Design Olaf Schroeder. Stabiles, modulares, mitwachsendes Kindermöbel. Material: hauptsächlich heimische Buche. Produziert wird ausschließlich in Deutschland in einer Behindertenwerkstatt. Damit wird eine hohe Fertigungstiefe erreicht, die Transporte und Ressourcen spart.

4 Cradle-to-Cradle-Bürostuhl »Mirra«. Hersteller: Herman Miller, Design: Studio 7.5. Zu 96% kreislauffähiger Bürostuhl, geringstmöglicher Schadstoffeinsatz, leicht zerlegbar innerhalb von fünf Minuten, Einsatz von Rezyklaten.

mationen zur Verfügung haben, die richtigen Tools anwenden und Fragen stellen, können sie Güter gestalten, die »ökologischer« oder sogar »nachhaltiger« sind.

Nachhaltige Entwicklung (»Sustainable Development«) zielt darauf ab, das Überleben einer wachsenden Weltbevölkerung auf lange Sicht auf einem Planeten mit begrenzten Ressourcen zu ermöglichen und die dazu nötigen ökologischen, ökonomischen und sozialen Bedingungen zu schaffen.[3] »Design für Nachhaltigkeit« oder »Design for Sustainability« (DfS) erzeugt also Lösungen, die einen gesellschaftlich sinnvollen Nutzen erbringen und die Lebensqualität insbesondere der weniger wohlhabenden Menschen verbessern, die Wertschöpfung für Anbieter und Kunden schaffen und die ökologische Schäden vermeiden oder sogar positiv auf die natürliche Umwelt einwirken. Unter den Oberbegriff des Designs für Nachhaltigkeit lassen sich alle anderen Formen des ökologisch sinnvollen (also Green oder Eco) Designs und sozialen Designs einordnen. »Eco Design« z.B. (der Begriff wird gleichbedeutend mit »Green Design« benutzt) fokussiert vor allem darauf, ökologische und ökonomische Vorteile durch gute Gestaltungslösungen zu vereinen. »Base Of the Pyramid« (BOP) Design zielt darauf ab, mit den und für die Ärmsten der Armen Lösungen zur Verbesserung ihrer Lebensgrundlage zu gestalten. Design für Recycling und Demontage kümmert sich um die Kreislauffähigkeit der Produkte, usw.

ECO DESIGN UND DESIGN FÜR NACHHALTIGKEIT

Stellen Sie sich vor, sie müssten nie wieder ein Mobiltelefon kaufen, sondern ein Anbieter sorgte dafür, dass Sie Ihr Leben lang stets mit einem effizienten und unschädlichen Kommunikationsgerät ausgestattet sind. Sie zahlen lediglich für die Kommunikation selbst. Dieses Lebensdauerhandy ist so modular gestaltet, dass Funktionen nach Ihrem Wunsch zugefügt oder weggelassen werden können, und es kann repariert werden. Auch eine optische oder modische Aktualisierung ist problemlos möglich, beispielsweise durch den Austausch der Hülle. Es funktioniert mit einer Mini-Brennstoffzelle, die Sie von Zeit zu Zeit mit ein paar Tropfen Bio-Kraftstoff auffüllen müssen und besteht zu 80 Prozent aus einem natürlichen Werkstoff, der nach dem langen Leben einfach geschreddert und, in den natürlichen Kreislauf zurückgeführt, zum Nährstoff für die Natur wird. Die restlichen Komponenten des Geräts werden geprüft und weitergenutzt oder werkstofflich recycelt.

Tatsächlich wachsen die Müllberge aus hochgradig schadstoffhaltigen elektronischen Geräten ins Unermessliche, was die Europäische Kommission bereits veranlasst hat, Gesetze zur größeren Produktverantwortung von Herstellern und Händ-

---

3 Vgl. UN (United Nations) Agenda 21: The Earth Summit Strategy to Save Our Planet, document E.92-38352, New York: UN 1992.

lern, Produktrücknahme und Re-Use/Recycling zu erlassen.[4] Ähnliche Gesetze gibt es für Fahrzeuge, Verpackungen und Batterien. Weitere werden folgen.

Nach wie vor sind viele der heute gestalteten Güter weit davon entfernt, »grün« oder gar nachhaltig zu sein, und das trotz bereits lange vorhandener Methoden und Tools, guter praktischer Beispiele und Markterfolgen für ökologisch und sozial sinnvolle Angebote.[5] Insbesondere deutsche Designer zeichnen sich im internationalen Vergleich leider durch größere Ignoranz auf diesem Gebiet aus, und es gibt tatsächlich immer noch lediglich eine einzige deutsche Professur für ökologisches Design. Nicht eine deutsche Designhochschule bietet einen Bachelor- oder Master-Studiengang in Eco Design oder Produktdesign for Sustainability an.

Nachhaltige Güter erfüllen soweit möglich folgende Kriterien, sie sind

- *sinnvoll:* erfüllen eine (gesellschaftlich und sozial) sinnvolle Funktion, lösen ein echtes Problem
- *effizient und effektiv:* im Einsatz von Ressourcen und Energie
- *solar:* nutzen erneuerbare Energien: Sonne, Wasser, Wind, Erdwärme, Muskelkraft oder auf nachhaltige Weise erzeugte Biotreibstoffe
- *sicher:* risikofrei, gesund, auch »idiotensicher«, ergonomisch und unschädlich für die natürliche Umwelt/schadstofffrei
- *angemessen dauerhaft:* je nach Funktion kurz- oder langlebig, aber immer angemessen; wenn kurzlebig, müssen sie besonders zyklisch sein (s.u.)
- *zyklisch:* Abfall wird zum Nährstoff (waste equals food[6]), technische oder natürliche Kreisläufe werden geschlossen
- *so regional wie möglich:* mit geringem Transport- und Verpackungsaufwand
- *sozial:* gut für die soziokulturelle Umwelt, steigern Lebensqualität, sichern Beschäftigung, werden unter (regional) akzeptablen Arbeitsbedingungen hergestellt
- *qualitätvoll:* vernünftiges Preis-Leistungs-Verhältnis, erringen Wertschätzung beim Nutzer, sichern die wirtschaftliche Existenz der Anbieter

All diese Eigenschaften müssen für den gesamten Lebensweg des Produkts betrachtet werden. Oft ist es schwierig, alle Kriterien im Gestaltungs- und Entwicklungsprozess gleich gut zu erfüllen, z.B. Regionalisierung versus Effizienz – wie im richtigen Leben müssen auch hier Kompromisse gemacht werden. Zu suchen ist die beste machbare und vermarktbare Kombination von ökologischen, ökonomischen und sozialen Eigenschaften.

---

[4] WEEE = Direktive 2002/96/EC on waste electrical and electronic equipment, RoHS = Direktive 2002/95/EC on the restriction of the use of certain hazardous substances in electrical and electronic equipment und EuP = Energy using Products, siehe http://ec.europa.eu/environment/waste/weee/index_en.htm und http://ec.europa.eu/enterprise/eco_design/dir2005-32.htm.

[5] Vgl. z.B. Frieder Rubik/Eva Schmincke/Ursula Tischner et. al.: Was ist Ecodesign?, Frankfurt 2000.

[6] Siehe auch William McDonough und Michael Braungart: Cradle to Cradle. Remaking the way we make things, New York 2002.

DER ECO-DESIGN-PROZESS

Im Eco Design hinterfragen wir zunächst die Aufgabenstellung und analysieren die Ist-Situation. Wir sind radikaler, als es normalen Produktdesignern in der Regel möglich ist und setzen bereits bei strategischen Unternehmensentscheidungen mit ökologischen Fragestellungen an. Außerdem betrachten wir stets den gesamten Lebenszyklus des Produkts von der Rohstoffgewinnung über die Produktion, den Vertrieb, den Gebrauch bis hin zum Recycling und arbeiten daher auch mit der gesamten Wertschöpfungskette. Für die strategische Analyse von Marktsituationen stehen Tools wie die Sustainability-SWOT Analyse zur Verfügung. Für die Analyse bestehender Produkte oder von Konkurrenzprodukten (»Benchmarking«) verwenden wir die Eco-Design-Checkliste. Zur tiefergehenden Produktanalyse dient das Life Cycle Assessment (LCA). Nach Ermittlung der größten Schwachstellen und Probleme in der Ist-Situation werden bessere oder radikal neue Ideen, Designkonzepte und detaillierte Lösungen der gegebenen Aufgabenstellung entwickelt. Zur Eco-Design-Toolbox gehören auch Kreativitätsmethoden und Bionik, Leitfäden und Faustregeln, Softwaretools für ökologisch-ökonomische Bewertungen, Szenariotechniken und Backcasting sowie inspirierende Beispielsammlungen und Materialdatenbanken. Auch Trendanalysen und Kontextrecherchen werden durchgeführt. Eco-Design-Projekte beinhalten normalerweise intensivere Forschungsaktivitäten als konventionelle Produktgestaltung, z.B. Materialforschung, Technologieforschung, Zielgruppenforschung. Oft kooperieren wir mit Experten aus anderen Bereichen innerhalb und außerhalb des auftraggebenden Unternehmens.[7]

ÜBER DIE ÖKO-EFFIZIENTE PRODUKTGESTALTUNG HINAUS

Eco Design als Gestaltung öko-effizienterer Produkte reicht nicht aus, um die obengenannten Krisen und Probleme zu lösen. Fast immer wird die größere Produkteffizienz bei energiesparenderen oder wassersparenderen Produkten durch sogenannte Rebound-Effekte zunichtegemacht, d.h. Konsumenten benutzen die Produkte weniger sparsam, da sie ja effizienter sind, oder es werden schlichtweg mehr von diesen Produkten benutzt, oder insgesamt hebt das globale Wirtschaftswachstum (und damit die Zunahme an Konsum) die Einspareffekte auf Produktebene auf. Daher arbeiten immer mehr Nachhaltigkeitsforscher und -designer an Konzepten wie Product Service Systems (PSS), der Gestaltung von kompletten Produkt-Dienstleistungssystemen (vgl. www.suspronet.org und www.mepss.nl) und Sustainable Consumption and Production (SCP), der Veränderung von gesamten

---

[7] Vgl. Tischner et al. 2000 (Anm. 5).

**ECO DESIGN.
PROBLEMLÖSUNG STATT
GREENWASHING**
URSULA TISCHNER

5 Grüne Wand in der Sparkasse Ingolstadt, Design: Ohnes & Schwahn. Pflanzen werden in einen Raumteiler mit speziellen Vegetationsplatten gepflanzt. So wird auf natürliche Weise das Raumklima geregelt, werden Schadstoffe neutralisiert, Staub gebunden und Energie gespart. Wird die grüne Wand nicht mehr gebraucht, kann sie kompostiert werden.

6 Produkt-Dienstleistungssystem statt Produkt: die »rent-o-box«, das Sharing-Büro. Design: econcept. Mobiler, völlig autarker Büroraum, der kurz- oder längerfristig gemietet werden kann und nur für die Zeit der Nutzung bezahlt wird. Solarenergie und Regenwassernutzung, modernste flexible Büroinfrastruktur, die sich an die Nutzerbedürfnisse anpasst.

7 Beispiel Baufritz: Vom eher traditionellen Holzhaus zum modernen Hausdesign bei gleichbleibend hoher ökologischer Qualität. Die Überarbeitung resultierte in gesteigerten Umsätzen und einer Erweiterung der Zielgruppe.

Produktions- und Konsumptionssystemen (vgl. www.score-network.org). Die Hoffnung hinter diesen Strategien ist, dass bei der nachhaltigen Gestaltung der gesamten Systeme und durch das Einwirken auf die wichtigsten Schnittstellen zwischen Produzenten, Konsumenten und Stakeholdern sehr viel weitreichendere Veränderungen in Produktionsweisen und Konsumentenverhalten erreicht und Rebound-Effekte verhindert werden können.[8]

DIE RICHTIGE ÄSTHETIK FÜR GREEN DESIGN

In Nordamerika sowie in Asien spricht man von den LOHAS (Lifestyle of Health and Sustainability, siehe: www.lohas.de oder www.lohas.com). Auch wenn das mehr wie ein neuer Hype im Marketing anmutet, ist der Hintergrund doch recht eindeutig: Es gibt eine immer größere Gruppe von gut (aus-)gebildeten, kaufkräftigen, oft sehr selbstbestimmten und kreativen Menschen, die recht konsequent einen gesunden und nachhaltigen Lebensstil pflegen. Dabei hat das sehr viel mehr mit Genuss und Erlebnis zu tun als das noch bei den ideologisch geprägten Öko-Kunden der 1970er und 1980er Jahre der Fall war. Nicht mehr Verzicht ist das Credo, sondern das Anlegen des oft beträchtlichen Vermögens und Einkommens in Dinge, die das Leben angenehmer, genüsslicher und gesünder machen und gleichzeitig gut für die soziale und natürliche Umwelt sind. Das gilt für alle möglichen Lebensbereiche und Kaufentscheidungen: vom ethischen Investment bis zur Gesundheitsvorsorge, von Öko-Wellness und Spirituellem zu Bauökologie und effizienten Energietechniken, von gesunden, fair gehandelten Lebensmitteln zu alternativer Mobilität. In Deutschland ist das Umweltbewusstsein der Bevölkerung schon seit langem recht hoch, aber auch hier gibt es Ziel- oder Stilgruppen, die mehr Interesse an nachhaltigen Gütern haben als andere.

Dementsprechend ist das noch in den 1970er und 1980er Jahren vorherrschende Verständnis von Ökodesign als »Jute statt Plastik« und einer leicht schlabberigen Naturästhetik heute überholt. Handgestrickte Naturwollsocken und graues Altpapier sind eben weit davon entfernt, die ästhetischen Präferenzen einer breiten Bevölkerungsschicht zu treffen. Heutzutage sind ökologisch und sozial nachhaltige Güter auch »sexy, schön und cool« – und funktionieren. Die ökologisch orientierten Unternehmen haben erkannt, dass auch ökologisch sinnvolle Produkte sorgfältig gestaltet und beworben werden müssen. Und viele konventionelle Hersteller müssen feststellen, dass die Wachstumszahlen der nachhaltigen Angebote weit größer sind als die der konventionellen.

---

8   Vgl. Arnold Tukker/Ursula Tischner (Hrsg.): New Business for Old Europe. Product-Service Development as a means to enhance competitiveness and eco-efficiency, Sheffield 2006; Arnold Tukker et al. (Hrsg.): System Innovation for Sustainability 1: Perspectives on Radical Changes to Sustainable Consumption and Production, Sheffield 2008; Theo Geerken/Mads Borup (Hrsg.): System Innovation for Sustainability 2: Case Studies in Sustainable Consumption and Production – Mobility, Sheffield 2009; Ursula Tischner et al. (Hrsg.): System Innovation for Sustainability 3: Case Studies in Sustainable Consumption and Production – Food and Agriculture, Sheffield 2010; Saadi Lahlou (Hrsg.): System Innovation for Sustainability 4: Case Studies in Sustainable Consumption and Production – Energy Use and the Built Environment, Sheffield 2010.

Dennoch kauft kaum ein Konsument heute ein Produkt nur deshalb, weil es ökologisch ist. Ein guter Mix aus attraktiven Produkteigenschaften inklusive akzeptablem Preis sowie ökologischen und sozialen Eigenschaften als Zusatznutzen und Unterscheidungsmerkmal zur Konkurrenz sind die erfolgreichen Zutaten im Design for Sustainability.

Das Forschungsprojekt »ecobiente, Nachhaltige Güter erfolgreich gestalten und vermarkten« hat es gezeigt:[9] Wenn der Dreiklang aus nachhaltiger Gestaltung des Angebots, aus richtiger Zielgruppenwahl und richtigem Kommunikations- und Vermarktungskonzept stimmig gestaltet wird, können nachhaltige Güter auf dem Markt außerordentlich erfolgreich sein. Und das geht nicht nur mit den LOHAS, sondern kann in breiteren Bevölkerungsschichten funktionieren, wenn die besonderen Qualitäten des nachhaltigen Angebots in Kundennutzen wie Energie- und damit Kostensparen, Gesundheitsaspekte und Prestige oder Wellness und Selbstverwirklichung übersetzt werden können. Besondere Sorgfalt muss dabei auch auf die Gestaltung der Produktsprache verwendet werden, die z.B. offensichtlich oder subtil ökologisch ausgeprägt sein kann und – wie das Beispiel des süddeutschen Holzhausbauers Baufritz zeigt – damit bei gleichen, hohen ökologischen Qualitäten völlig unterschiedliche Zielgruppen anspricht (vgl. Abb. 7).

ALLE ZEICHEN STEHEN AUF GRÜN
Viele Rahmenbedingungen von Seiten der Politik (z.B. Produktrücknahmeverordnungen oder Chemikaliengesetze), von Seiten der Kunden (größere Nachfrage nach ökologischen, gesunden und fairen Produkten) und die eingangs beschriebenen globalen Krisen sprechen dafür, dass Eco Design und Design for Sustainability profitabler und erfolgreicher als konventionelles Design und langfristig die einzig tragbaren Vorgehensweisen bei der Produktgestaltung sind.

In manchen Branchen sind ökologisch und sozial sinnvolle Güter schneller auf Erfolgskurs als in anderen, z.B. Nahrungsmittel. Wie ist das gelungen? Nahrungsmittel sind überlebenswichtig für Verbraucher, gesundheitsrelevant, sind und waren von Problemen und Skandalen betroffen. Die ökologischen Anbieter wuchsen zunächst in ihren Nischen, dann erkannten die konventionellen Händler, dass auch für sie ein Einstieg in das Öko-Sortiment interessant ist und kreierten Öko-Eigenmarken. Schließlich wurden die ökologischen Anbieter professioneller, designorientierter und wagten den Schritt aus der Nische. Wunderbar gestaltete und erfolgreiche Öko-Supermärkte schossen in deutschen Großstädten wie Pilze aus

---

9 Vgl. http://www.econcept.org/index.php?option=content&task=view&id=61 und ecobiente Verbraucherbroschüre und Unternehmensbericht.

dem Boden. Ökologische Nahrungsmittel gehören spätestens seit ihrer Aufnahme in die einschlägigen Discounter-Sortimente zum Mainstream mit zweistelligen Wachstumsraten, auch wenn sie immer noch nur gut 3% Marktanteil besitzen.

Medien, Politik, Umwelt- und Verbraucherverbände trugen zu dieser Erfolgsstory bei durch Aufklärung der Konsumenten und glaubwürdige Kennzeichnungen (Öko-Labels), durch Subventionen und Beseitigung von Hemmnissen für Öko-Anbieter, aber auch ökologieorientiertes öffentliches Beschaffungswesen. Hilfreich waren auch strategische Allianzen, z.B. in Form von Anbauverbänden oder Kooperationen von (konventionellen) Händlern mit Öko-Produzenten oder Öko-Organisationen.

Ähnliche Erfolgsgeschichten lassen sich auch in anderen Sektoren finden, von den regenerativen Energietechniken über Kosmetik bis zur (wieder) aufkeimenden Öko-Mode. Es scheint, dass diejenigen Produktbereiche bereits heute erfolgreiche Eco-Design-Märkte sind, die der Konsumentenhaut nahekommen, durch Effizienz zum Kostensparen führen können oder zum interessanten Prestigeobjekt werden. De facto führt die steigende Nachfrage nach nachhaltigeren Gütern derzeit zu einem unerträglichen Maß an Greenwashing in Kommunikationskampagnen. Das wiederum wirkt sich negativ auf die Glaubwürdigkeit dieser schlecht beratenen Unternehmen und die Nachhaltigkeitsbewegung insgesamt aus. Es bleibt zu hoffen, dass Designer, Kommunikations- und Marketingexperten endlich aufwachen und erst »Gutes tun« und dann darüber reden. Der Fall von BP und anderen sollte doch Warnung genug sein und der Markterfolg nachhaltiger Güter motivieren.

MORALISCHE DIMENSIONEN
VON DESIGN

94

DIGITALISIERUNG
DISZIPLIN
ETHIK & MORAL
GESCHICHTE
GESELLSCHAFT
GLOBALISIERUNG
INNOVATION & STRATEGIEN
KOMMUNIKATION
KUNST & KULTUR
ÖKOLOGIE
ÖKONOMIE
TECHNOLOGIE
THEORIE
WISSENSCHAFT & FORSCHUNG
ZUKUNFT

RAINER FUNKE

Alles, was Menschen tun und hervorbringen, durchquert die Bedeutungsräume der Moral. So auch Design. Es wird platziert im Gefüge der Bewertungen unter dem Gesichtspunkt der Zuträglichkeit für die Gemeinschaft; sowohl für die Begründung der Disziplin Design als Ganzes, für die Begründung von Entscheidungsleitsätzen im Vollzug des Gestaltens wie auch für die Auswahl und die Nutzung von gestalteten Objekten. Stefan Lengyel dazu: »*All unsere Aktivitäten sollen sich ... an der Maxime orientieren, dass Design kein technisches und auch kein künstlerisches, sondern in erster Linie ein soziokulturelles Phänomen ist.*«[1] Design ist Bedeutungsarbeit. Nur dann können Produkte und Kommunikationsmittel praktischen (und damit auch wirtschaftlichen) Wert erlangen, wenn es gelingt, mit der Gestaltung die assoziierten Bedeutungsfelder auf eine aktivierende Weise anzusprechen oder zu beeinflussen. Von Moral durchzogen sind vor allem die selbstreflexiven und kommunikativen Bedeutungen, aufgrund derer Nutzer entscheiden, ob und in welcher Weise Objekte zu ihnen und den anderen passen sowie welche Botschaften sie über sich versenden und von anderen empfangen.

SOZIALREFORMERISCHE ANSÄTZE UND FORTSCHRITTSGLAUBE

Immer wieder gehörte es zum Bestreben von Designern, mittels Gestaltung das alltägliche Leben der Menschen – vor allem auch derjenigen mit geringem Einkommen und in schwierigen Lebensumständen – grundlegend zu verbessern. So war die Idee des funktionalistischen Designs eng mit dem Ziel der Überwindung unwürdiger Lebensverhältnisse verbunden. Das schwingt z.B. bei Adolf Loos mit, wenn er 1908 in »Ornament und Verbrechen« das funktionale Gestalten proklamiert: »*... denn das Ornament wird nicht nur von Verbrechern erzeugt, es begeht ein Verbrechen dadurch, dass es den Menschen schwer an der Gesundheit, am Nationalvermögen und also in seiner kulturellen Entwicklung schädigt.*«[2] Er folgt damit dem 1896 von Louis H. Sullivan aufgestellten Leitsatz »form follows function«. Ähnlich, aber in gefährlicher Nähe zu einer Ideologie völkischer Säuberung, wie sie auch die Nazis verfolgten, kämpfte Gustav E. Pazaurek für den »guten Geschmack«. 1909 eröffnete er eine »Abteilung der Geschmacksverirrungen« im Landesgewerbemuseum Stuttgart. »*Entsprechend der Philosophie des Deutschen Werkbunds ging Pazaurek von einem starken Einfluss der Dinge auf den Menschen aus. Nach Überzeugung des Werkbunds erhöhte ein entsprechendes Wohnumfeld nicht nur die Lebensqualität, sondern konnte auch den Menschen selbst ›bessern‹ und zu einem verantwortlich denkenden Mitglied der Gemeinschaft erziehen. Gekämpft wurde gegen die Prunksucht und den Dekorationsirrsinn der Gründerzeit, gegen eine als verlogen empfundene, oberflächliche Kultur.*«[3]

---

1 Stefan Lengyel: 50 Jahre VDID, in: VDID. Design Kompetenz Deutschland, Past, Present, Future. Stimmen zum Design zum 50-jährigen Jubiläum des VDID, Berlin 2009, S. 13.
2 Adolf Loos: Ornament und Verbrechen, in: Programme und Manifeste zur Architektur des 20. Jahrhunderts, hrsg. von Ulrich Conrads, Braunschweig/Wiesbaden 1981, S. 18.
3 Imke Volkers: Böse Dinge. Eine Enzyklopädie des Ungeschmacks. Begleittext zur gleichnamigen Ausstellung im Werkbundarchiv – Museum der Dinge, Berlin 2009, S. 5.

MORALISCHE DIMENSIONEN VON DESIGN
RAINER FUNKE

Abb. 1 / S. 98
Abb. 2 / S. 98

Ähnlich verfolgten zahlreiche Gestalter im Bauhaus wie Walter Gropius, Hannes Meyer oder Herbert Beyer sozialreformerische Anliegen (vgl. Abb. 1).[4] Für Margarete Schütte-Lihotzky bestand in der Erleichterung der Hausarbeit für Frauen das zentrale Anliegen bei der Entwicklung der Frankfurter Küche (vgl. Abb. 2). Sie sah sich als Kommunistin in der moralischen Pflicht, für das Wohl der unterprivilegierten »kleinen Leute« einzutreten.[5] Besonders interessant ist, dass die bis heute wirkende Idee der Entsprechung von sozialer Gleichheit und Gerechtigkeit mit einer funktionsorientierten, geometrisch reduzierten Gestaltung der Dinge des Alltags weit in die Geschichte reicht. Wir finden sie schon bei den Häusern und Möbeln der Shaker im 19. Jahrhundert.

Noch früher, bereits 1516, also 400 Jahre vor der Entwicklung des industriellen Bauens, hatte Thomas Morus in seiner »Utopia« detailliert die Häuser der idealen Inselrepublik ganz im Sinne der Konzepte der Moderne konzipiert: dreistöckige Bauten mit Flachdächern, großen Glasfronten, Gärten nach hinten, bei völlig einheitlicher Gestaltung in allen Straßen. Sie bildeten den baulich-gestalterischen Rahmen der umfassenden Konstruktion einer Gesellschaft ohne Eigentum und ohne soziale Unterschiede. Neben dem Egalitätsstreben, neben einer asketischen Orientierung, neben der Ablehnung von Prunksucht und Romantizismus, neben der Zurückweisung ausschweifend-sinnlicher Überladung der Dingwelt war und ist die Fixierung auf die geometrische Reduktion mit dem Bestreben verbunden, das Wesen der Dinge selbst und nicht nur Zeichen davon zu verkörpern, einen Zustand der perfekten Ordnung zu erreichen.

Gropius hatte das als Programm der Typisierung beschrieben: nicht in der Form besondere, sondern funktional typische Produkte zu entwerfen.[6] Die Reinheit der Form der Körper, welche der Geometrie folgen, ist Ausdruck für die Begierde nach dem Idealen. Zugleich ist sie Ausdruck der moralischen Norm, nicht abzulassen, dem Idealen zu folgen. Gerade dort, wo die Geometrie sichtbar wird, erwächst auch eine Ahnung davon, dass der Konstruktionsprozess immer weiter fortgesetzt werden kann. Jeder Baukasten weckt den Wunsch nach der Unendlichkeit des Aneinanderreihens von Baustein an Baustein. Der Fortschrittsglaube zeigt sich geometrisch: Design als angewandte Aufklärung.

FUNKTIONALISMUS VERSUS EMOTION

Bis zum Aufkommen postmoderner Zweifel war der Fortschrittsglaube zu hundert Prozent moralisch. Das gilt für das von der HfG Ulm oder von den Produk-

---

4 Allerdings kamen diese sozialreformerischen Bemühungen bei den Preisen der Produkte nicht zum Tragen. So wird im Warenbuch für den Neuen Wohnbedarf von Werner Gräff 1933 (Blatt 72) der Preis des Thonet-Wohnzimmertisches T 45 von Walter Gropius mit 75 Reichsmark angegeben. Das durchschnittliche Arbeiter-Monatseinkommen betrug ca. 100 Reichsmark. Der Stahlrohrsessel von Mies van der Rohe MR 544, ebenfalls von Thonet in Wien hergestellt, kostete 125 Reichsmark (Blatt 57). Vgl. Archiv des deutschen Alltagsdesigns. Warenkunde des 20. Jahrhunderts (Digitale Bibliothek, Band 56. CD-ROM), hrsg. von Hasso Bräuer, Berlin 2002, S. 812 und S. 797.

5 Obgleich streng funktionalistisch geplant, erwies sich die Frankfurter Küche in vielen Arbeiterhaushalten als ziemlich unpraktisch. Zwar waren die Arbeitsabläufe in der Küche optimiert, was tatsächlich eine Entlastung der Hausfrau darstellte, der gewohnte Esstisch passte jedoch nicht mehr in den kleinen Raum. Die Hausfrau wurde damit de facto zur von der Familie abgeschirmten Arbeitskraft degradiert, das gewohnte Familienleben nahe am Herd unmöglich.

6 Vgl. Walter Gropius: Grundsätze der Bauhaus-Produktion, in: Programme und Manifeste zur Architektur des 20. Jahrhunderts (Bauwelt Fundamente Nr. 1), hrsg. von Ulrich Conrads, Basel 1975, S. 90 ff.

ten der Firma Braun geprägte westdeutsche Designleitbild ebenso wie für das Bemühen um die »Gute Form« in der DDR. Jedoch, was Harry Lehmann für die DDR feststellt, trifft auch für große Gruppen der Westdeutschen zu: *»Der abstrakten Form fehlte die Volksnähe, sie besaß keine Fiktionswerte, die in der Lebenswelt der Bevölkerung verankert waren.«*[7] Diese Fiktionswerte fanden sich eher in den Gegenströmungen zum Funktionalismus. Mit der ornamentalen Romantisierung des Alltags der Nachkriegszeit konnten die überstandenen Schrecken von neuer, versöhnender Opulenz überdeckt werden, konnten neue Lebenslust, Zuversicht und Weltvertrauen ihren Ausdruck finden. Später boten die Visionen einer freien postkapitalistischen Gesellschaft auf der Grundlage der allumfassenden Gestaltungskraft von Wissenschaft und Kunst im Zusammenhang mit den politischen Bewegungen der 1960er Jahre in Westeuropa den Hintergrund für ausschweifende, hedonistisch dominierte Haltungen und Handschriften. Design verstand sich als Begleiter der Emanzipation des Alltags zugunsten emotionaler Individualität. Hierfür sei Verner Panton stellvertretend genannt (vgl. Abb. 3, S. 48). Andererseits machte die aufkommende Angst vor der naturzerstörenden Wirkung der Industrialisierung die Ökologie zu einer Quelle von Werten und Gestaltungsstrategien. Spätestens mit dem Erscheinen des Berichts »Die Grenzen des Wachstums« vom Club of Rome 1972 wurde das Bemühen um ökologisch nachhaltiges Design zu einem Grundpfeiler berufsethischer Orientierung. Das Beachten ökologischer Kriterien wie Material- und Energiebilanzen oder physische und symbolische Langlebigkeit von Produkten ist seither kleinster gemeinsamer moralischer Nenner fast aller Designer. Auch die ab den späten 1970er Jahren im Design aufblühende Postmoderne war in ihren Ansätzen von emanzipatorischen Zielen getragen: Es galt, Fantasie und Sinnlichkeit zu befreien, gegen die Unterdrückung durch ein genuss- und sinnenfeindliches, rationalistisch-kaltes Konzept. Die Gruppe Memphis in Mailand war hierfür beispielgebend (vgl. Abb. 3).

Abb. 3 / S. 48

Abb. 3 / S. 98

BERUFSETHOS HEUTE

Wo aber nehmen Designer heute ihre Wertorientierung her? Im Sommersemester 2005 habe ich mit einer studentischen Arbeitsgruppe in Potsdam Designprofis und Designstudenten nach ihren berufsethischen Grundsätzen befragt. Die Ergebnisse dieser Befragung besagen Folgendes: Explizite Utopien sind kaum noch auszumachen. Design ist in der nüchternen Normalität eines arbeitsteiligen Prozesses angekommen. Wenn auch die alten Gestaltungsleitsätze weitertragen, sehen sich die Designer kaum noch als Revolutionäre, Weltverbesserer oder Avantgarde,

---

7 Harry Lehmann: Die ästhetische Wende, in: lettre international, Berlin, Nr. 86, Herbst 2009, S. 128.

MORALISCHE DIMENSIONEN VON DESIGN
RAINER FUNKE

1 »Warenbuch für den Neuen Wohnbedarf« von Werner Gräff, 1933 (Blatt 72)
2 Praktischer Arbeitsplatz, aber nicht als Wohnküche geeignet: Nachbildung der Frankfurter Küche von Margarete Schütte-Lihotzky, 1989/90 (ursprünglich 1926)
3 Ein Beispiel für die Emanzipation des Spielerischen: Ettore Sottsass' Tischlampe »Tahiti«, Memphis Milano, 1981

sondern eher als Kulturträger, Kommunikatoren, Sinn-Performer, Sozial-, Konsum- und Ökonomie-Moderatoren mit verhaltener Aufklärungsmission. Berufsethische Grundsätze beziehen sich auf allgemeine moralische Werte wie Ehrlichkeit, Fleiß, Perfektionismus, Professionalität und grundsätzlicher auf Demokratie, Freiheit, Selbstbestimmung, Verständigung, Solidarität, soziale Gerechtigkeit, Gleichberechtigung, Aufklärung, Ökologie, Gesundheit, Ablehnung von Ausbeutung, Ablehnung von Gewalt, Ablehnung von sozialer Ausgrenzung, Kritik am Konsumismus. Berufsspezifisch ist nur das Bemühen um hohe gestalterische Standards, welches als Auftrag zur Verbesserung des allgemeinen kulturellen Niveaus erscheint. Design als Prostitution oder Emanzipation? Weder noch! Kaum ein Designer sieht sich genötigt, etwas zu verkaufen, was seine persönliche Integrität beschädigen würde, und größere Emanzipationsszenarien fehlen.

MORAL UND SOZIALER CODE

Wie viel Moral steckt heute im Umgang mit den Dingen? Die Konsumgegenstände sind grundsätzlich Delegierte unserer Moral geworden, meint Bruno Latour.[8] Sie üben einen pädagogisch-psychologischen Einfluss aus. Produkte, Kommunikationsmittel und ganz besonders Marken werden als Zeichen einer attraktiven oder zu verachtenden Lebensweise gedeutet, sich selbst und den anderen gegenüber. Sie befestigen oder erschüttern die eigene soziale Identität. Sie sind Brücken, auf denen Beziehungen zu anderen Menschen möglich werden, in der Regel streng nach der Zugehörigkeit zu Milieugruppen unterschieden. *»Mochte dem einzelnen einmal romantische Naturlyrik oder eine Klaviersonate Beethovens das Gefühl vermitteln, aufgehoben und geschützt in einem intimen Größeren zu sein, so kann ein ähnliches Feedback inzwischen von einem Markenprodukt, einem Rasierapparat oder einem besonders formschönen Füllfederhalter kommen. Und wie ein Spielfilm oder eine Erzählung Fantasien stimuliert, malt mancher sich das eigene Leben ausgehend von einem Anzug oder einer Espressomaschine als Erfolgsstory aus und träumt seine Träume etwas schärfer konturiert als sonst.«*[9] Shopping, die Inszenierung der eigenen Lebenswelt durch Auswahl aus einem dynamischen und tendenziell unüberschaubaren Angebot, ist zu einem zentralen, lustgesteuerten Prozess kultureller Selbstsuche und Selbstdefinition in allen Milieus geworden. »Kaufakte als Lebensformgestaltung«[10]: für viele ein Hobby wie Reisen, Musikhören, Lesen usw. *»Es ist Unterhaltung im Dialog mit sich selbst, die man so genießen kann, und damit eine angenehme Form, die eigene Individualität zu gestalten und über Schwächen oder Ängste hinwegzufiktionalisieren. Was zu anderen Zeiten harte Ideologien bewirkten, läuft gegenwärtig schon über*

---

8 Vgl. Wolfgang Ullrich: Träume gegen Geld – Die neue Konsumkultur. Rundfunksendung, 25. Februar 2007, 8.30 Uhr, Südwestrundfunk, SWR 2 Aula.
9 Ebenda.
10 Lehmann, S. 126.

Kleidungsstücke: Sie trennen zwischen Freund und Feind und vermitteln dem einzelnen das gute Gefühl, anders zu sein als andere und zugleich eine Heimat bei Gleichgesinnten zu haben.«[11] Funktionalistisches, auf Typen reduziertes Design versucht, dieser Art kommunikativer Verwendung der Produkte zu entgehen, was jedoch nicht gelingt. Im Gegenteil, es wurde und ist Ausweis spezieller Milieugruppen. Wenn im 21. Jahrhundert jemand klagt, Design diene heute hauptsächlich der (sinnlosen) Diversifikation von Kaufanreizen, ist das etwa genauso absurd, wie wenn der Papst Kondome verbietet, weil er glaubt, sexuelle Lust hätte nur als Stimulus der Fortpflanzung eine Berechtigung.

»Dem Konsum kommt ... nicht nur eine individualitätsstützende, sondern genauso eine soziale Dimension zu: Er konstituiert die Milieus, innerhalb derer Individualität jeweils erst einen Schutzraum besitzt.«[12] Moralische Grundsätze markieren die Grenzen der Milieus. Im Besitzenwollen, Besitzen oder Nutzen spezieller Konsumgegenstände findet man den Ausdruck bestimmter Lebensstile, Haltungen und Weltanschauungen. Dazu Felicidad Romero-Tejedor: *»Nach Kai-Uwe Hellmann bringen Marken in ihrem Sozialprogamm einen Sozialcode mit sich. Dieser Code ist ganz einfach: Inklusion oder Exklusion gegenüber der Marke. Eine Rolex am Armgelenk signalisiert, dass man zum Kreis der ›Winner-Typen‹ gehört. Ein Geldmensch ohne Rolex signalisiert auch etwas, nämlich dass er sich distanziert. Aber hier soll kein Missverständnis aufkommen: Mit Produktsemantik gestalten Designer nicht die Gesellschaft, sie bestätigen nur bestehende Identifikationsambivalenzen.«*[13] Nun, ganz so einfach ist der Code dann doch nicht. Neben der Zugehörigkeitsvorstellung vermittelt er auch ein konkretes Erwartungsszenario gegenüber dem Rolexträger, welches je nach Milieu moralisch bewertet wird: *»Rolexträger verhalten sich so und so.«* Genau ein solches imaginiertes Verhaltensszenario, welches als emotionaler Gewinn oder Verlust erlebt wird, erlaubt jenen, für die Reichtum und Macht unerreichbar erscheinen, eine symbolische Teilhabe. Darin liegt eine nicht zu unterschätzende Antriebskraft der bürgerlichen Gesellschaft, nämlich unter Zuhilfenahme von gestalteten Produkten Aufstiegshorizonte zu zeichnen. In dem Zusammenhang etablieren sich vielfach verzweigte Spiele, bei denen unterschiedliche Abstände zu Verhaltensnormen justiert werden können. Z.B. können Dinge, welche aus der Sicht des Selbstverwirklichungsmilieus[14] als besonderer Ausweis für Spießigkeit gelten (z.B. Gartenzwerge oder Wackeldackel), durch ironische Platzierung zu Zeichen für besondere Stärke und Coolness avancieren. Man kann sich die Nähe des Hässlichen leisten, man ist nicht mehr gefangen im Reflex der Ablehnung des Kitsches. Das Maß an Sentimen-

---

11 Ullrich.
12 Ebenda.
13 Felicidad Romero-Tejedor: Design ist mehr: Fragen im Jahrhundert des Designs, in: Öffnungszeiten, Papiere zur Designwissenschaft 23/2009, Fachhochschule Lübeck, S. 5.
14 Vgl. Gerhard Schulze: Die Erlebnisgesellschaft, Frankfurt a.M. 1992.

talität wird dosierbar. Die schwere Rapper-Goldkette gerät am Hals eines Experimentalisten[15] zum Freiheitssymbol.

Zahlreiche Marken profitieren von derartiger Bedeutungsdynamik. Auch der Umgang mit Imitationen und Markenfälschungen differenziert sich vielfältig aus. Ein gutes, manchmal sogar auch ein schlechtes Imitat einer Louis-Vuitton-Handtasche bringt unter Umständen mehr Sozialprestige ein als das Original. Insofern hat Rainer Erlinger nur teilweise recht, wenn er meint: »*Speziell in einer Zeit sozialer Unsicherheit kann, mehr noch als die Zurschaustellung von Luxus, grade die Darstellung von Macht gesellschaftszersetzende Wirkungen entfalten – und damit allein aus der symbolischen Kraft des Design heraus ethisch höchst fragwürdig sein.*«[16] So sind Sport Utility Vehicles (große Autos, die so tun, als wären sie Geländewagen) bei vielen, die sie sich nicht leisten können, sehr beliebt, eben weil sie die »*formensprachliche Aussage der Macht, des Reichtums und der Ausgrenzung ...*« vermitteln, »*... teilweise ... mit einem unterschwelligen Bedrohungspotential verbunden, das ... mit martialischer Gestaltung und Farbgebung zu tun hat ...*«[17]. Mag sein, dass »*... das Gefühl der Chancenlosigkeit und Ausgrenzung ...*« verstärkt wird »*... durch die Konfrontation mit einem Design ..., das Macht und Luxus derjenigen betont, die zentral in der Gesellschaft stehen.*«[18] Andererseits wird im SUV das Lebensgefühl der Reichen und Mächtigen vorstellbar und grundsätzlich erreichbar (vgl. Abb. 4).

Abb. 4 / S. 102

ZU EINER MORAL DER AMORALITÄT
Ob gesamtgesellschaftlich oder in Gruppen, Moral dient dazu, Lust und Egoismus der Einzelnen zugunsten eines im öffentlichen Bewusstsein verhandelten Verständnisses der Wohlfahrt der Gemeinschaft zu reduzieren. Damit vermittelt sie Sicherheit und Orientierung für das Verhalten. In der Vergewisserung, moralisch gut zu handeln, liegt die Rechtfertigung des eigenen sozialen Wertes und der Akzeptanz in der Gemeinschaft. Unser moralisches Gewissen veranlasst uns, die Erwartungen der anderen und des Gemeinwesens als Ganzes uns gegenüber jeweils mitzudenken, zu antizipieren. Darüber hinaus geht es darum, die Angemessenheit des eigenen Tuns an den naturgesetzlichen Voraussetzungen unseres Daseins zu messen. Immanuel Kant hat bereits 1785 dieses bürgerliche Verständnis von Moral anhand von vier Kriterien beschrieben: »*Handle nur nach derjenigen Maxime, durch die du zugleich wollen kannst, dass sie ein allgemeines Gesetz werde.*«[19] »*Handle so, dass du die Menschheit sowohl in deiner Person, als in der Person eines jeden anderen jederzeit zugleich als Zweck, niemals bloß als Mittel brauchst.*«[20] »*Handle so, als ob die*

---

15 Vgl. Sinus-Milieus, Sinus Sociovision GmbH, 2009, http://www.sociovision.de/loesungen/sinus-milieus.html.
16 Rainer Erlinger: Die Form des Guten, in: form 227 (Basel), Juli/August 2009, S. 74.
17 Ebenda.
18 Ebenda.
19 Immanuel Kant: Grundlegung zur Metaphysik der Sitten. Akademie-Ausgabe Kant Werke IV, S. 421, 6–8. Vgl. http://www.korpora.org/Kant/aa04/421.html.
20 Ebenda, S. 429, 10–12. Vgl. http://www.korpora.org/Kant/aa04/429.html.

MORALISCHE DIMENSIONEN VON DESIGN
RAINER FUNKE

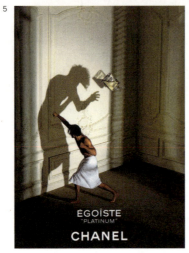

4 SUVs als Zeichen für Kraft und Dominanz
5 Szene aus der Werbekampagne für den Männerduft »Égoïste«, Chanel

Maxime deiner Handlung durch deinen Willen zum allgemeinen Naturgesetze werden sollte.«[21] »Demnach muss ein jedes vernünftige Wesen so handeln, als ob es durch seine Maximen jederzeit ein gesetzgebendes Glied im allgemeinen Reiche der Zwecke wäre.«[22] Kants ethisches Vernunftkonzept orientierte sich vorrangig an den Gegebenheiten einer seiner Zeit entsprechenden Fixierung der Alltagsmotivationen auf die Notwendigkeiten des Überlebens.

Auf der Grundlage der Industrialisierung, des Massenkonsums und der individuellen Freiheit wenden sich unsere Motive des alltäglichen Handelns heute zunehmend von Überlebensnotwendigkeiten ab und Erlebnismöglichkeiten zu.[23] In dem Maße, wie der damit einhergehende Druck zur Individualisierung steigt, relativiert sich auch das klassische Egoismusverbot. Die Furcht vor Vereinnahmung und vor Mangel an Sinn sind zentrale Sozialisationskräfte in unserer Zeit. Parallel zur klassischen bürgerlichen verbreitet sich eine zweite Moral, eine der Amoralität. Aus *»Du sollst andere lieben!«* wird *»Du darfst, Du musst Dich selbst lieben, Dich oder Deinesgleichen!«* Die Konsumartikel sollen beides leisten: Sie sollen das Erlebnis des Sieges des Einzelnen über die anderen symbolisieren und gleichzeitig dessen Integration in ein Milieu bewerkstelligen. »Égoiste« (vgl. Abb. 5), »Geiz ist geil« wollen sagen *»Du darfst egoistisch sein«*. Man liebt im Anderen sich selbst in der Weise, dass man nur das Eigene im anderen findet oder in ihn hineinprojiziert. Die antisoziale Umwertung gerät zur sozialen Bindekraft: die Gemeinschaft der Spieler um den Preis für den cleversten Geizigen, skrupellosesten Konkurrenten, selbstverliebtesten Egoisten. Die Revolte gegen die Moral zur Vermeidung der Anstrengung einer normgerechten Selbstausrichtung ist selbst zur Norm geworden, welche nicht minder zwingend ihre Saugnäpfe auf die Seelen legt.

Abb. 5 / S. 102

Auch diese Anstrengung, die nun nötig ist, wird belohnt – real oder nur scheinbar, jedenfalls gibt es das Versprechen der Belohnung: durch Aufmerksamkeit, Gemeinsamkeit, Nähe. Die Integration in Gruppen erscheint als das Ergebnis aktiver Individualisierung, verwirklicht mit komplexen Zeichensystemen des Designs. Seit Narziss sich vor der Klarheit des Wassers verbeugte, um der Faszination des Bildes eigener Schönheit zu erliegen, sind wir von der Sehnsucht getrieben, unsere Schönheit in den Dingen der Welt zu spiegeln. Eines unterscheidet uns heute ganz wesentlich vom antiken Narziss: er wusste nicht, dass er es selbst war, in dessen Bild er sich verliebte. Uns hingegen begleitet dieses Wissen. Die Selbstverliebtheit wird akzeptiert und genossen, sowohl in ihrer paralysierenden als auch in ihrer aktivierenden Dimension.

---

21 Ebenda, S. 421, 18–20. Vgl. http://www.korpora.org/Kant/aa04/421.html.
22 Ebenda, S. 438, 18–21. Vgl. http://www.korpora.org/Kant/aa04/438.html.
23 Schulze (Anm. 14).

ETHNOLOGIE UND KONSUM.
EINE GLOBALE PERSPEKTIVE

106

DIGITALISIERUNG

DISZIPLIN

ETHIK & MORAL

GESCHICHTE

GESELLSCHAFT

GLOBALISIERUNG

INNOVATION & STRATEGIEN

KOMMUNIKATION

KUNST & KULTUR

ÖKOLOGIE

ÖKONOMIE

TECHNOLOGIE

THEORIE

WISSENSCHAFT & FORSCHUNG

ZUKUNFT

HANS PETER HAHN

OBSESSION DER FORMEN

Im 19. Jahrhundert entstand das Fach Völkerkunde oder Ethnologie aus der festen Überzeugung, dass die Vielfalt der Kulturen und der unendliche Reichtum an unterschiedlichen Formen von Alltags- und Kunstgegenständen mehr ist als nur der Zufall einer Zeitgenossenschaft verschiedener kreativ tätiger Handwerker und Künstler. Lange bevor das Fach akademisch etabliert war, äußerten Ethnologen die Auffassung, die grundlegenden Unterschiede in Form und Gestaltung alltäglicher Objekte seien Ausdruck eines je anderen historischen und kulturellen Erbes.

Damit wurden die ethnografischen Objekte, wie sie ab diesem Moment hießen, zu Zeugen von Kulturen und Weltgeschichte erklärt. Zugleich konnten sie genutzt werden, den wissenschaftlichen Anspruch des im Entstehen begriffenen Fachs zu untermauern. Dafür wurden Systeme der wissenschaftlichen Beschreibung und Klassifizierung entwickelt.

Die dringliche Aufgabe lautete, diese Dinge zusammenzutragen, ihre Form genau zu verstehen und, nicht zuletzt, sie systematisch zu vergleichen. Erst wenn die verschiedenen Formvarianten eines bestimmten Gebrauchsobjektes direkt nebeneinander stünden, könne man die Eigenheiten und »Formverwandtschaften« wirklich erkennen. Aus dieser Intention heraus entstanden in den Jahren nach 1860 an vielen Orten in Mitteleuropa »Museen für Völkerkunde« oder »ethnografische Museen«, die in den darauffolgenden Jahrzehnten schneller wuchsen als alle anderen Museen. In großen Sälen wurden beispielsweise bestimmte Waffengattungen (Speere, Bögen oder Wurfmesser) aus aller Welt zusammengestellt. Abbildung 1 zeigt eines dieser »Arrangements« von ähnlichen Geräten mit verschiedenen Formen.[1] Museumsethnologen erwarteten, damit ähnliche, aber auch fundamental voneinander abweichende Formen identifizieren zu können.

Abb. 1 / S. 110

Die Betrachtung der Formen erfolgte vielfach eher intuitiv und weniger systematisch, auch wenn Letzteres das erklärte Ziel war. Beispielsweise wurde die Form einer Glocke mit zwei aufeinanderliegenden Hemisphären sowohl in Westafrika wie auch in prähistorischen Objekten aus dem östlichen Mittelmeer entdeckt.[2] Man glaubte in dieser Ähnlichkeit ein Indiz für eine wenigstens dreitausend Jahre alte Verbindung zwischen den beiden Regionen zu erkennen. Die Zahl der Beispiele ließe sich noch erweitern. So wurden Verbindungen zwischen Malaysia und Westafrika deshalb vermutet, weil in beiden Regionen ähnliche Formen von Holztrommeln, Messerformen und Tätowierungen auftreten.[3]

---

1 Das Bild ist entnommen aus: Friedrich Ratzel: Völkerkunde. Dritter Band: Die Kulturvölker der Alten und Neuen Welt. Leipzig 1888, Tafel nach S. 426 »Indisches Kunstgewerbe«. Es stellt sudanische Waffen und Pferdegeschirr aus dem 19. Jahrhundert dar.
2 Leo Frobenius: Ethnologische Ergebnisse der zweiten Reiseperiode der Deutschen Innerafrikanischen Forschungsexpedition (DIAFE), in: Zeitschrift für Ethnologie, 6, 1909, S. 759–783, hier S. 780 f.
3 Leo Frobenius: Der westafrikanische Kulturkreis, in: Petermanns Geografische Mitteilungen, 43/44, S. 225–271.

Die frühen Ethnologen waren in gewisser Weise »besessen« von Formen und Farben der von ihnen gesammelten Objekte. Und sie glaubten im komplexen Zusammenspiel von Ähnlichkeit und Differenz die Belege dafür zu finden, dass alle Kulturen weltweit aus einer kleinen Anzahl Urkulturen entstanden seien.[4]

Sicherlich war das ein Irrtum, und es hat sich bis heute weder ein Konsens für eine Liste solcher »Urkulturen« ergeben, noch ist die Frage geklärt, wie etwa Menschen und ihre Kulturen in vorgeschichtlicher Zeit eine Verbindung zwischen Malaysia und Westafrika hergestellt haben könnten. Noch wichtiger im Kontext einer kritischen Bewertung dieses Ansatzes ist aber ein Blick auf die Rolle der Handwerker und Künstler, die ja immer wieder und an den verschiedensten Orten der Welt die Objekte hervorgebracht haben, die dann als ethnografische Objekte zum Gegenstand der Studien gemacht wurden. Aus heutiger Sicht mag es seltsam erscheinen, aber tatsächlich wurden diesen Männern und Frauen von den Forschern keinerlei kreative Freiräume zugeschrieben. Handwerker und Künstler erschienen als Nachahmer von tradierten Vorbildern; Freiheiten der Formgebung und Gestaltung schien es für sie nicht zu geben. In einer Epoche, in der in Europa die Idee vom Künstler als Individualist sich endlich durchgesetzt hatte, dachten sich Ethnologen die kreativ schaffenden Männer und Frauen der von ihnen untersuchten Kulturen als dienende Handwerker, die sich bedingungslos den Geboten der tradierten Formen unterwarfen. Handelte es sich bei diesen Modellen also nicht eher um ein Gegenbild zur eigenen Gesellschaft?

KONSUMETHNOLOGIE

Die Erwartungen der frühen Ethnologen bestätigten sich nicht, und das Modell wurde aufgrund der genannten Schwächen spätestens nach 1920 nicht mehr verwendet. Die jüngere Geschichte der Ethnologie sollte jedoch noch weit dramatischere Veränderungen mit sich bringen. Während Ethnologen noch im Begriff waren, möglichst viele der faszinierend vielfältigen Kulturen zu dokumentieren, wurde ein großer Teil dieser Gesellschaften von einem radikalen Kulturwandel ergriffen. Ihre Kulturen näherten sich immer mehr den westlichen Konsumgesellschaften an.

Während Ethnologen Rundhäuser, Armschmuck, Holztrommeln und viele andere Kulturphänomene zeichneten, fotografierten und beschrieben, begannen die ursprünglichen Nutzer und Besitzer dieser exotischen Dinge, sich mit Transistorradios, Plastikgeschirr und T-Shirts auszustatten. An die Stelle der zahllosen Formen von Dingen traten die aus dem Westen vertrauten Formen, wenn auch häufig als

---

4 Fritz Graebner: Ethnologie, in: Anthropologie. Kultur der Gegenwart, hrsg. von Gustav Schwalbe und Eugen Fischer, Leipzig 1923, S. 435–587.

aus China importierte Imitate von Markenerzeugnissen. Nicht mehr Lanzen, Musikinstrumente und Lehmhäuser, sondern Fahrräder, Maschinengewehre, Radios und Wellblech schienen nun den Bedürfnissen dieser Menschen angemessen. Viele Ethnologen glaubten, dass ihr Fach damit sein wichtigstes Studienfeld verloren hätte. Durch den raschen Wandel der von Ethnologen untersuchten Gesellschaften war die Disziplin selbst in Frage gestellt.

Diese Auffassung hat jedoch den grundlegenden Fehler, die außerordentliche Bedeutung von kulturellen Unterschieden gerade auch in der Gegenwart zu unterschätzen. Kulturen gleichen sich nicht einfach aneinander an, nur weil Menschen in allen Teilen der Welt sich die Konsumgüter des Westens zu eigen machen. Offensichtlich ist die Selbstbehauptung auch kleiner Gruppen daran geknüpft, kulturelle Eigenständigkeit zu zeigen. Dies kann auf den Feldern der Religion oder der Politik geschehen, es gilt aber auch für alltägliche Güter und künstlerische Hervorbringungen.

Der genaue Blick auf die Vielfalt der Formen materieller Kultur war für Ethnologen grundlegend in der Phase der Entstehung ihres Faches. Aber auch heute versetzt die genaue Beobachtung Ethnologen in die Lage, auf vielfach übersehene kulturelle Unterschiede hinzuweisen; das trifft gerade in solchen Kontexten zu, in denen der Gebrauch westlicher Güter selbstverständlich geworden ist. Aus handwerkerisch tätigen Produzenten von materiellen Gütern sind Konsumenten geworden. Die Anerkennung dieses Konsums als Teil einer sich selbstbewusst artikulierenden Kultur beruht auf der Einsicht in die kreativen Handlungsräume, die auch Konsumenten überall auf der Welt in Anspruch nehmen, und damit aus den Waren sehr unterschiedliche Güter machen.[5]

Während Ökonomen Globalisierung als Zirkulation von Gütern, Normen und Institutionen beschreiben, können Ethnologen im gleichen Geschehen ganz andere Prozesse beobachten. Globale Einflüsse, und insbesondere auch die Waren, die überall auf der Welt gleichartig aussehen, werden im Kontext lokaler Kulturen transformiert. Diese Transformation ist genauer als »Domestikation« oder als »kulturelle Aneignung« zu bezeichnen. Immer läuft sie auf eines hinaus: Die Herkunft wird bedeutungslos, wohingegen viele Aspekte der materiellen Umgestaltung, der Kontextualisierung, der Benennung und nicht zuletzt der körperlichen Beherrschung in den Vordergrund treten.[6] Die erklärende Kraft dieses Begriffes hat mit der Frage des Selbstverständnisses von Menschen zu tun, die kaum je eine Chance haben, als Konsumenten nach westlichen Maßstäben Anerkennung zu finden.

---

5 Daniel Miller: Material Culture and Mass Consumption, Oxford 1987.
6 Hans P. Hahn: Materielle Kultur. Eine Einführung, Berlin 2005, hier bes. S. 99.

ETHNOLOGIE UND KONSUM. EINE GLOBALE PERSPEKTIVE

HANS PETER HAHN

1 Sudanische Waffen und Pferdegeschirr aus dem 19. Jahrhundert
2 Europäisches Fahrrad, das durch Umbauten afrikanischen Straßenverhältnissen angepasst wurde
3 Plastikgeschirr, in Westafrika of als »Gummi-Kalebassen« bezeichnet
4 Traditionelle Kalebasse, die nach dem Zerspringen wieder zusammengenäht wurde
5 Aus gebrauchter Blechdose gefertigtes Spielzeugauto
6 Sandalen aus Autoreifen

Die Akzeptanz des Konsums bringt den Ethnologen mithin die Möglichkeit, kulturellen Wandel in der Gegenwart besser zu verstehen. Zudem können sie zeigen, dass der Konsum globaler Güter wie T-Shirts, Handys und Fahrräder durchaus nicht dazu führt, dass überall gleichartige Dinge verwendet werden. Kulturelle Aneignung beschreibt, wie die Dinge sich verändern, sobald Waren zu lokalen Gütern werden. Um diese Perspektive zu entfalten, hat die Ethnologie noch ein anderes aus der Geschichte des Faches geerbtes Denkmuster neu formulieren müssen. Es geht dabei um die lokalen Handwerker und Künstler, die nun plötzlich als die eigentlichen Akteure der Aneignung Anerkennung finden.

Handwerker und andere, weniger geschulte Nutzer sind im Kontext des globalen Konsums kreative und innovative Akteure, die über erhebliche Fähigkeiten verfügen, »aus Dingen etwas zu machen«. Praktiken der »Umnutzung«, der Improvisation und der »bricolage« werden hier zu Leitmotiven, die für viele alltägliche Dinge neue Umgangsweisen und Strategien des Gebrauchs unterstützen. Gerade in Gesellschaften, die selbst keine industrielle Produktion hervorgebracht haben und deren Alltag kaum je die spezielle Aufmerksamkeit eines der Global Players der Konsumgüterindustrie erlangt, spielt diese pragmatische Umwandlung eine besondere Rolle. So werden Handys in grundlegend anderer Weise genutzt und zum Teil auch umgestaltet, um sie den Anforderungen der lokalen Gesellschaft gerecht zu machen. Zu den spezifischen Gebrauchsweisen gehört die gemeinsame Nutzung eines Gerätes durch verschiedene Personen. Es ist aber auch möglich, über Monate hinweg die Telefone zu verwenden, ohne eine einzige Einheit zu verbrauchen. Dies geschieht, indem potentielle Gesprächspartner durch ein Klingelzeichen um einen Rückruf gebeten werden. Wenn die Handys in Regionen eingesetzt werden, in denen es keine Stromversorgung gibt, werden sie mit Solarpaneelen verbunden, um die Akkus bei Bedarf aufzuladen.[7]

Ein anderes Beispiel: Die zumeist aus China importierten Fahrräder erhalten in Westafrika neue Reifen und Gepäckträger, um sie besser an die sehr schlechten Straßenbedingungen anzupassen. Abbildung 2 zeigt ein solches von afrikanischen Fahrradmechanikern umgebautes Fahrrad. Die Reihe der Beispiele für solche »Umwandlungen« ließe sich noch fortsetzen, auch wenn sie in vielen Fällen viel weniger spektakulär ist. Ein solches leicht zu übersehendes Beispiel betrifft das weltweit immer wichtiger werdende Plastikgeschirr (vgl. Abb. 3), das in vielen lokalen Sprachen Westafrikas als »Gummi-Kalebasse« bezeichnet wird (die traditionellen Kalebassen werden aus verschiedenen Sorten von Flaschenkürbissen hergestellt). Wie die

Abb. 2 / S. 110

Abb. 3 / S. 110

---

7 Hans P. Hahn und Ludovic O. Kibora: The Domestication of the Mobile Phone Oral Society and new ICT in Burkina Faso, in: Journal of Modern African Studies, 46/2008, S. 87–109.

Kalebasse selbst ist der Besitz von Plastikgefäßen für viele Frauen in der Region eine Frage des Ansehens. Diese kümmern sich nicht nur um deren Beschaffung, sondern auch um ihren Erhalt. Weil die Frauen es von den Kalebassen her so kennen, werden die Plastikschalen genäht, sollten sie einmal zersprungen sein. Abbildung 4 zeigt diese spezielle Technik, die sich ohne weiteres auf Plastikgefäße übertragen läßt.

Überhaupt lösen viele westliche Güter bestimmte Dynamiken von Ansehen und Vorrechten aus. So gilt eine »Jeanshose« als Mode für junge Männer – Frauen und ältere Männer dagegen würden sich damit lächerlich machen. Coca-Cola wird in Trinidad als Getränk der Afroamerikaner angesehen, wohingegen die weißen Bevölkerungsgruppen als Softdrinks »helle« Limonaden wie Fanta und Sprite bevorzugen.[8] Ein weiteres Beispiel: Leere Blechdosen, die in der Konsumgesellschaft als (zunehmend lästiger) Abfall angesehen werden, sind in vielen Teilen der Welt ein begehrter Rohstoff, aus dem Lampen, Kinderspielzeug und viele andere Dinge hergestellt werden.[9] Abbildung 5 zeigt ein Spielzeugauto, das aus einer alten Blechdose gefertigt wurde. Daraus ist ein neuer lukrativer Handwerkszweig entstanden, der nicht selten künstlerische Inspiration mit der Anfertigung von sehr praktischen Dingen verbindet.

Damit wird deutlich, dass viele der alltäglichen, weltweit anzutreffenden Dinge in verschiedenen Gesellschaften ganz unterschiedliche Bedeutungen haben. Nur in einigen Fällen werden die Objekte grundlegend umgeformt. Von wenigstens gleicher Bedeutung ist die Zuweisung neuer Kontexte. Angesichts der Armut und der Ohnmacht der Bevölkerungen vieler dieser Länder ist die Transformation von Gütern durch Aneignung oder »Domestikation« eine der wenigen Domänen, in denen dennoch eigene Positionen geäußert werden können. Die Frauen sind stolz darauf, dass ihr Plastikgeschirr repariert werden kann; sie wissen, dass dies andernorts nicht möglich ist. Die Besitzer von Fahrrädern haben erst dann volles Vertrauen in die Belastbarkeit ihres Gefährts, wenn es von einem lokalen Mechaniker umgebaut worden ist. Schließlich haben mittlerweile auch westliche Betrachter gelernt, dass Spielzeugobjekte aus alten Blechdosen nicht nur pragmatische Innovationen sind, sondern auch einen ironischen Kommentar zu den großen Markennamen darstellen.[10]

Noch deutlicher wird das am Beispiel von Sandalen, die aus alten Autoreifen gefertigt werden (vgl. Abb. 6). Diese Sandalen mit zugegebenermaßen ziemlich schweren schwarzen Sohlen (das ist das Profil eines Reifens) werden in einer lokalen Sprache in Westafrika genannt: »*Was für einen (= den Träger des Sandalen) bleibt,*

---

8 Daniel Miller (1998): Coca-Cola: A Black Sweet Drink from Trinidad, in: Material Cultures. Why some Things Matter, hrsg. von Daniel Miller, Chicago 1998, S. 169–187.

9 Jürgen Grothues: Recycling als Handwerk, in: Archiv für Völkerkunde, 38, 1984, S. 103–131.

10 Suzanne Seriff: Folk Art from the Global Scrap Heap. The Place of Irony in the Politics of Poverty, in: Recycled, Re-Seen. Folk Art from the Global Scrap Heap (Kat. veröffentlicht anlässlich der gleichnamigen Ausstellung im Museum of International Folk Art), hrsg. von Charlene Cerny und Suzanne Seriff, Museum of International Folk Art, Santa Fe 1996, S. 8–29.

wenn das Auto davongefahren ist.« Genutzt werden solche mäßig beliebten Sandalen eigentlich nur von Bauern für die Feldarbeit. Tatsächlich kann keiner dieser Bauern sich jemals ein Kraftfahrzeug leisten. Die Sandale, das Übriggebliebene, ist hingegen für viele Bauern ein Arbeitsgerät, also eine Notwendigkeit, die er – wie der Name aussagt – mit zynischer Gelassenheit annimmt. Aus diesem Beispiel wie auch aus den vorangegangenen Schilderungen lässt sich ableiten: Konsum in den weniger wohlhabenden Gesellschaften hat aus ethnologischer Sicht ein subversives Potential; die hier geschilderten Umgangsweisen mit den Dingen, die aus dem Westen kommen, enthalten häufig auch eine Kritik oder gar ein »Unterlaufen« der Macht globaler Akteure.[11]

Konsum im Kontext der von Ethnologen untersuchten Gesellschaften verweigert sich einer Bestimmung nach analytischen Kriterien, die dem industriellen Design eine spezifische Rolle zuordnen würden. Der ohnehin oftmals sehr geringe Sachbesitz vieler Männer und Frauen, der in der Regel weniger als 100 Objekte umfasst, stellt eine provozierende Mischung aus Objekten ganz verschiedener Herkunft und mit oftmals überraschenden Gebrauchsweisen dar.[12] Zweifellos sind Menschen heute weltweit zu Konsumenten geworden, indem sie wenigstens einen Teil ihrer alltäglichen Güter als Waren erwerben. Die lokale, handwerkliche Herstellung spielt dabei immer noch eine große Rolle. Erst im unmittelbaren Austausch zwischen globalen Gütern und lokalen Erzeugnissen, im simultanen (und oft überraschend unterschiedslosen) Gebrauch all dieser Dinge wird erkennbar, welche Funktionalität jedem einzelnen Objekt zukommt und welche Bedeutungen ihm beigemessen werden.

Ethnologen haben in den letzten Jahren ihren Blick geschärft für die feinen Veränderungen im Design und im Gebrauch der global verbreiteten Konsumgüter. Es ist ihnen dabei gelungen zu zeigen, dass es in diesen Kontexten weitgehend die Nutzer selbst sind, die improvisierend und mit einem guten Sinn für ihre pragmatischen Fähigkeiten den Dingen neue Funktion, Gestalt und Bedeutung geben. Weltweite Konsumkulturen werden in hohem Maße von den Konsumenten selbst kreiert, der Einfluss der Hersteller und Inhaber der großen Markennamen ist hingegen beschränkt.

---

11 Michel de Certeau: L'invention du quotidien (Vol. 1: Arts de faire), Paris 1980.
12 Hans P. Hahn / Gerd Spittler / Markus Verne: How Many Things Does Man Need? Material Possessions and Consumption in Three West African Villages (Hausa, Kasena and Tuareg) Compared to German Students, in: Consumption in Africa (Beiträge zur Afrikaforschung, 23), hrsg. von Hans P. Hahn, Münster 2008, S. 115–140.

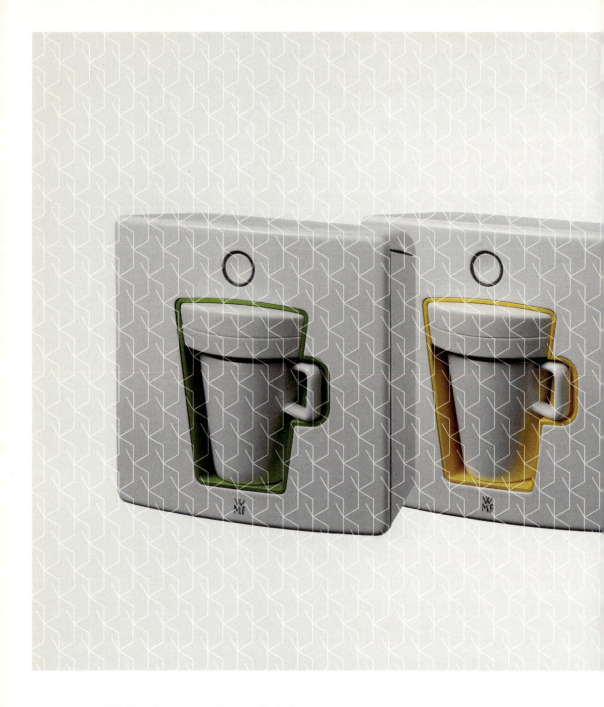

UNIVERSAL DESIGN.
AUS DER PERSPEKTIVE DES NUTZERS

DIGITALISIERUNG
DISZIPLIN
ETHIK & MORAL
GESCHICHTE
GESELLSCHAFT
GLOBALISIERUNG
INNOVATION & STRATEGIEN
KOMMUNIKATION
KUNST & KULTUR
ÖKOLOGIE
ÖKONOMIE
TECHNOLOGIE
THEORIE
WISSENSCHAFT & FORSCHUNG
ZUKUNFT

OLIVER HERWIG

Gestaltung findet nicht im luftleeren Raum statt. Sie ist Ausdruck von gesellschaftlichen Werten und Vorstellungen, aber auch von Moden, Materialien und Technologien. Selten wurde dies so deutlich wie in der Bewegung des Universal Design, die sich zunächst aus der amerikanischen Antidiskriminierungs- und Bürgerrechtsbewegung entwickelt hat und durch den demografischen Wandel gestützt wird, in dem sich zahlreiche westliche Staaten sehen. Universal Design fordert eine radikale und uneingeschränkte Fokussierung auf den Gebrauch der Dinge: Gestaltung für den Nutzer aus der Perspektive des Nutzers.

Bereits Mitte der 1980er Jahre hatte sich der Begriff »Barrierefreiheit« eingebürgert. Doch erst das Allgemeine Gleichbehandlungsgesetz (AGG) schuf 2006 einen rechtlich verbindlichen Rahmen. Etwa zeitgleich verankerte die UN-Konvention »*Übereinkommen über die Rechte von Menschen mit Behinderungen*« Schlüsselbegriffe wie Würde, Teilhabe sowie Selbstbestimmung als zentrale Grundwerte. Auch sie zielt auf Chancengleichheit aller in einer barrierefreien Welt. Artikel 2 definiert Universal Design als »*Design von Produkten, Umfeldern, Programmen und Dienstleistungen in der Weise, dass sie von allen Menschen möglichst weitgehend ohne eine Anpassung oder ein spezielles Design genutzt werden können*«.[1]

Ebendiese UN-Konvention ist Ausdruck eines Paradigmenwechsels: Alle Menschen besitzen die gleichen unveräußerlichen Rechte. Integration und Selbstbestimmung stehen im Zentrum. In dieser neuen Lesart wandeln sich Menschen mit Behinderungen von Patienten zu Bürgern. Für den Gestaltungsbereich bedeutet dies, dass nicht Defizite, sondern die gleichberechtigte Einbeziehung aller angestrebt werden sollte, um möglichst vielfältige Zugänge und Optionen eröffnen zu können. Insofern wendet sich Universal Design gegen jede Form von Ausgrenzung, Deklassierung oder Diskriminierung. Dass Universal Design nicht allein als freiwillige Option einzelner Firmen und Gestalter zu verstehen ist, verdeutlicht Artikel 4, der die Vertragsstaaten verpflichtet, »*sich bei der Entwicklung von Normen und Richtlinien für universelles Design einzusetzen*«.[2]

1985 wandte sich Ronald L. Mace dagegen, individuelle Einschränkungen als rein persönliches Problem zu verstehen – eine Haltung, die er 1997 in seinen sieben Prinzipien des Universal Design als eigenen Ansatz in den Diskurs über Design einbrachte.[3] Ihm geht es vor allem darum, alle potentiellen Nutzer von Produkten zu erreichen: Senioren und junge Leute, Frauen und Männer, Technikbegeisterte und Gelegenheitskäufer.

---

1   Übereinkommen über die Rechte von Menschen mit Behinderungen (zwischen Deutschland, Liechtenstein, Österreich und der Schweiz abgestimmte Übersetzung), im Volltext einzusehen etwa auf der Homepage des Instituts Mensch, Ethik und Wissenschaft GmbH (IMEW) unter: www.imew.de/index.php?id=421.

2   Ebenda.

3   Als Parallelen zum Terminus »Universal Design« finden sich Begriffe wie »Accessibility for all«, »Design for all« oder »Inclusive Design«, die seit den 1980er Jahren eine einfachere, intuitiver erfahrbare, eine tolerantere Umwelt mit vielfältigen Zugängen und Möglichkeiten für alle Nutzer fordern.

**UNIVERSAL DESIGN.
AUS DER PERSPEKTIVE
DES NUTZERS**
OLIVER HERWIG

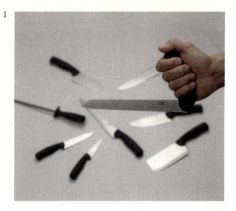

1   Brotmesser 365+, IKEA, von Ergonomidesign. Der um 90 Grad gekippte Griff entlastet die Gelenke.
2   Handy emporiaELEGANCE, emporia. Mit besonders großen Tasten, hörgerätetauglichen Lautsprechern, laut einstellbaren Klingeltönen und verstellbarer Schriftgröße ausgestattet.

Dabei gilt es zu betonen, dass zentrale Prinzipien des Universal Design wie breite Nutzbarkeit, Fehlertoleranz sowie einfache und intuitive Bedienung nicht allein an physische Objekte gebunden sind, sondern grundlegende Strukturen und Denkmuster beschreiben, die es zu verändern gilt. Damit schickt sich diese Bewegung an einzulösen, was zahlreiche Theoretiker wie etwa der Kulturphilosoph Norbert Bolz als Wesen von Gestaltung definieren: Sie fungiert als »*Medium der Welterschließung. Mit anderen Worten: Design verschafft und ist selbst Orientierung*«.[4]

AUS DER PERSPEKTIVE DES NUTZERS

Universal Design bezieht Probanden und Testpersonen bewusst in den Gestaltungsprozess mit ein. Ihre Wünsche, Vorstellungen und Erwartungen prägen dann den gestalterischen Entwurf. Indem User zu Mit-Gestaltern ihrer eigenen Lebenswelt werden, geht Universal Design weit über die traditionellen funktionalen und/oder ergonomischen Ansätze hinaus. Einbinden, nicht ausschließen, lautet die fundamentale Forderung und Leistung des Universal Design.

Dies hat große Konsequenzen für die Designpraxis. Zum Beispiel für einen vermeintlich so banalen Entwurfsgegenstand wie ein Brotmesser. Das ergonomische »365+« von Ergonomidesign beispielsweise besitzt einen um 90 Grad nach oben gekippten Griff (vgl. Abb. 1). Diese ungewohnte Platzierung entlastet Gelenke und erleichtert das Schneiden. Geradezu prototypisch verwirklicht das Messer die in Prinzip 1 formulierte Zentralforderung des Universal Design: breite Nutzbarkeit. Es ist »für Menschen mit unterschiedlichen Fähigkeiten nutzbar und marktfähig« und verspricht »niedrigen körperlichen Aufwand« (Prinzip 6).

Abb. 1 / S. 118

Wenn Gestaltung zudem »*leicht verständlich, unabhängig von der Erfahrung, dem Wissen, den Sprachfähigkeiten oder der momentanen Konzentration des Nutzers*« (Prinzip 3) wirken und zugleich eine »*breite Palette individueller Vorlieben und Möglichkeiten*« (Prinzip 2) unterstützen soll, geht eine Reihe mobiler Kommunikationsgeräte in die Knie: komplexe Menüs, schnell wechselnde Modellreihen und firmenspezifische Lösungen für Lautstärkenregelung oder die Helligkeit des Displays verunklaren oder behindern schlimmstenfalls sogar Kommunikation.

Einen großen Schritt in Richtung intuitiver Bedienung und persönlicher Anpassung vollzog Apples iPhone, das wichtige Steuerelemente an natürliche Körperbewegungen koppelt (vgl. Abb. 1, S. 36). Genau darum geht es bei Universal Design: die Welt zu erschließen, Barrieren abzubauen und einen Bewusstseinswandel ein-

Abb. 1 / S. 36

---

4 Norbert Bolz: Die Funktion des Designs, in: design report (Leinfelden-Echterdingen) Nr. 4, 2001, S. 69.

zuläuten, der Vielfalt fördert und ganz unterschiedliche Zugänge zulässt. Moderne Telekommunikation und Computertechnologie wird zum Lackmustest der Designwelt. Mit der vielbeschworenen Intelligenz der Dinge ist es jedoch oftmals nicht weit her, obwohl statt einer Eingabe über Tastatur auch Sprachsteuerung denkbar wäre, so dass die für »*den Benutzer notwendigen Informationen effektiv zur Verfügung gestellt werden können, unabhängig von der Umgebungssituation oder der sensorischen Fähigkeiten der Benutzer*« (Prinzip 4). Geräte und Strukturen müssen sich also den Fähigkeiten und Bedürfnissen der Menschen anpassen und nicht umgekehrt.

Universal Design zielt sowohl auf das große Ganze wie auch auf das Detail, auf eine Vielzahl gezielter Verbesserungen wie clever platzierten Schaltern, logisch angebrachten Tasten und klaren Bedienungsmenüs, aber auch auf verbesserte Strukturen, indem es nicht nur die Gestaltung von Dingen, sondern auch von Dienstleistungen verändert. Insofern muss aus der Perspektive des Universal Design alles hinterfragt werden, vom Kochtopf bis hin zum Fahrkartenautomaten.[5]

Die sieben Kriterien von Mace für universelle Produkte und Räume, darunter so wichtige wie Flexibilität, intuitive Benutzung, Fehlertoleranz sowie niedriger körperlicher Aufwand, formulieren Prinzipien, kein starres Regelwerk für Entwickler und Gestalter. Breite Nutzbarkeit heißt, dass Menschen mit unterschiedlichen Fähigkeiten Zugang zu Dingen und Räumen finden. Flexible Nutzung bedeutet, dass das Design eine breite Palette individueller Vorlieben und Möglichkeiten unterstützt.

Einfache und intuitive Bedienung erklärt Mace in Prinzip 3 wie folgt: »*Die Benutzung des Designs ist leicht verständlich, unabhängig von der Erfahrung, dem Wissen, den Sprachfähigkeiten oder der momentanen Konzentration des Nutzers.*« Entsprechend formulierte er fünf Richtlinien: unnötige Komplexität vermeiden, die Erwartungen der Nutzer und ihre Intuition konsequent berücksichtigen, ein breites Spektrum von Lese- und Sprachfähigkeiten unterstützen, Information entsprechend ihrer Wichtigkeit kennzeichnen und klare Eingabeaufforderungen und Rückmeldungen während und bei der Ausführung vorsehen.

Universal Design handelt demnach nicht von spezifischen Produkten für bestimmte Gruppen, sondern gibt Richtlinien an die Hand, gute Gestaltung für alle Lebensabschnitte zu fördern. Zunächst geht es um Einstellungen, um Wahrnehmung. Normen folgen erst in einem nächsten Schritt.

---

5 Vgl. form 209, 2006, Sonderheft / Special Issue »Universal Design«, S. 5.

PRODUKTE FÜR »ALLE«

Der Anspruch ist hoch und kaum für jedes Produkt und jede Dienstleistung einlösbar: Dinge für alle sind oft ein Ding der Unmöglichkeit. Regelmäßig verengt sich die Diskussion um Universal Design zudem auf die Folgen des demografischen Wandels – also auf Produkte für »Ältere.« Das muss kein Widerspruch sein. Senioren bilden auf absehbare Zeit die wohl stärkste gesellschaftliche Kraft – konsumkräftig, gut organisiert und dabei höchst individuell. 2030 dürften die über 60-jährigen in Deutschland mehr als ein Drittel der Bevölkerung stellen. »Silver Agers« nennen Soziologen diese Kohorte, zuweilen auch »Whoopies« (Well-off older people) oder einfach »Empty Nesters«. Ihre Bedürfnisse und Wünsche können bald nicht mehr ignoriert werden. Das verlangt einen Kulturwandel, der die Stigmatisierung der »Generation 50 plus« und ihrer Hilfsmittel überwindet und einfache und klar strukturierte Alltagsdinge anbietet. Mündige Verbraucher von morgen – im Schnitt älter und erfahrener – wünschen Einfachheit und Eleganz; Dinge, die gut in der Hand liegen und selbsterklärend zu bedienen sind (vgl. Abb. 2).

Abb. 2 / S.118

Veränderungen bei Produkten und Dienstleistungen sollen allen zugute kommen, mahnt universal design e.V.: »*Beschleunigt durch einen globalen demographischen Wandel wird die Qualität schon vorhandener Produkte und neuerer Entwicklungen von einer neuen Einfachheit geprägt sein.*«[6] Universal Design wird sich hier an der praktischen Umsetzung messen lassen müssen.

EIN MARKT ENTSTEHT

Entwicklung und Anwendung des Universal Design zeigen erstaunliche Divergenzen und Ungleichzeitigkeiten. Der Weg von der Speziallösung zum Massenprodukt, vom Extra zum Standard sei hier kurz in drei Phasen unterteilt, in die der Exploration, der Expansion sowie der Akzeptanz. Prototypen, Studien, Versuchsanordnungen und Diplomarbeiten prägen den Anfang, Nischenanbieter wagen Neues, Entrepreneure sammeln Erfahrung und Marktforschung ermittelt Daten.

In einem nächsten Schritt lösen professionelle Nachfolgemodelle die Entwürfe und Anwendungen der Testphase ab. Ein Markt entsteht: Anbieter setzen erste Standards, Mitbewerber nutzen die Möglichkeiten zur Differenzierung. Kommt endlich der Durchbruch, entstehen Marken und Marktführer; Nachahmer und Trittbrettfahrer teilen verbliebene Nischen auf. Nun spielt Ästhetik die entscheidende Rolle. MAYA, Most Advanced Yet Acceptable,[7] lautete Raymond Loewys Credo – gestalte so fortschrittlich wie möglich und zugleich nah an der Akzeptanz.

6 http://www.ud-germany.de
7 Raymond Loewy: Hässlichkeit verkauft sich schlecht. Die Erlebnisse des erfolgreichsten Formgestalters unserer Zeit, Düsseldorf 1953 (Org. Never leave well enough alone, 1951). Bes. Kap. 19: »Die MAYA-Schwelle«, S. 228.

**UNIVERSAL DESIGN.
AUS DER PERSPEKTIVE
DES NUTZERS**
OLIVER HERWIG

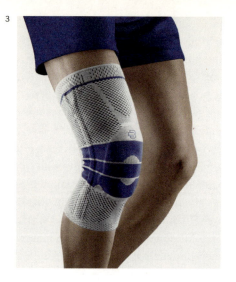

3 GenuTrain, Bauerfeind AG. Kniebandage mit integrierter Anziehhilfe zur Stabilisierung des Kniegelenks.
4 Gluos, Tobias Förtsch. Infrarot-Blutzuckermessgerät für ein Messen ohne Blut. Eine LED-Skala zeigt die Werte an, die exakten Ergebnisse werden per Bluetooth an Computer oder Mobiltelefon übermittelt. Unterwegs am Ohr getragen reagiert der Messsensor mit einem akustischen Signal auf kritische Blutzuckerspiegel.

Eine solche Entwicklung dürfte dem Universal Design des nächsten Jahrzehnts bevorstehen, bis seine sieben Prinzipien selbstverständlichen Eingang in die Massenfabrikation gefunden haben: Universal Design macht sich überflüssig.

KONSEQUENZEN

Was gut ist für alle (oder zumindest möglichst viele), kehrt die Fragmentierung nach Zielgruppen um. Aus dem präzise herausdestillierten Konsumenten-Segment wird ein gesellschaftliches Ziel: breite Benutzbarkeit. Designer müssen dazu in die Welt der Nutzer eintauchen, Bedürfnisse beobachten und begreifen, unterstützt durch Hilfsmittel wie den Age-Explorer, der eine ungefähre Simulation altersbedingter körperlicher Veränderungen zulässt – von getrübten Linsen bis hin zu Einschränkungen der Beweglichkeit, des Tastsinns und des Gehörs. Die tatsächliche Anwendung in Testrunden vermittelt zudem neue Einsichten in Wünsche und Lebensweisen. Ein solches »Sozio-Design« ist iterativ, in kleinen Schritten und direktem Feedback integrativ, da es Nutzer nicht zu Beta-Testern degradiert, sondern bei der Entstehung von Produkten einbindet. Und es ist innovativ, da Ideen und Erfahrungen jenseits des normierten Designhorizonts einfließen.

Wenn es stimmt, dass sich Technik im Dreischritt von primitiv, komplex und einfach entwickelt, steht uns der finale Schritt bevor: Vereinfachung im Sinne selbstverständlicher Präsenz von Produkten und Dienstleistungen in ihrem gesellschaftlichen Kontext. Dieser Wandel fordert und fördert ein neues Verständnis von Gestaltung. Design der Zukunft wird keineswegs auf attraktive Hüllen verzichten, wohl aber die glitzernde Oberfläche mit selbstverständlicher Funktionalität und Flexibilität vereinen (vgl. Abb. 3). Design wandelt sich zum Problemlöser und wird systemisch (vgl. Abb. 4). Um etwa Mobilität zu befördern, müssen Rollatoren nicht aerodynamischer werden, sondern Räume und Plätze für alle zugänglich. Wir haben die Wahl: Dinge sind eben »nicht neutral, (...) es gibt (...) gesellschaftsverhindernde Dinge.«[8] Universal Design versucht das Gegenteil: alle Menschen in die Gemeinschaft einzubinden.

Abb. 3 / S.122
Abb. 4 / S.122

DIE PRINZIPIEN DES UNIVERSELLEN DESIGNS

The Principles of Universal Design. Copyright 1997 by New York State University, The Center for Universal Design:[9]

Prinzip 1: Breite Nutzbarkeit.
Design ist für Menschen mit unterschiedlichen Fähigkeiten nutzbar und marktfähig. Richtlinien:

---

8 Lucius Burckhardt: Design ist unsichtbar, in: Design ist unsichtbar, hrsg. von Helmut Gsöllpointer, Angela Hareiter und Laurits Ortner. Kat. Österreichisches Institut für visuelle Gestaltung, Wien 1981, S. 13–20, bes. S. 17.
9 Übersetzung aus dem Englischen: Christian Bühler, Forschungsinstitut Technologie und Behinderung, http://www.ftb-net.de/intro/uniprinc.html; auszugsweise Wiedergabe der deutschen Übersetzung mit freundlicher Genehmigung von Christian Bühler.

- Gleiche Möglichkeiten der Nutzung für alle Nutzer zur Verfügung stellen: identisch, soweit möglich; gleichwertig, falls dies nicht möglich ist.
- Ausgrenzung oder Stigmatisierung jedweder Nutzer vermeiden.
- Mechanismen zur Erhaltung von Privatsphäre, Sicherheit und sicherer Nutzung sollen für alle Nutzer gleichermaßen verfügbar sein.
- Das Design für alle Nutzer ansprechend gestalten.

Prinzip 2: Flexibilität in der Benutzung.
Design unterstützt eine breite Palette individueller Vorlieben und Möglichkeiten. Richtlinien:
- Wahlmöglichkeiten der Benutzungsmethoden vorsehen.
- Rechts- oder linkshändigen Zugang und Benutzung unterstützen.
- Die Genauigkeit und Präzision des Nutzers unterstützen.
- Anpassung an die Schnelligkeit des Benutzers vorsehen.

Prinzip 3: Einfache und intuitive Benutzung.
Die Benutzung des Designs ist leicht verständlich, unabhängig von Erfahrung, Wissen, Sprachfähigkeiten oder der Konzentration des Nutzers. Richtlinien:
- Unnötige Komplexität vermeiden
- Die Erwartungen der Nutzer und ihre Intuition konsequent berücksichtigen.
- Ein breites Spektrum von Lese- und Sprachfähigkeiten unterstützen.
- Information entsprechend ihrer Wichtigkeit kennzeichnen.
- Klare Eingabeaufforderungen und Rückmeldungen vorsehen.

Prinzip 4: Sensorisch wahrnehmbare Informationen.
Design stellt dem Benutzer notwendige Informationen effektiv zur Verfügung, unabhängig von der Umgebungssituation oder der sensorischen Fähigkeiten der Benutzer. Richtlinien:
- Unterschiedliche Modi für redundante Präsentation wichtiger Informationen vorsehen (bildlich, verbal, taktil).
- Angemessene Kontraste zwischen wichtiger Information und Umgebung.
- Maximierende Lesbarkeit von wichtigen Informationen.
- Unterscheiden von Elementen in der Art der Beschreibung (z.B. einfache Möglichkeit, Anweisungen oder Instruktionen zu geben).
- Kompatibilität mit einer Palette von Techniken oder Geräten, die von Menschen mit sensorischen Einschränkungen benutzt werden, vorsehen.

Prinzip 5: Fehlertoleranz.
Design minimiert Risiken und die negativen Konsequenzen von zufälligen oder unbeabsichtigten Aktionen. Richtlinien:
- Arrangieren der Elemente zur Minimierung von Risiken und Fehlern: die meistbenutzten Elemente am besten zugänglich; risikobehaftete Elemente vermeiden, isolieren oder abschirmen.
- Warnungen vor Risiken und Fehlern vorsehen.
- Fail-Safe-Möglichkeiten vorsehen.
- Bei Vorgängen, die Wachsamkeit verlangen, unbewusste Aktionen nicht ermutigen.

Prinzip 6: Niedriger körperlicher Aufwand.
Design kann effizient und komfortabel mit einem Minimum von Ermüdung benutzt werden. Richtlinien:
- Die Beibehaltung der natürlichen Körperhaltung ermöglichen.
- Angemessene Bedienkräfte verlangen.
- Minimierung sich wiederholender Aktionen.
- Andauernde körperliche Beanspruchung vermeiden.

Prinzip 7: Größe und Platz für Zugang und Benutzung.
Angemessene Größe und Platz für den Zugang, die Erreichbarkeit, die Manipulation und die Benutzung unabhängig von der Größe des Benutzers, seiner Haltung oder Beweglichkeit vorsehen. Richtlinien:
- Klare Sicht auf wichtige Elemente für jeden sitzenden oder stehenden Benutzer.
- Eine komfortable Erreichbarkeit aller Komponenten für alle sitzenden oder stehenden Benutzer sicherstellen.
- Unterstützen unterschiedlicher Hand- und Greifgrößen.
- Ausreichend Platz für den Einsatz sonstiger Hilfsmittel oder -personen.

Diese sieben Prinzipien beziehen sich nur auf die universelle Nutzbarkeit des Designs. Darüber hinaus müssen beim Entwurf natürlich auch Aspekte wie Ökonomie, Kultur, Geschlecht oder Technik berücksichtigt werden. Die aufgeführten Prinzipien bieten Anleitungen zum Entwurf, zur besseren Berücksichtigung von Möglichkeiten, welche die Bedürfnisse von möglichst vielen Nutzern einschließen.

Links:
Center for Universal Design: http://www.design.ncsu.edu/cud/; dort auch die Prinzipien: http://www.design.ncsu.edu/cud/about_ud/udprinciples.htm
universal design e.V.: http://www.ud-germany.de/

EINE EXPEDITION ZUM
SERVICE DESIGN

1

A A1.01–A1.24

CAREER SERVICE ÖFFENTLICHKEITSARBEIT
CONTROLLING PERSONALABTEILUNG
FINANZABTEILUNG STUDIERENDENBÜRO
INTERNATIONAL OFFICE TECHNOLOGIETRANSFER

B B1.01–B1.11

EDV-POOLS
SEMINARRÄUME

128

DIGITALISIERUNG
DISZIPLIN
ETHIK & MORAL
GESCHICHTE
GESELLSCHAFT
GLOBALISIERUNG
INNOVATION & STRATEGIEN
KOMMUNIKATION
KUNST & KULTUR
ÖKOLOGIE
ÖKONOMIE
TECHNOLOGIE
THEORIE
WISSENSCHAFT & FORSCHUNG
ZUKUNFT

BIRGIT MAGER

GRENZEN VERSCHWIMMEN UND VERSCHWINDEN

Die Grenzen zwischen Design, Betriebswirtschaft und Technologie verschwimmen, werden durchlässiger. Zumindest gibt es Anzeichen dafür, dass die über Jahrhunderte taylorisierten Kompetenzdomänen sich annähern und gemeinsame Ausrichtungen auf Nutzer und für diese zu generierenden Nutzen suchen. Das ist sinnvoll und man kann nur wünschen, dass diese Entwicklung eine dauerhafte ist.

Anzeichen für diese Entwicklung gibt es in Unternehmen, in denen Design zur Chefsache wird und in denen interdisziplinäre Kompetenzteams an Innovationen arbeiten. Anzeichen dafür gibt es in der Ausbildung: interdisziplinäre Ausbildungs- und Praxismodelle machen Schule. In renommierten Business Schools wird Design gelehrt,[1] Hochschulen verschmelzen ihre Institute.[2] Dieses Zusammenrücken der »Disziplinen« verändert die Rolle und die Aufgaben von Designern.

Nicht allen schmeckt die Rede vom »Design Thinking«, die Design schlimmstenfalls zu einem bekömmlichen Gewürz für Management-Talks und Hochglanzmagazine macht. Das Verschwimmen von Grenzen führt schlimmstenfalls zur Verwässerung und zu Beliebigkeiten. Design wird dann zu etwas, das jeder kann. Es gilt auch Profile zu wahren. Und dazu trägt die Designausbildung wesentlich bei, denn bestenfalls führt diese Entwicklung zu Synergien zwischen klugen und selbstbewussten Professionellen, die aus verschiedenen Perspektiven denken und ganzheitliche Zusammenhänge begreifen.

Nicht nur die Grenzen zwischen Fachgebieten verschwimmen – auch die Grenzen zwischen Produkten und Dienstleistungen sind obsolet, die tradierten Sektorenmodelle sind angestaubt. Niemand konsumiert heute »reine Produkte« – und genaugenommen gab es diese »reinen Produkte« auch nie. Und auch »reine Dienstleistungen« werden nicht konsumiert, immer haben sie einen mehr oder weniger großen Produktanteil. So gilt es auch immer beides im Gestalten zu bedenken, die materiellen und die immateriellen Komponenten, die statischen und die prozesshaften Aspekte, das Besitzen und das Erleben.

Kein Unternehmen verkörpert diesen Wandel besser als Apple. Dachten Designer noch vor nicht allzu langer Zeit, es ginge um die Gestaltung von Produkten oder Interfaces, wurde spätestens mit dem iPod auch die Designszene des radikalen Wandels gewahr, der sich über Jahrzehnte schon ausgeprägt hat und der etwa im Marketing seit den frühen 1970er Jahren hohe Beachtung fand: das Produkt ist nur noch das Portal zu einer faszinierenden Welt von Dienstleistungen. Innovati-

---

1 So beispielsweise an der INSEAD Business School.
2 Seit drei Jahren ist dies in der Hochschullandschaft von Helsinki zu beobachten.

EINE EXPEDITION ZUM SERVICE DESIGN
BIRGIT MAGER

onen finden im Spannungsfeld von Technologien, Hardware, Interfaces und Services statt. Komplexe Welten, die einen gemeinsamen Duktus in der Gestaltung brauchen. Diese Grenzaufweichungen verändern idealer- und notwendigerweise die Designausbildung. Auch im Design müssen Grenzen durchlässig gestaltet werden. Die Idee des reinen Grafikers oder des reinen Produktdesigners ist schon lange eine reichlich obsolete. Kluge Designlösungen brauchen Menschen, die analytisch und konzeptionell denken, die in der Lage sind, das große Ganze im Blick zu haben, Komplexität zu erkennen und mit ihr umzugehen.

Neben der generalistischen Ausrichtung im Design ist es auch notwendig, innovative Ansätze in der Ausbildung und schlussendlich dann in der Berufspraxis zu entwickeln; Ansätze, die proaktiv auf die Herausforderungen unserer Gesellschaft und unserer Wirtschaft antworten. Dies geschieht heute, indem in der Designausbildung Felder wie »Design for Manufacturing« oder »Design and Economy«[3] geschaffen werden. Dies geschah in den frühen 1990er Jahren durch Lehrgebiete wie »Design & Ecology« oder »Service Design«.

GRENZGÄNGER SIND GEFRAGT

Grenzen zu überschreiten und die Zukunft zu gestalten erfordert Mut. Service Design, ein in den frühen 1990er Jahren konzipiertes innovatives Lehrgebiet im Design, wurde oft belächelt. Interessanterweise viel weniger von Seiten der Wirtschaft als von Seiten des Design. Wer sich an die Grenzen wagt, gilt als Außenseiter. Seltsamerweise gerade in der »Wiege der Innovation« – im Design.

Innovation im Design braucht Grenzgänger. In den Institutionen braucht es Menschen, die sich nicht auf der Vergangenheit ausruhen und von behaglichem Besitzstand aus Neues als Störung betrachten. In den Hochschulen braucht es Experimentierräume und Modellprogramme, in denen die Zukunft des Designs gestaltet und erprobt werden kann. Und schließlich braucht es vor allen Dingen junge Menschen, die sich auf Abenteuer jenseits der etablierten Pfade einlassen und die als »Grenzgänger« etablierte Pfade und Disziplinen verlassen, gerade in den Anfangszeiten auch das Risiko in Kauf nehmen, dass man sich nicht so ohne weiteres am Ende ein Etikett anheften kann, das jeder kennt.

NEULAND EROBERN – EINE EXPEDITION

Vor 15 Jahren wurde im Rahmen des »Kölner Modells« an der Fachhochschule Köln das Experiment eingeleitet, Service Design[4] als Lehrgebiet neu zu definieren.

---

3 Diese Lehrgebiete sind seit 2009 in der Designausbildung der Köln International School of Design (KISD) verankert. Auch hier gab es Aufschreie und es wurde gefragt, wie man ein inzwischen so gemütlich etabliertes Arbeitsfeld wie Design Management zu Gunsten von etwas so Skurril-Neuem wie Design & Economy aufgeben könne. Aber nur im Loslassen entsteht Zukunft.

4 www.kisd.de

Und glücklicherweise gab es Grenzgänger, in Ministerien, an Hochschulen, in Unternehmen und bei den Studierenden, die dieses Experiment mit Leben füllten.

Die ersten Jahre waren geprägt von Suchbewegungen und Experimenten. Wie kann man Designmethoden auf immaterielle Produkte, auf Dienstleistungen anwenden? Wie kann Design seine Kompetenzen einem Sektor anbieten, der Design bis dahin – wenn überhaupt – mit der Gestaltung von Briefbögen assoziiert? Es gab erste Erfolge, wie beispielsweise in der Konzeption und Umsetzung von »Gulliver«, einer Überlebensstation für Obdachlose. Es gab viele offene und sehr unterstützende Kooperationen, so mit tollen Menschen von Siemens Business Services (um hier nur einen wichtigen Partner zu nennen), die auch auf der Suche waren nach neuen Herangehensweisen für die Gestaltung kundenorientierter Dienstleistungen – und für die Gestaltung eines Paradigmenwechsels, der ein sehr produkt- und technologieorientiertes Unternehmen in die Welt der immateriellen Produkte begleitet. Ohne die Offenheit und Experimentierfreude dieses und vieler anderer Partner wären die Entwicklungen so nicht möglich gewesen. Aber auf diese Weise hat sich das theoretische und methodische Modell von Service Design in enger Zusammenarbeit mit der Praxis formulieren und erproben können.

WAS IST SERVICE DESIGN?[5]

Service Designer visualisieren, formulieren und choreografieren Lösungen, die es heute noch nicht gibt. Sie beobachten und interpretieren Bedürfnisse und Verhaltensweisen und transformieren sie in mögliche zukünftige Dienstleistungen.[6] Dabei kommen explorierende, generierende und evaluierende Designansätze gleichermaßen zur Anwendung. Die Neugestaltung bestehender Dienstleistungen ist genauso Herausforderung wie die Entwicklung innovativer Services.

Mit dieser Positionierung steht Service Design in der Tradition von Produktdesign und Interface Design und ermöglicht den Transfer von bewährten analytischen und gestaltenden Designmethoden in die Welt der Dienstleistung. Insbesondere zu den aus dem Interface Design hervorgegangenen Disziplinen Interaction und Experience Design bestehen enge Verbindungen. Auch wenn diese Disziplinen noch vorrangig an der Gestaltung von Mensch-Maschine-Schnittstellen ausgerichtet sind, haben sich in der theoretischen und der methodischen Entwicklung Parallelen aufgetan bei der Suche nach den Faktoren, die in der Gestaltung von Erfahrung zu berücksichtigen und zu beeinflussen sind, wobei eben nicht die Erfahrung gestaltet werden kann, sondern nur die Bedingungen, die zu einer Erfahrung führen.[7]

---

5   Birgit Mager/Michael Gais: Service Design. Design studieren, Stuttgart 2009.
6   Manifest des International Service Design Networks, 2005, vgl. www.service-design-network.org
7   Birgit Mager: Service Design, in: Wörterbuch Design. Begriffliche Perspektiven des Design, hrsg. von Michael Erlhoff und Tim Marshall, Basel/Boston/Berlin 2008.

**EINE EXPEDITION
ZUM SERVICE DESIGN**
BIRGIT MAGER

1   Ein Arbeitsschritt in der Kreationsphase: die Customer Journey wird visualisiert, modelliert und modifiziert. Wie sehen die einzelnen Touchpoints aus, wie kann das Gesamterlebnis choreografiert werden?
2   Service Enactments, Mock-ups und Prototypen sind in der Kreationsphase inspirierende Methoden – spielerisch-konstruktive Interventionen, die es ermöglichen, gewohnte Pfade zu verlassen. Zugleich machen sie mit einfachen Mitteln noch nicht existierende Services anschaulich und begreifbar.

Aus der Perspektive der Nutzer sollen Dienstleistungen gestaltet werden, die nützlich, nutzbar und begehrenswert sind. Zugleich müssen die Dienstleistungen aus der Perspektive des Anbieters natürlich betriebswirtschaftlich sinnvoll sein und die Unterscheidbarkeit von Mitbewerbern ermöglichen.

Der Arbeitsprozess im Service Design bewegt sich durch vier Phasen:

- die Exploration,
- die Kreation,
- die Reflektion,
- die Implementierung.

Jede dieser Phasen ist in Teilschritte gegliedert. Und auch wenn dieser Prozess die Illusion einer linearen Ordnung schafft, die als Orientierungshilfe auch sinnvoll ist, ist in der Praxis natürlich vieles iterativ, bleiben auch hier im Rahmen der vermeintlichen Ordnung Suchbewegungen und Experimente (hoffentlich) erhalten.

Worum geht es in der Exploration? Darum, das System, innerhalb dessen Dienstleistungen erbracht werden, zu begreifen, es zu kartografieren und in einer Service Ecology begreifbar zu machen. Explorationsfelder, die einer tieferen Recherche bedürfen, müssen definiert werden. Im Service geht es um Menschen: die Akteure innerhalb des Systems sind zu erfassen und in der »Stakeholder Map« sichtbar zu machen. Das sind nach dem Projektbriefing die ersten Schritte der Exploration.

Dann beginnt das Eintauchen in das System. Die Welt der Nutzer begreifen, aber auch die Welt der Mitarbeiter und der Organisation: Strukturen, Prozesse, Interaktionen, Evidenzen. Dienstleistungen sind lebende Produkte, die im Kontext von Organisationsstrukturen, Abläufen, zwischenmenschlichen Interaktionen, Technologien und gestalteten Umwelten erbracht werden. Inmitten all dessen ein Nutzer, für den es letzten Endes zu gestalten gilt. Hier kommen die vielfältigen, primär qualitativen Methoden im Service Design zum Einsatz, die teilweise auf bewährten Designmethoden basieren, aber auch viele neue und eigenständige Herangehensweisen zur Erfassung von Prozessen, Interaktionen, Emotionen und Erlebnissen entwickelt haben. Die Exploration mündet in einer Synthese, in der die Gestaltungsherausforderungen auf den Punkt gebracht werden.

Die Kreationsphase öffnet die Welt der Möglichkeiten (vgl. Abb. 1). Lädt ein, die Zukunft zu erfinden. Mit den unterschiedlichsten Methoden werden hier Erlebnisse neu gestaltet, denn es sind Erlebnisse, die im Dienstleistungsbereich konsu-

Abb. 1 / S. 132

miert werden. Storyboards, Service Enactments – Phasen der Kooperation oder Co-Kreation mit den Nutzern und mit den Anbietern wechseln sich ab mit intensiven Gestaltungsphasen des Designteams (vgl. Abb. 2). Am Ende der Kreationsphase stehen Service-Prototypen, die nun die Grundlage für den nächsten (vermeintlich linearen) Schritt, die Reflexion, bilden.

Die Feinabstimmung mit strategischer Ausrichtung, die technologisch-organisatorischen Machbarkeiten, die betriebswirtschaftlichen Rahmenbedingungen, detaillierte Testphasen, Feinmodellierungen bereiten die Implementierungsphase vor. Diese kann sehr schlicht gestaltet sein, kleine Maßnahmen zu Verbesserung und Veränderung umfassen – aber es kann auch zu großen Umwälzungen kommen, die dann gestalterisch begleitet sein wollen.

Dass die Grenzen verschwimmen zwischen den Fachgebieten und zwischen den Sektoren ist von hoher Relevanz für Service Design. Denn die Gestaltung von Service ist interdisziplinär und basiert zu einem großen Teil darauf, dass es gelingt, Abteilungsinteressen zugunsten des Kundennutzens- und -erlebnisses zu synchronisieren. Und es heißt auch, dass die unterschiedlichsten Designkompetenzen – von der Gestaltung von Informationen über die Gestaltung von Interfaces, Produkten, Interaktionen – synchronisiert werden müssen.

GRENZÜBERGREIFEND WIRKSAM

Inzwischen ist Service Design zu einem international anerkannten und erfolgreichen Arbeitsfeld im Design geworden. Im internationalen Service Design Network,[8] das von der Köln International School of Design aus betreut wird, sind inzwischen über 100 Unternehmen, Agenturen und Hochschulen aus aller Welt zusammengeschlossen. In »Touchpoint«, dem Magazin des Service Design Network, kann man dreimal jährlich die praktischen und akademischen Aktivitäten verfolgen.

Die jährliche internationale Konferenz ist eine hervorragende Plattform, auf der sich zeigt, wohin Service Design geht. Wichtige Herausforderung für die nächsten Jahre wird – neben der strukturellen Weiterentwicklung des Netzwerks – die Stärkung der akademischen Vernetzung sein. Der intensive Austausch über Curricula, die Konzeption internationaler Studiengänge und die verstärkte Lancierung internationaler Forschungsaktivitäten stehen ganz oben auf der Agenda. Wie in allen anderen Designbereichen auch wird die Diskussion über die ökonomische Re-

8 www.service-design-network.org

levanz von Service Design eine wichtige Rolle spielen. Hier ist eine evaluierende Forschung genauso gefragt wie der grundsätzliche Diskurs über die Grenzen und Möglichkeiten der quantitativen Messbarkeit von Design.

Die Entwicklung branchenspezifischer Kompetenzen wird ein weiteres Zukunftsthema sein. Auch wenn es in den vergangenen Jahren beachtliche Erfolge von sehr generalistisch arbeitenden Service Designern gab, ist die Auseinandersetzung mit den Besonderheiten von öffentlichen versus privaten Dienstleistungen, personenintensiven vs. technologieintensiven oder standardisierten vs. individualisierten Dienstleistungen eine spannende Aufgabe für die nächsten Jahre, mit der auch die Reflektion und Weiterentwicklung bestehender Taxonomien im Dienstleistungssektor verbunden ist. Design kann und soll hier in der Entwicklung von handlungsleitenden Modellen eine wichtige Rolle spielen. Erste Grundlagen auf diesem Weg sind beispielsweise durch die Entwicklung von ersten Service-Typologien auf der Grundlage des Genrebegriffes gelegt worden.

DIE LUST AM REISEN

Die Entwicklung von Service Design in den letzten 15 Jahren war immer auch eine lustvolle Reise. Mit interessanten Stationen, spannenden Reisepartnern, abenteuerlichen Herausforderungen, genussvollen Erfolgen.

Warum erwähne ich das? Weil Spaß und Lust am Gestalten immer im Herzen des Service Design verankert sind – und so auch eine Ansteckungswirkung in Organisationen haben können. Wenn es gelingt, Menschen zu kreativen und aktiven Gestaltern dessen zu machen, was sie tagtäglich an immateriellem Nutzen für andere produzieren, geschieht etwas, was keine noch so vernünftig arbeitende Unternehmensberatung, kein TQM – Total Quality Management – und kein Business Reengineering bisher haben erreichen können. Die Menschen fühlen sich ernst genommen und sind begeistert.

RETRO-DESIGN.
ENDE DER GESCHICHTE?

138

DIGITALISIERUNG
DISZIPLIN
ETHIK & MORAL
GESCHICHTE
GESELLSCHAFT
GLOBALISIERUNG
INNOVATION & STRATEGIEN
KOMMUNIKATION
KUNST & KULTUR
ÖKOLOGIE
ÖKONOMIE
TECHNOLOGIE
THEORIE
WISSENSCHAFT & FORSCHUNG
ZUKUNFT

PETRA EISELE

Dinge, Texte und Bilder dienen seit jeher als Gedächtnisspeicher, in dem Eindrücke und Erfahrungen aufbewahrt, quasi deponiert werden. Erst der Prozess der Auseinandersetzung damit formt kulturelle Erinnerung, schafft einen eigenen »Gedächtnisraum«, in dem neue Bedeutungen und Sinn erzeugt werden können. Im Laufe der Zeit verändert sich das Verhältnis zu den im Gedächtnisspeicher deponierten Erfahrungen. Die Dinge, Texte und Bilder werden nicht nur immer wieder anders entschlüsselt und neu gedeutet – auch der grundsätzliche Umgang mit ihnen verändert sich.

Hatte sich die gestalterische Avantgarde der »Moderne« programmatisch von der Vergangenheit abgesetzt, zeichnete sich seit den 1960er Jahren eine gegenteilige Tendenz ab. Jetzt richtete sich das Interesse auf Zeichen- und Symbolhaftigkeit.[1] Entsprechend bildete sich ein Interesse für stilistische Nuancen der Vergangenheit aus, das auch im Gestaltungsbereich seinen Niederschlag fand und schnell mit dem Schlagwort »Retro-Design« auf einen griffigen, wenn auch pauschalisierenden Nenner gebracht wurde.

Retro-Design gestaltet neue Aussagen auf der Basis des Alten, indem es Bilder- und Dingwelten der Vergangenheit nutzt, um aus dem daran geknüpften Erinnerungspotential neue assoziative Verknüpfungen zu generieren. So erinnern die Produkte zwar an ihre Vorläufer, lassen gleichzeitig aber keinen Zweifel daran, dass sie aus einer anderen Zeit stammen – die Vergangenheit wird gleichsam in die Gegenwart hereingeholt. Das heißt aber auch, dass es sich beim Retro-Design um ein Rezeptionsphänomen handelt, das sich mit Geschichte und Kultur auseinandersetzt, indem es sich diese gestalterisch aneignet (vgl. Abb. 1).

Abb. 1 / S. 140

RE/TRO

»Retro« bedeutet räumlich »zurück«, »rückwärts«, »nach hinten« und zeitlich »vorher«. Der Begriff »Retro-Design« kam Mitte der 1970er Jahre auf und bezeichnet eine Tendenz im Design, sich neu an historischen Stilen zu orientieren.[2] Es handelt sich also grundsätzlich um ein rückwärtsgerichtetes Design, wobei allerdings zu unterscheiden ist zwischen einer originalgetreuen Kopie (Reedition/Reprint) und einer gestalterischen Rezeption historischer Formen, die mehr oder weniger ideenreich in das ästhetische Empfinden der jeweiligen »Jetztzeit« integriert werden. Begrifflich verschwimmen zudem die Grenzen zwischen »Retro« und »Revival«, das noch stärker die Dimension der Veränderung und Wiederbelebung des Vergangenen in sich trägt.[3]

---

1 1966 veröffentlichte das MoMA Venturis »Complexity and Contradiction in Architecture«, in der er – inspiriert von der Pop-Art – kulturelle Armut und visuelle Banalität moderner Gebäude angriff. Gegen die Vereinfachung der »Moderne« setzte er Komplexität, Widersprüchlichkeit und Vielfältigkeit bzw. Vieldeutigkeit. Venturi plädiert jedoch nicht für einen Anti-Funktionalismus, sondern für eine neue Haltung, die »aus den Gegensätzen heraus ein neues Gleichgewicht« schafft. Vgl. Robert Venturi: Complexity and Contradiction in Architecture (The Museum of Modern Art papers on architecture; 1), New York 1966, bes. S. 25. Die deutsche Übersetzung erschien erst 1978. Vgl. Komplexität und Widerspruch in der Architektur (Bauwelt-Fundamente; 50), hrsg. von Heinrich Klotz, Braunschweig 1978.

2 Vgl. Elisabeth E. Guffey: Retro. The Culture of Revival, London 2006, S. 9ff.

3 »Revival« konserviert Stilmerkmale nicht in ihrer ursprünglichen Form, sondern verändert sie. So zeugen Revival-Elemente von der Gleichzeitigkeit mehrerer Zeitebenen – Vergangenheit, Gegenwart und Zukunft –, die im neuen Stil eine Synthese eingehen. Vgl. Birgit Richard: Die oberflächlichen Hüllen des Selbst: Mode als ästhetisch-medialer Komplex, in: Kunstforum International (Köln), Bd. 141, Juli–September, 1998, S. 76.

**RETRO-DESIGN.
ENDE DER GESCHICHTE?**
PETRA EISELE

1   Matheus Lopes Castro, »OMG, I'm so retro«
2   Beispiel Secondhand-Mode und -Lifestyle, Screenshots aus dem Film »Look at Life: IN Gear«, 1967
3   Hapshash and the Coloured Coat, »UFO Coming«, 1967

RETRO/DESIGN

Seinen Ausgangspunkt fand Retro-Design mit dem Beginn der Jugendkultur schlechthin, der Pop-Kultur der 1960er Jahre. Hier wurde eine visuelle und materielle Kultur ausgebildet, die das Entstehen sogenannter Retro-Stile begünstigen sollte. Zum einen hatten Massenmedien, insbesondere das Fernsehen, ein kollektives Bildergedächtnis verdichtet und vor allem bei Jugendlichen das Interesse für stilistische Eigenheiten der Vergangenheit sensibilisiert. Zum anderen hatte die Hippiebewegung nicht nur alles von den Puristen Verschmähte – Ornament, Opulenz und Farbenpracht – zu einem aufregenden Pool für individuelle ästhetische Manifestationen werden lassen, sondern auch eine Faszination am Alten und Gebrauchten vorbereitet. Dabei entstanden auch subkulturelle Infrastrukturen, die den Handel mit Secondhand-Kleidung forcierten. Entsprechend bezeichnete der Begriff »Retro« zunächst originelle Secondhand-Kleidung (vgl. Abb. 2).[4]

Abb. 2 / S. 140

Vor allem auf Postern und Schallplattencovern fand Typografie aus der viktorianischen Zeit oder florale Jugendstil-Ornamentik Verwendung (vgl. Abb. 3). Genau diese Vorlieben jugendlicher Subkulturen führten den britischen Designkritiker Corin Hughes-Stanton 1968 dazu, die Bezeichnung »postmodern« einzuführen, wobei er betonte, dieser neue Stil zeichne sich durch eine Neuinterpretation des Jugendstils, der Moderne der 1920er Jahre und der Pseudo-Weltraumwelten dieser Zeit aus. Zwar kritisierte er die mangelnde Originalität und das Fehlen eines eigenen Stils im postmodernen Design, begrüßte es aber, wenn auch nicht als Überwindung des modernen Designs, so doch als logischen Schritt in dessen Weiterentwicklung.[5]

Abb. 3 / S. 140

Retro-Design war also zunächst in der Jugendkultur verortet. Der Rückgriff auf Formen und Stile erfolgte nicht chronologisch, sondern simultan, und so kann ein »Stilmix« aus historischen Anleihen als charakteristisch angesehen werden. Eine wesentliche Vorbedingung für Retro-Design stellt historische Distanz dar. Sie ermöglicht es, Formen oder Bilder der Vergangenheit zur Projektionsfläche kollektiver Sehnsüchte werden zu lassen und sie ganz im Sinne von Roland Barthes zum Mythos zu überhöhen.[6]

Zunächst einer intuitiven Faszination geschuldet, implizierte Retro-Design jedoch mehr als eine bloß oberflächliche Stiladaption oder eine nur rückwärtsgerichtete Realitätsflucht in eine romantisch verklärte Vergangenheit. Im Gegenteil: Der Rückgriff auf Vergangenes wurde ganz offensichtlich auch als postmoderne Methode begriffen, um mit gestalterischen Mitteln gegenwärtige Missstände zu kritisieren.

---

4 Heike Jenß: Sixties dress only. Mode und Konsum in der Retro-Szene der Mods, Frankfurt a.M. 2007, S. 141.
5 Corin Hughes-Stanton: What comes after Carnaby Street? In: Design (London), H. 230, Februar 1968, S. 42–43. Vgl. zudem: Rick Poynor: Anarchie der Zeichen. Grafik-Design von den Achtzigern bis heute, Basel/Berlin/Boston 2003, S. 43.
6 Roland Barthes betont, Mythos werde »durch den Verlust der historischen Eigenschaften der Dinge« bestimmt. Vgl. Roland Barthes: Plastik, in: Ders.: Mythen des Alltags, Sonderausgabe Frankfurt a.M. 1996, S. 130.

RETRO/RETRO

1977 beschrieb Charles Jencks postmoderne Architektur als eine Art Sprache, die angesichts einer gegenwärtigen Diskontinuität der Geschmackskulturen doppelt oder sogar mehrfach kodiert sein müsse.[7] In der Folge nutzten Architekten und Designer zunehmend die Zeichenhaftigkeit historischer Formen und die Methode des »Stilmix«, um neue Sinnzusammenhänge herstellen zu können.

1978 kombinierte Alessandro Mendini beispielsweise Neuauflagen moderner Klassiker mit spielerischen Elementen. Mit diesem »Re-Design« bekannter Möbelklassiker zielte er nicht nur auf eine Reflexion über das beziehungsvolle Geflecht von bereits bestehenden Ideen und Bildern, sondern durch diese »Stilmixturen« auch auf eine »Verballhornung großer Werke«[8] und somit auf eine Kritik am bestehenden Design.

Ursprünglich hatte diese Möbelserie mit dem Entwurf eines Stoffmusters für die Firma Cassina begonnen – als Hommage an den französischen Schriftsteller Marcel Proust.[9] Bei Mendinis Recherchen in Prousts großbürgerlichem Umfeld inspirierte ihn die Kopie eines neobarocken Sessels jedoch dazu, seine Arbeit zu einem Möbelentwurf auszuweiten und den Sessel mit einem handgemalten Tupfenschwarm zu überziehen – dem vergrößerten Ausschnitt eines Gemäldes von Paul Signac (vgl. Abb. 4).

Indem Mendini die Form des neobarocken Möbels und das pointillistische Punkteflimmern als Zitat des Schriftstellers und seiner Zeit zwar aufnahm, diese Zeichen jedoch aus ihren ursprünglichen Zusammenhängen riss und sie in einen vollkommen neuen verschob, schuf er ein »Displacement«. Gleichzeitig vergrößerte und kopierte er den Ausschnitt des Kunstwerks und degradierte es so zum Dekor. Gerade diese Vielschichtigkeit, das Hin und Her zwischen High und Low,[10] zwischen Gestern und Heute – gerade das Uneindeutige lässt die »Poltrona di Proust« zu einer mit Bedeutung aufgeladenen und vieldeutigen Erscheinung werden. Hier verschwinden traditionelle Bewertungskriterien bezogen auf Design-Qualitäten wie funktionaler Aufbau oder ökonomische Produktion hinter der Zeichenhaftigkeit des Objekts, das selbst zu einer Sinn und Bedeutung erzeugenden Kraft geworden ist.[11]

In der Folge etablierte sich das Spiel mit historischen Zitaten, um in der Wahrnehmung des Rezipienten ungewohnt neue Sinnzusammenhänge herzustellen und Kritik an bestehenden Gestaltungshaltungen üben zu können. In der Hoffnung, eine Veränderung des herrschenden Designverständnisses anregen zu können, das

---

7 Charles Jencks: The language of post-modern architecture, London 1977; Dt.: Die Sprache der postmodernen Architektur. Die Entstehung und Entwicklung einer alternativen Tradition, Stuttgart 1978; vgl. bes. S. 6.

8 So der Titel der Möbelserie in: Kazuko Sato: ALCHIMIA. Italienisches Design der Gegenwart/Contemporary Italian Design, Berlin 1988, S. 124.

9 Vgl. Made in Cassina, hrsg. von Giampiero Bosoni, Milano 2008.

10 Das Hin und Her zwischen High und Low wird noch verstärkt durch die Tatsache, dass der Sessel, der zunächst nur als Unikat gedacht war, später von Mendinis Studio in verschiedenen Varianten als Einzelstück oder in limitierten Auflagen hergestellt wurde.

11 Vgl. Jacques Derrida: Die Schrift und die Differenz, Frankfurt a.M. 1989, S. 422–450 und Martin Roman Deppners Überlegungen dazu in: Design – disegno. Gegen eine Ästhetik des Vergessens. Zur Geschichte und Ästhetik des Design, H. 1., hrsg. von Martin Roman Deppner, Bielefeld 1995, S. 11.

sich – so zumindest der Vorwurf der jungen Designer an das Establishment – in einem rein pragmatisch auf die Gegenwart des Produzierbaren und Machbaren erschöpft, kombinierten insbesondere Möbeldesigner in handgefertigten Prototypen historische Zitate mit ungewohnten Materialien zu dreidimensionalen Collagen.[12]

Was als subversive Methode hintersinniger Sinnproduktion begonnen hatte, mit der einer Trivialisierung im Design entgegengewirkt werden sollte, verflachte jedoch selbst zunehmend zu einem wilden und unmotiviert oberflächlichen Formen- und Stil-Sampling in Mode, Werbung, Architektur und Film.

RETRO/THEORIE

Obwohl es die englische Jugendkultur war, die die Retro-Moden stark forciert hatte, setzte eine intensive theoretische Reflexion in Frankreich ein.[13] Ende der 1970er widmete Jean Baudrillard diesem Thema mehrere Aufsätze.[14]

Die Aneignung alter Formen verdeutlicht zum einen verlorengegangene Bezüge, vor allem den Verlust von Geschichte, wie er bereits 1963 von Arnold Gehlen mit dem Begriff »Posthistoire« umschrieben worden war.[15] Zum anderen wird der Rückgriff auf alte und vertraute Formen als Reaktion auf neue (medien-)technische Entwicklungen gedeutet, die eine enorme Unsicherheit auslösen. Wer sich, so die zentrale These von Odo Marquard, immer schneller umorientieren muss, müsse an Vertrautem festhalten – je größer die Verunsicherung, desto stärker der Hang zur Vergangenheit.[16]

Entsprechend argumentieren Trendstudien, im Kern gehe es bei Retro-Konsum um den »*Wunsch nach Stabilität, der sich aus dem Gefühl der permanenten Beschleunigung und des Wandels ergibt, (...) das Verlangen nach Orientierung, das geprägt ist nach sicheren Werten, die den Weg vorgeben und (...) Zusammengehörigkeitsgefühle.*«[17]

FUTU/RE/TRO

In der Tat scheint es so, als führte das kollektive Gedächtnis mit »Retro-Design« ein entlastendes Regulativ ein, um der Aufhebung der Zeit entgegenwirken zu können, wie es sich auf den Datenautobahnen postindustrieller Gesellschaften manifestiert.

Ausgangs des 20. Jahrhunderts taucht ein sogenannter »Retro-Futurismus« auf, bei dem die Formen zwar zeichenhaft auf Vergangenes, die Technologie jedoch auf Zukünftiges verweist.

---

12 Vgl. Petra Eisele: BRDesign. Deutsches Design als Experiment seit den 1960er Jahren, Köln/Weimar/Wien 2005.

13 Der Retro-Begriff wurde erst in den siebziger Jahren aus dem französischen Sprachgebrauch ins Englische übernommen. Vgl. Jenß (2007), S. 141.

14 Jean Baudrillard: Der symbolische Tausch und der Tod. Org.: L'échange symbolique et la mort, Paris 1976; dt. München 1982, bes. S. 134 sowie Jean Baudrillard: Geschichte: Ein Retro-Scenario, in: Ders.: Kool Killer oder der Aufstand der Zeichen, Berlin 1978; Org. L'effet Beaubourg. Implosion et dissuasion, Paris 1977.

15 Vgl. Arnold Gehlen: Über kulturelle Kristallisation [1963], in: Wege aus der Moderne. Schlüsseltexte der Postmoderne-Diskussion, hrsg. von Wolfgang Welsch, Berlin 1994, S. 141.

16 Vgl. Odo Marquard: Zukunft braucht Herkunft. Philosophische Betrachtungen über Modernität und Menschlichkeit, in: Ders.: Zukunft braucht Herkunft. Philosophische Essays, Stuttgart 2003, S. 240.

17 Zukunftsinstitut GmbH/Andreas Giger/Matthias Horx/Werner Tiki Küstenmacher: Der Simplify-Trend. Die Revolte gegen das Zuviel. Neue Einfachheit und die Suche nach Lebensqualität in der Sinn-Gesellschaft, Frankfurt a.M. 2003, S. 72–73. In dieser Trendstudie wird der Retro-Konsum als Untertrend im Simplicity-Trend eingeordnet.

**RETRO-DESIGN.
ENDE DER GESCHICHTE?**
PETRA EISELE

4 Alessandro Mendini, »Poltrona di Proust« (Proust-Sessel), 1978
5 Beispiel frog design, Re-Design »Lufthansa«
6 Apples »iPhone« und der von Dieter Rams und Dietrich Lubs gestaltete Braun-Taschenrechner »ET 66«, 1976

Retro-Futurismus kann als Weiterentwicklung postmodernen Entwerfens verstanden werden, da jetzt gerade diejenigen narrativen Elemente in der Gestaltung technischer Produkte aufgegriffen werden, die »*das Neue alt und das Alte neu*« erscheinen lassen.[18] Intendiert sind technisch zukunftsweisende Produkte, die uns bekannt erscheinen und somit nicht nur Akzeptanz, sondern sogar eine besondere emotionale Vertrautheit erzeugen können.

1996 überarbeitete frog design beispielsweise Kabinen und Counter, Lounges und Terminals der Lufthansa AG im Sinne eines »Retro-Futurismus«, indem Wellblech für Trennwände und Check-in-Counter, aber auch für Kabinenrückwände und Verkleidungen an den Sitzen verwendet wurde, um auf das legendäre Junkers-Flugzeug aus der Pionierzeit der Luftfahrt, die »Ju 52«, anzuspielen – selbst die Griffe des neuen Bestecks sowie die Salz- und Pfefferstreuer wurden wellenförmig ausgebildet.[19] Um »corporate history« mit »corporate future« zu verbinden, blickte frog design »zurück nach vorn«, indem positiv Besetztes aus der Vergangenheit zitiert und mit Zukunftsantizipationen kombiniert wurde: »*Wir kombinieren die aerodynamische, elegante und inspirierende Erscheinung des modernen Flugzeugs mit der Benutzerfreundlichkeit, Flexibilität und digitalen Ästhetik des Cyberspace, mit denen die Piloten im Cockpit arbeiten – und mit denen die Passagiere täglich immer vertrauter wurden. Diese Positionierung nannten wir Retro-Futurismus.*«[20] (vgl. Abb. 5).

Abb. 5 / S. 144

Dass Retro-Futurismus inzwischen weitaus beiläufiger zur Anwendung kommt, verdeutlicht Apples iPhone. Für die Funktion des Taschenrechners adaptiert es einen Entwurf von Dieter Rams und Dietrich Lubs für Braun aus dem Jahr 1976, der gestalterisch modifiziert auf dem Interface des Mobiltelefons erscheint. So evoziert die Anordnung und Form der Tasten, die Typografie und Farbwahl zwar deutlich das historische Produkt aus den 1970er Jahren. Dennoch lässt das iPhone keinen Zweifel daran, dass es sich um ein vollkommen neues Produkt mit einer neuen und innovativen Technologie handelt, werden die nur optisch zur Anschauung gebrachten »Tasten« doch durch den Touchscreen bedient (vgl. Abb. 6). Hier geht es also keineswegs um eine originalgetreue Adaption oder gar rückwärtsgerichtete Verklärung der Vergangenheit, sondern um eine Hommage an gestalterische Vorbilder, um Anspielungen, die auf die Assoziationsfähigkeit und -freude einer designaffinen Käuferschicht abgestimmt sind – um ein kurzfristiges Spiel mit kulturellen Erinnerungen, das als eine Funktion unter zahlreichen anderen auf dem Interface des Mobiltelefons erscheint.

Abb. 6 / S. 144

---

18 Alex Buck, Christoph Herrmann und Dirk Lubkowitz haben in ihrem »Handbuch Trend Management« auf diese »narrativen Elemente« aufmerksam gemacht. Vgl. Alex Buck, Christoph Herrmann und Dirk Lubkowitz: Handbuch Trend Management, Frankfurt a.M., 1998, S. 102.

19 Kranich auf neuem Kurs. Lufthansa renoviert. Hartmut Esslinger, frog-Geschäftsführer, über Markenstrategie und Produktentwicklung, in: form spezial 2, 1998, S. 59.

20 Ebenda, S. 62; 65.

VINTAGE/HEIMWEH

Ganz im Gegensatz dazu steht Vintage[21] für eine nostalgische Sehnsucht nach einer »verlorenen« Zeit.[22] Ding geworden, materialisiert Vintage sozusagen subjektive Erinnerung innerhalb des kollektiven Gedächtnisses – macht das einzelne Ding zum authentischen Beleg von Geschichte. Hier, so könnte man annehmen, schließt sich jetzt der Kreis, hatte sich der Begriff »Retro« in den 1960er Jahren doch ursprünglich auf originelle Secondhand-Kleidung bezogen.

Zu berücksichtigen ist jedoch ein Aspekt, der mir höchst bedeutsam erscheint: Spätestens seit der Studie von Pierre Bourdieu ist bekannt, dass Gegenstände auch dazu dienen, bestimmte soziale Gruppen voneinander abzusetzen bzw. die Zugehörigkeit zu einer bestimmten gesellschaftlichen Klasse zu demonstrieren.[23] Bourdieu betont, Galerien und Luxushandel – also eben auch exklusive Geschäfte, die »Design« verkaufen – böten neue Gegenstandsbeziehungen an, indem sie Luxusgüter verkauften, die als Statusmerkmale einer bestimmten Gruppe anzusehen seien, zu der man selbst gehöre oder gehören wolle.[24]

Insbesondere seit den 1960er Jahren waren bestimmte Möbel von bestimmten Designern und Firmen zum Prestigeobjekt einer wohlhabenden und standesbewussten Bildungselite avanciert, die »modernes Design« als Distinktionsmittel einsetzte, um ihre Zugehörigkeit zu einer privilegierten Schicht zum Ausdruck zu bringen. Funktionaler Nutzen und sozialer Anspruch, wie er insbesondere in den 1920er Jahren oftmals mit einem Gegenstand verbunden worden war, wurden durch symbolischen Gebrauch ersetzt. Besonders beliebt waren in den 1960er Jahren Möbel von Charles und Ray Eames (Herman Miller, später Vitra) oder Möbel von Knoll International, entworfen etwa von Harry Bertoia oder Eero Saarinen. Aber auch der dänische Möbelhersteller Fritz Hansen (vor allem die Möbel von Arne Jacobsen) oder Braun-Geräte standen bei dieser designaffinen Elite hoch im Kurs – eine Tradition, die sich bis heute fortsetzt (vgl. Abb. 7 und 8).

Abb. 7 und 8 / S. 148

RETRO/BRAND

Mit den gesellschaftlichen und politischen Umbrüchen der späten 1980er Jahre und globaler Ökonomisierung radikalisierten sich Reflexionen über das »Ende

---

21 Ursprünglich bedeutete »vintage« Weinlese. Im allgemeinen Sprachgebrauch steht das Prinzip »Vintage« heute jedoch für »alt«, »selten« und »original«. Als Fanal für die Vintage-Welle gilt Julia Roberts' Auftritt bei der Oscar-Verleihung 2001 in einem Valentino-Kleid von 1982. Hier treffen Kennerschaft, Sammelleidenschaft und Nostalgie aufeinander. Vgl. Tom Friebe/Kathrin Passig: Das Prinzip Vintage, in: Berliner Zeitung (Berlin), 27. April 2006, S. 29.

22 Der Begriff »Nostalgie« bedeutete ursprünglich »Heimweh«. Er wurde 1678 von dem Genfer Arzt und Humanisten Johannes Hofer tatsächlich als Diagnose für »Heimweh« eingeführt. Er leitet sich ab aus den altgriechischen Lehnbegriffen »nostos« (Heimkehr) und »algos« (Schmerz). Heute wird »Nostalgie« weniger als Heimweh denn als »Rückweh« aufgefasst in dem Sinne, dass sich »Nostalgiker« nach einer idealisierten »guten alten Zeit« sehnen. Vgl. exemplarisch Volker Fischer: Nostalgie. Geschichte und Kultur als Trödelmarkt, Frankfurt a.M. 1981, S. 9 sowie Stanislaus von Moos: Chalets und Gegenchalets. Über Nostalgie, Design und Identität in der Schweiz, in: Ders.: Nicht Disneyland. Und andere Aufsätze über Modernität und Nostalgie, Zürich 2004, S. 20.

23 Bereits 1899 hat Thorstein Veblen in seiner Gesellschaftskritik »Theorie der feinen Leute« als Charakteristikum der neu entstandenen Konsumgesellschaft festgestellt, es werde immer zentraler, die »richtige« Art und Menge an Gütern zu konsumieren, die über den reinen Nützlichkeitssinn hinausgehen, um mittels demonstrativem Konsum einen möglichst hohen gesellschaftlichen Status zu symbolisieren. Ende der 1970er Jahre aktualisierte Pierre Bourdieu in seiner Publikation »Die feinen Unterschiede. Kritik der gesellschaftlichen Urteilskraft« die Frage nach symbolischen Formen und belegte anhand zahlreicher Studien, dass die Durchsetzung eines bestimmten neuen Geschmacks oder Lebensstils – der sogenannte Distinktionsgewinn – dazu dient, bestimmte soziale Gruppen oder gesellschaftliche Klassen voneinander abzusetzen bzw. die Zugehörigkeit zu einer bestimmten sozialen Gruppe oder gesellschaftlichen Klasse zu demonstrieren. Vgl. Pierre Bourdieu: La distinction. Critique sociale du jugement, Paris 1979; Dt.: Die feinen Unterschiede. Kritik der gesellschaftlichen Urteilskraft, Frankfurt a.M. 1982.

24 Ebenda, S. 426–427.

der Geschichte«. In Anlehnung an Arnold Gehlen diagnostizierte Francis Fukuyama einen posthistoristischen Bewusstseinszustand, der nicht mehr anfällig sei für große internationale Konflikte. Der neue politische und ökonomische Liberalismus erhalte seinen Ausdruck durch eine spezifische Copyright-Identity eines Sony-, Mitsubishi- oder Toyota-Patriotismus, der sich ideell in nichts unterscheide vom Mercedes- und Siemens-Patriotismus der Deutschen oder dem Coca-Cola- und McDonald's-Patriotismus der Amerikaner. Fukuyama geht davon aus, dass das Ende der Geschichte eine traurige Zeit werde, in der jeglicher Idealismus und abstrakte Ziele weggeschliffen seien, Philosophie und Kunst verschwunden seien und gerade noch die museale Hege und Pflege der Geschichte übrig bleibe.[25]

In diesem Sinne bietet Manufactum »Gutes aus Klöstern«, das teilweise gar nicht per Internet, sondern nur schriftlich oder telefonisch bestellt werden darf.[26] Und im Hauptkatalog erfahren wir, dass es die »guten Dinge« noch gibt.[27] Falls sie tatsächlich vom Markt verschwunden waren, legt Manufactum diese wieder auf. Zudem bietet das Waltroper Unternehmen umfangreiche Detailinformationen zu traditionellen Materialien und originalen Herstellungsverfahren, die weit über allgemeine Produktinformationen hinausreichen. Gerade damit gibt es jedoch Gelegenheit zur Aneignung eines speziellen Wissens über qualitätvolle Produkte, um ganz im Sinne Bourdieus Qualität der eigenen Person ausbilden und demonstrieren zu können.

Zudem kapern Modemarken neuerdings mit Vorliebe Geschichte, um ihren Käufern »heritage« – einen in Tradition und Herkunft verwurzelten Lebensstil – als Mehrwert anzubieten, der mit dem Kleidungsstück gleich mit erworben werden kann. Während Ralph Lauren, der selbst in der New Yorker Bronx aufgewachsen ist, mit dunkel lasierten Regalen, grünen Glaslampen und Büchern die Welt der weißen amerikanischen Ostküstenelite verkauft, wird bei Fred Perry die authentische Geschichte des Firmengründers, der in den 1930er Jahren aus der englischen Arbeiterklasse zum Tennisstar und Hollywood-Playboy avancierte, gleich mit verkauft. So zielt ein globales Marketing nun darauf ab, ein einheitliches Produkt mit möglichst konsistenten Werten, Ideen und Lebensstilen in möglichst alle Länder zu verkaufen und globale Erinnerungswelten in unserem kulturellen Gedächtnisspeicher zu schaffen.[28]

Im Gegenzug eröffnen »Adbusters« als Paradigma eines ästhetischen Gegen-Gedächtnisses auch mehr und mehr »inoffizielle Diskurse«, indem sie Markenbot-

---

25 Francis Fukuyama: The End of History? In: The National Interest, Nr. 16, 1989.
26 So etwa im Falle der Florentiner »Officina Profumo Farmaceutica di Santa Maria Novella«, die über »Manufactum« spezielle Körperpflegeprodukte wie eine rein pflanzliche Seifencreme »mit dem Duft der guten alten Zeit« vertreibt. Vgl. »Gutes aus Klöstern. Manufactum-Katalog 2009/2010«, S. 8. Zu »Manufactum« vgl. ferner: Petra Eisele: Handmade. Autorschaft im Verhältnis von Hand, Technik und Design, in: Züricher Jahrbuch der Künste, hrsg. von Carina Caduff und Tan Wälchli (Zürich), 2007, S. 166–179.
27 Der Claim lautet: »Es gibt sie noch, die guten Dinge«.
28 Vgl. Petra Eisele: Globale Identität in Marketing und Werbung, in: Global Design, hrsg. von Angeli Sachs. Kat. Museum für Gestaltung Zürich, Baden 2010, S. 208–209.

**RETRO-DESIGN.
ENDE DER GESCHICHTE?**
PETRA EISELE

7 Privates Wohnzimmer mit Designklassikern (u.a. Sofas von Florence Knoll und Eero Saarinen, »Ball Chair« von Eero Arnio und »Mezzadro« von Achille, Pier Giacomo und Livio Castiglioni), aus der Zeitschrift A&W, 05/2008

8 »Mies für Mußestunden: In der Bibliothek stellte Marie Christophe das Daybed von Mies van der Rohe. Die Einbauten aus Eichenholz ließ der Vorbesitzer des Hauses vornehmen, der schwarze Stuhl ist ein Arne Jacobsen-Klassiker. Der blaue Teppich ›Tulut‹ aus dem Iran ist antik und ein besonders seltenes Exemplar.«, aus der Zeitschrift A&W, 05/2008

9 »Work – Buy – Consume – Die«

10 Stefano Marzano: »The house of the future will look more like the house of the past than the house of today«.

schaften, die sich in unser Gedächtnis eingebrannt haben, mehr oder weniger subtil verändern (vgl. Abb. 9). Hier wird der Abgleich mit dem kollektiv Erinnerten also bewusst genutzt, um aus dem Unterschied zwischen Erinnertem und Verfremdetem individuelle Erkenntnis und konsumkritisches Handeln ableiten zu können.

Abb. 9 / S. 148

Insofern schließt sich hier der Kreis. Im Kommunikationsdesign wird es heute und mehr noch in Zukunft darum gehen müssen, diese Bilder- und Assoziationswelten eines globalen Marketings mit gestalterischen Mitteln zu reflektieren, um eine kritische Distanz erzeugen und neuen Sinn gestalten zu können. Im Produktdesign weist »Retro-Futurismus« sicherlich einen Weg aus der rückwärtsgerichteten Sackgasse – durch technisch zukunftsweisende Produkte, die mit narrativen und vertrauten Elementen Akzeptanz erzeugen. Trendstudien gehen sogar davon aus, dass die immer selbstverständlicher werdende Einbettung smarter Technologien in unseren Alltag (»ambient technology«) technische Geräte mehr und mehr verdrängen und sich das Haus der Zukunft entsprechend stark dem Haus der Vergangenheit angleichen wird (vgl. Abb. 10).

Abb. 10 / S. 148

VOM STYLING ZUM STYLE

152

DIGITALISIERUNG
DISZIPLIN
ETHIK & MORAL
GESCHICHTE
GESELLSCHAFT
GLOBALISIERUNG
INNOVATION & STRATEGIEN
KOMMUNIKATION
KUNST & KULTUR
ÖKOLOGIE
ÖKONOMIE
TECHNOLOGIE
THEORIE
WISSENSCHAFT & FORSCHUNG
ZUKUNFT

ELKE GAUGELE

VOM STYLING ZUM STYLE

Am Begriff des Styling lässt sich nachzeichnen, wie Design in der US-amerikanischen Produktgestaltung seit den 1930er Jahren gezielt zur Förderung von Wettbewerb und Absatzmärkten forciert wurde. Der Warenkonsum sollte durch den beschleunigten Wandel von Produktoberflächen und -verkleidungen gesteigert werden. Diese Entwicklung, in deren Verlauf der »Stil-Designer« für die industrielle Massenproduktion zeitweilig wichtiger war als der technische Ingenieur, begann Ende der 1920er Jahre, als man versuchte, die »Große Depression« in den USA durch Gewinne zu überwinden, die aus den veränderten Erscheinungsbildern von Produkten erzielt werden sollten.[1] Parallel zur Etablierung des Berufsbildes des Industrial Designers fasste »Styling« die Aufgaben des Designs als Produktion von Zeichen auf, die sowohl in Form einer gezielten Transformation von Oberflächen als auch durch intensivierte Kommunikation von Produkten erstellt werden sollten.[2] Styling zielt demnach auf die Produktion eines strukturalen Mehrwerts: Waren als Zeichen zirkulieren zu lassen, um dadurch einen neuen Tauschwert zu erzielen, der sich vom Gebrauchswert der Objekte löst.[3] So gesehen wandte sich Styling gegen das traditionelle Industriedesign, das Konstruktion und Funktion zu einer nahezu emblematischen und verbindlichen Größe entwickelt hatte.[4] Technische Produkte wurden nun innerhalb immer kürzerer Zyklen produziert und durch die Variationen und das Styling ihrer Hüllen, Gehäuse und Oberflächen stärker in das System der Mode integriert. Ein Beispiel hierfür ist die 1928 von Walter Dorwin Teague in den Farben und Mustern der aktuellen Damenmode gestaltete Kamera »Kodak Vanity« (vgl. Abb. 1).

Abb. 1 / S. 154

Die sogenannten Big Four dieses neuen Design- und Berufsverständnisses als Industrial Designer, das mit »Formgestalter« ins Deutsche übersetzt wurde, waren Raymond Loewy, Henry Dreyfuss, Walter Dorwin Teague und Norman Bel Geddes.[5] *»Die Marktsättigung stand vor der Tür, die Konkurrenz wurde scharf, gute Formgestaltung konnte den Absatz verbessern«*, schrieb Raymond Loewy. Sein »Most Advanced Yet Acceptable Principle« (MAYA) prägte – als Balance zwischen fortschrittlichem Entwurf und Akzeptanz durch die Käufer – nicht nur das Streamlining US-amerikanischer Produkte und deren Gewinnkurven, sondern floss auch in Loewys Corporate Designs für Konzerne wie Greyhound, Shell, BP, Lucky Strike, Coca-Cola und Spar ein.[6] Loewy sah es nicht nur als Aufgabe des Designers an, den Geschmack der Kunden

---

1 John A. Walker: Designgeschichte. Perspektiven einer wissenschaftlichen Disziplin, München 1992, S. 188; Mateo Kries: Stromlinien-Design, in: Wörterbuch Design. Begriffliche Perspektiven des Design, hrsg. von Michael Erlhoff und Tim Marshall, Basel/Boston/Berlin 2008, S. 384.
2 Vgl. Melanie Kurz: »Styling«, in: Erlhoff/Marshall (Anm. 1), S. 386; Raymond Loewy: Hässlichkeit verkauft sich schlecht. Die Erlebnisse des erfolgreichsten Formgestalters unserer Zeit, Düsseldorf 1953.
3 Jean Baudrillard: Der symbolische Tausch und der Tod, München 1993, S. 56.
4 Stiftung Design-Sammlung Schriefers. Produktgestaltung im 20. Jahrhundert, hrsg. von Gerda Breuer und Kerstin Plüm, Köln 1997, S. 111.
5 Kries (Anm. 1), S. 384; Loewy (Anm. 2).
6 Loewy (Anm. 2), S. 59 f.; zu MAYA siehe ebd., S. 191. Zentraler Punkt von Loewys Denken ist die »Rangerhöhung« der Produkte durch den kundigen Industriegestalter, der über eine genaue Kenntnis verfügen sollte, welches Bild sich der Verbraucher von einem schönen Gerät formt. Alle ungünstigen Formen, die dem Geschmack des Käufers nicht entsprechen könnten, sollten durch ansprechende Formen ersetzt werden, so dass nicht die Vor- und Nachteile des Produktes, sondern der Geschmack des Kunden im Vordergrund stand.

VOM STYLING ZUM STYLE
ELKE GAUGELE

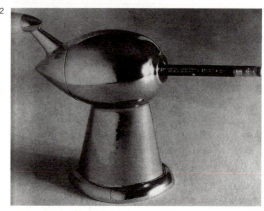

1 Walter Dorwin Teague: Kodak Vanity, 1928. Chromverziertes Gehäuse in den Farben der damals aktuellen Damenmode. Im Vergleich dazu Farbvariationen des Apple ipod.
2 Raymond Loewy: Bleistiftanspitzer, 1933
3 Wallace Merle Byam: Airstream Clipper, 1936
4 Logo des »Good Design« Award, von Edgar Kaufmann Jr. 1950 eingeführt

zu steuern, sondern der Designer sollte auch durch gestalterische »Rangerhöhung« erschwinglichen Produkten eine Anmutung von Außergewöhnlichkeit und Prestige verleihen.[7]

Als Kennzeichen des Stylings gilt, dass bereits existierende Formelemente auf viele unterschiedliche Bereiche der Produktgestaltung appliziert wurden, ohne dass technische Funktionen weiterentwickelt worden wären.[8] In diesem Sinne übertrugen Designer wie Raymond Loewy[9] die Stromlinienform ihrer Lokomotiven und Automobile auch auf Produktgruppen, deren Funktionstüchtigkeit nicht im Windkanal erhöht werden muss, wie Kühlschränke, Toaster, Staubsauger, Geschirr und Bürogeräte oder gar Bleistiftanspitzer (vgl. Abb. 2). Als »American Way of Life« und neuer Lifestyle, der Dynamik, Fortschritt und Freiheit symbolisierte, avancierte die Stromlinienform schließlich zum US-amerikanischen Nationalstil (vgl. Abb. 3).[10]

Abb. 2 / S. 154

Abb. 3 / S. 154

Vernichtende Kritik erntete sie jedoch von Edgar Kaufmann Jr., der seit 1946 als Direktor der Designabteilung des New Yorker Museum of Modern Art vorstand: »Streamlining is not good design«.[11] Produkte wie Klebebandabroller waren für Kaufmann ein zu naives Echo des Streamlining. Als engagierter Vertreter der »Moderne« tadelte er einen bloß ökonomisch gesteuerten Stilwandel, der die Dinge bereits nach einer Saison »out-of-date« erscheinen lasse und im Design nur Oberflächlichkeiten und die Zerstörung zentraler Werte und Funktionen befördere.[12] Doch während Kaufmann in den USA das nationale Programm für »Good Design« initiierte, erfuhr das Phänomen des Stylings in den 1950er Jahren seinen zweiten Höhepunkt. Mit dem Export US-amerikanischer Waren in das Europa der Nachkriegszeit wurde es zu einem der ersten weltweiten modischen Trends. Als zentraler Indikator hierfür gilt die Automobilindustrie mit den amerikanischen Dream- und Muscle-Cars der 1950er und 1960er Jahre, deren Modellvariationen sich über Styling gestalteten und nicht durch technische Weiterentwicklungen.[13]

STYLING UND GUTE FORM – DIALEKTISCHE ANTITHESEN

Im Übergang zu den 1950er Jahren entwickelt sich der Stylingbegriff von einem zunächst positiven und mit Erfolg assoziierten Terminus zu einer negativen Setzung, aus deren Abwertung sich der Mehrwert des amerikanischen »Good Design« genauso wie der europäischen »Guten Form« ableitet. Als dialektische Antithese des »Guten Designs« wird Styling zur Gestaltungsquacksalberei, zum modischen Firlefanz, zur Kosmetik oder Attrappenform und damit zum Ausdruck schlechten

---

7 Loewys »Never leave well enough alone« (1951) erreichte eine hohe Auflage und feierte in den darauffolgenden Jahren auch auf dem europäischen Kontinent in den übersetzten Versionen einen großen Erfolg mit angeblich 15 000 verkauften Exemplaren in sechs Monaten. In Deutschland stieß es jedoch auf harsche Kritik. Da es einen vermeintlich unfunktionalen Stromlinienstil verkörperte, wurde es zum Feindbild deutscher Designer.

8 Vgl. Kurz (Anm. 2), S. 386.

9 Zu Loewy vgl. auch Angela Schönberger: Raymond Loewy, München 1990.

10 Kries (Anm. 1), S. 385; Bazon Brock: Stilwandel als Kulturtechnik, Kampfprinzip, Systemstrategie, in: Stilwandel als Kulturtechnik, Kampfprinzip, Lebensform oder Systemstrategie in Werbung, Design, Architektur, Mode, hrsg. von Bazon Brock, Hans Ulrich Reck und dem IDZ Berlin, Köln, 1986, S. 9–15. Zur Geschichte der Stromlinienform – auch in Europa – vgl. Stromlinienform, hrsg. von Claude Lichtenstein und Franz Engler. Kat. Museum für Gestaltung Zürich, Zürich 1992.

11 Edgar Kaufmann Jr.: What Is Modern Design? New York 1950, S. 9; online unter url.: http://www.questia.com/PM.qst?a=o&d =4092357 (15.05.2010).

12 Ebenda, S. 8.

13 Walker (Anm. 1), S. 188 f.

Geschmacks erklärt.[14] Auch Max Bill greift auf diese binäre Logik zurück, um einen Widerspruch zwischen »Formgebung« und Gestaltung zu konstruieren – als Opposition, aus der er seine eigene Definition der »guten Form« gewinnt.[15]

Es gebe, so Bill, zwei Wege, ein Produkt zu verschönern: der erste sei durch »kosmetische«, rein äußerliche Veränderungen, mit der die eigentlichen Funktionen des Produktes nicht berücksichtigt und lediglich eine gefälligere modische Form erzeugt würde. Der zweite und nach Bills tiefster Überzeugung einzig richtige Weg dagegen sei es, ein Produkt so zu gestalten, dass es alle Zwecke, für die es geschaffen sei, erfülle und gleichzeitig allen ästhetischen Ansprüchen genüge.[16] Die hier formulierte Verbindung von Ästhetik und Funktion bezieht sich im Besonderen auch auf die Dauerhaftigkeit und Langlebigkeit der »Guten Form«. Wandel und Konstanz – hier als unvereinbare Positionen ins Feld geführt – sind aus der Perspektive der ästhetischen Theorie jedoch beide konstitutive Bestandteile einer Ästhetik der Moderne.

Als Meilenstein dieses Verständnisses von Modernität, das sowohl das Vergängliche wie auch das Ewige als Teile von Modernität definiert, gilt Charles Baudelaires Essay »Le peintre de la vie moderne« (1860). Modernität ist Baudelaire zufolge »das Vergängliche, das Flüchtige, das Zufällige, die eine Hälfte der Kunst, deren andere Hälfte das Ewige und Unverwandelbare ist.«[17]

GOOD DESIGN MEETS GUTE FORM

Bereits in den 1930er Jahren hatten Max de Pree und Gilbert Rohde in den USA für »good design« als Verbindung zwischen moralischen, funktionalen und ästhetischen Aspekten plädiert: »*We came to believe (...) that good design improves quality and reduces cost because it achieves long life, which makes for repeatable manufacturing. By good design, I mean design that is simple and honest. Materials should be used properly (...). Things should look like what they are, with no fakery...*«.[18] 1950 fand auf Bestreben Kaufmanns die erste einer Reihe von Ausstellungen des nationalen »Good Design«-Programms statt, die bis 1955 im jährlichen Rhythmus präsentiert wurden (vgl. Abb. 4).

Abb. 4 / S. 154

In Verlängerung von Kaufmanns Diktum »Modern Design is a part of a democratic life«[19] wurde die Wanderausstellung »Industrie und Handwerk schaffen neues Hausgerät in den USA« (1950) im März 1951 auch in der amerikanischen Besatzungszone in Stuttgart im Landesgewerbeamt gezeigt, wo sie auf große Resonanz

---

14 Peter Erni: Die gute Form. Eine Aktion des Schweizerischen Werkbundes. Dokumentation und Interpretationen, Baden 1983, S. 56.
15 Max Bill: Die gute Form. 6 Jahre Auszeichnung »Die gute Form« an der Schweizer Mustermesse in Basel, hrsg. von der Schweizer Mustermesse in Basel und vom Zentralvorstand des Schweizerischen Werkbundes SWB, Winterthur 1957, S. 16.
16 Ebenda.
17 Charles Baudelaire: Der Maler des modernen Lebens, in: Ders.: Aufsätze zur Literatur und Kunst 1857–1860 (= Charles Baudelaire. Sämtliche Werke/Briefe, Bd. 5, hrsg. von Friedhelm Kemp und Claude Pichois, München 1989, S. 213–258, S. 225.
18 Am MoMA initiierte Kaufmann schon vor den großen Ausstellungen Wettbewerbe, um neue Produkte im Sinne des »Good Design« zu befördern: Textildruck (1946), »low-cost« Möbel (1948) und Beleuchtung (1950); De Pree, zit. n. Modern Consciousness. D. J. De Pree, Florence Knoll. Published for the National Collection of Fine Arts by the Smithsonian Institution Press. City of Washington 1975, S. 8. Ich danke an dieser Stelle Petra Eisele für ihre Unterstützung durch die großzügige Überlassung eines Manuskripts mit vielen Originalzitaten.
19 Kaufmann (Anm. 11), S. 8.

stieß. Denn auch im Europa der Nachkriegszeit verdichtete sich der Leitdiskurs im Design auf die normative Idee einer objektiv bestimmbaren »Guten Form«. Als Grundlage für »Die gute Form« gilt hier Max Bills Vortrag zum Thema »Schönheit aus Funktion und als Funktion«, den er 1948 bei einer Tagung des Schweizerischen Werkbundes gehalten hatte.[20]

Mit seiner programmatischen Haltung, alles, von der Stecknadel bis zur Hauseinrichtung, »*im Sinne einer Schönheit, die aus der Funktion heraus entwickelt ist und durch ihre Schönheit eine eigene Funktion erfüllt*«[21] zu gestalten, gelang es dem Schweizer Architekten, Designer, Künstler und ehemaligen »Bauhäusler« tatsächlich, den Werkbund der Nachkriegszeit hinter sich zu scharen. Als Bill seine Entwurfsvorstellungen im Auftrag des Schweizer Werkbundes im Mai 1949 auf der Schweizer Mustermesse in Basel als Ausstellung »Die gute Form« präsentierte, sah Henry van de Velde darin gar seinen langgehegten Plan eines Museums der »reinen Form« aufleuchten.[22] Umgekehrt bezog sich auch Bill auf van de Veldes Begriff der »vernunftgemäßen Schönheit« von 1913 und erklärte diese zum Signum, unter dem die Produktion von heute und morgen zu betrachten sei.[23]

Fast zeitgleich wurde die Fotoausstellung »Die Gute Form« auch als postnationalsozialistische, programmatische Erklärung des Deutschen Werkbunds auf dessen erster Nachkriegsschau »Neues Wohnen« in Köln gezeigt und tourte anschließend durch zahlreiche Städte in der Schweiz, Österreich und Holland.[24]

Ihre volle Wirkung entfaltete die »Gute Form« in der BRD in den 1960er Jahren, nach der Gründung des Rat für Formgebung 1953, der die Implementierung von Design als Kultur- und Wirtschaftsfaktor unterstützte, indem Designwettbewerbe durchgeführt und Preise für die »Gute Form« vergeben wurden.[25] Die Auszeichnung war nun ein Label und eine neue Währung, die die internationale Wettbewerbsfähigkeit nationaler Unternehmen befördern sollten.[26] (vgl. Abb. 5 und 6)

Abb. 5 und 6 / S. 158

Die idealtypische bundesdeutsche »Gute Form« lässt sich daher rückblickend so beschreiben: rechteckig, formneutral, zurückhaltend in der Erscheinung, funktional im Gebrauch, sachlich, zuverlässig, technisch präzise.[27] Die Auszeichnung

---

20 Max Bill: Schönheit aus Funktion und als Funktion. Vortrag gehalten an der SWB Tagung in Basel 1948, publiziert in: Werk. Schweizer Monatszeitschrift für Architektur, Kunst und künstlerisches Gewerbe. Sonderdruck »Die gute Form«, 1949. Nachdruck in: Max Bill. Funktion und Funktionalismus. Schriften: 1945–1988, hrsg. von Jacob Bill, Bern/Sulgen 2008.

21 Bill (Anm. 20), zit. nach Erni (Anm. 14), S. 139.

22 Erni (Anm. 14), S. 103.

23 Bill (Anm. 20), zit. nach: Erni (Anm. 14), S. 139. Dabei verweist Max Bill auf Henry van de Velde: Die drei Sünden wider die Schönheit, Zürich 1918.

24 Aus der Ausstellung »Die Gute Form« ging 1952 Bills Publikation »Form. Eine Bilanz über die Formentwicklung um die Mitte des XX. Jahrhunderts« hervor. Diese geht von den universellen Merkmalen der Form und ihren Gesetzen aus, die in der Natur ebenso vorkommen wie in der Wissenschaft, auf dem Gebiet der Kunst und der Gebrauchsgüter (inklusive der Architektur). Mit der Übersetzung der »Guten Form« als »Good Design« wurden 1957/58/59 die Ausstellungen »Good Design in Switzerland« in USA und Kanada gezeigt. So kommt es international zu einer Vermischung von »Good Design« und »Guter Form«, vgl. Erni (1983), S. 18.

25 vgl. Erni (Anm. 14), S. 19 ff. In der Schweiz wurde die Auszeichnung »Gute Form« von der Jury des Schweizerischen Werkbundes von 1952 bis 1969 jährlich vergeben und 1953 als Markenzeichen eingetragen. Eine »Photokartothek« dokumentiert die jeweilige Auswahl »guter Formen«. Sie wird laufend ergänzt und 1953 als Markenzeichen ins Schweizerische Markenregister eingetragen.

26 In der BRD waren viele Produktprämierungen mit der Firma Braun und den Namen von Hans Gugelot und dem späteren Braun-Chefdesigner Dieter Rams verbunden.

27 Uta Brandes: Gute Form, in: Erlhoff/Marshall (Anm. 1), S. 184–186, S. 185.

VOM STYLING ZUM STYLE
ELKE GAUGELE

5 Hans Gugelot / Dieter Rams / Herbert Lindinger: SK 4, Radio-Phono-Kombination von Braun, bekannt als »Schneewittchensarg«, 1956
6 Dieter Rams: Weltempfänger T 1000 von Braun, 1963
7 »Becoming Punk«: Kiriyama und Kiyama (17), Tokyo 2004/05

sollte den ästhetischen Distinktionssinn und Geschmack der KonsumentInnen befördern, die nun eine »objektive« Distanz zu den vielen Massenprodukten einnehmen und zwischen »guter« und »schlechter« Form bewerten sollten.[28] Als dezidiert schlechte Form galten beispielsweise der Neoklassizismus, Landhausstil, Futurismus oder auch der »Gelsenkirchener Barock«.[29]

Zu Bills »Sechs Richtlinien für die Gute Form« gehörten:

1. Der Gegenstand als Produkt, das vom Menschen von Hand oder mit technischen Hilfsmitteln oder als Massenprodukt hergestellt wird.
2. Zweckmäßigkeit: Der Gegenstand soll auf bestmögliche Weise alle Zwecke erfüllen, für die er geschaffen wurde
3. Gebrauchswert
4. Formentsprechung von Zweck und Material
5. Ästhetische Einheit als harmonisches Ganzes und ästhetisch einwandfreier Gesamteindruck
6. Kulturgut = Die gute Form als Auszeichnung für einen Gegenstand, der über die reine Zweckerfüllung hinausreicht.[30]

Als prolongierte Idee der Klassischen Moderne waren sie deshalb so erfolgreich, weil sie eine Synthese eines weiten Spektrums klassischer Anliegen der Designreform bildeten. Bills Vision richtet sich sowohl auf das Industrieprodukt als auch auf den handwerklich erzeugten Gegenstand.[31] In einem historischen Moment, in dem die industrielle Massenproduktion der Nachkriegszeit das »Design« endgültig als seriell Reproduziertes etabliert, rekurriert »Die gute Form« auf die Tradition des ästhetischen Idealismus. Ästhetische, funktionale und moralisch-pädagogische Vorstellungen werden unter der Prämisse vereinigt, eine vollkommene Zweckerfüllung führe zur vollkommenen Schönheit und sei »gut«. Aktiviert werden zum einen Kategorien, die Johann Wolfgang Goethe bereits 1789 in seinem Aufsatz »Einfache Nachahmung der Natur, Manier, Stil« zusammengeführt hat.[32] Stil war bereits hier zum Synonym für eine künstlerisch-gestalterische Objektivität geworden, bei der es – als essentialistische Position – darum ging, das »Wesen der Dinge« zu erkennen.[33]

Als dialektische Antithese zur Oberflächlichkeit des Stylings rekurriert Bill auf den ästhetischen Idealismus des Naturschönen, der in den industriellen Massen- und Designprodukten in ihrer »eigenen natürlichen und schönen Gestalt«[34] zum Ausdruck kommen sollte. So gesehen greift »Die gute Form« auch auf die Hegel-

---

28 Pierre Bourdieu: Die feinen Unterschiede. Kritik der gesellschaftlichen Urteilskraft, Frankfurt a.M. 1987, S. 104.
29 René Spitz: hfg ulm. Der Blick hinter den Vordergrund. Die politische Geschichte der Hochschule für Gestaltung 1953–1968, Stuttgart 2002, S. 14.
30 Bill (Anm. 15), S. 37 f.
31 Vgl. Stanislaus von Moos: Schönheit als Funktion. Anmerkungen zu Max Bill, in: Wege zur »Guten Form«. Neun Beiträge zur Geschichte der Schweizer Produktgestaltung, hrsg. von Arthur Rüegg und Ruggereo Tropeano (Reprint der Zeitschrift Rassegna, Jg. XV/1962 – 1965/II) Basel 1995, S. 70–71.
32 Goethe zufolge »... ruht der Stil auf den tiefsten Grundfesten der Erkenntnis, auf dem Wesen der Dinge, insofern uns erlaubt ist, es in sichtbaren und greiflichen Gestalten zu erkennen.« Johann Wolfgang von Goethe: Einfache Nachahmung der Natur, Manier, Stil, in: Teutscher Merkur (Weimar), Februar 1789. Online-url. http://www.textlog.de/41480.html (10.05.2010).
33 Ebenda.
34 Bill (Anm. 16), S. 16.

sche Dialektik von Inhalt und Form zurück, die dieser zufolge ihre Synthese nur in der vollständigen Vermittlung »*der Bedeutung des Inneren und ihrer Gestaltung im Äußeren und Erscheinenden*« findet.[35]

»RESISTANCE THROUGH STYLE«?

Indem der Begriff des Style den Bedeutungsgehalt von Gegenständen und damit erneut deren Zeichencharakter ins Zentrum stellt, markiert er demgegenüber einen gewaltigen Bruch. Mit diesem Perspektivwechsel in Richtung Postmoderne wird auch das Konzept eines objektivierenden, normativen Stilgedankens obsolet. Maßgeblich prägend für eine postmoderne ästhetische »Theorie des Style« wirkte das 1964 von Richard Hoggart und Stuart Hall in Birmingham gegründete Centre for Contemporary Cultural Studies (CCCS). Seit Mitte der 1960er Jahre wurden hier Jugend-, Sub- und Popularkulturen mit (post)strukturalistischen, (post)marxistischen und ethnografisch-soziologischen Ansätzen erforscht und 1975 in dem von Stuart Hall und Toni Jefferson herausgegebenen programmatischen Band »Resistance through rituals« zusammengeführt.[36] Die Hauptfunktion des subkulturellen Style besteht darin, durch gemeinsame symbolische Objekte eine Homologie innerhalb der Gruppe zu schaffen, um sich gegenüber anderen abzugrenzen.[37] Mit der »Theorie des Style« werden Jugendsubkulturen zum zentralen Subjekt des politischen Widerstands.[38] Style ist ein Konzept des strategischen (klassen)politischen Widerstands, eines »Resistance through Style«, der als ein Proteststil mit allen Mitteln des »schlechten Geschmacks« gegen konventionelle Schönheitsvorstellungen und Regeln rebelliert.

Dieser Perspektivwechsel eröffnete in den 1980er Jahren auch im deutschen Design ein neues Diskursfeld, das Stilwandel nun als »Kulturtechnik, Kampftechnik oder Systemstrategie« diskutiert.[39] »Stil ist also Widerstand« schreibt Bazon Brock 1986 und erteilt den Verfechtern einer Hochkultur, die es durch Design zu befördern gelte, eine konkrete Absage.[40]

Die zentralen Eckpunkte einer »Theorie des Style« entwarfen John Clarke, Dick Hebdige und Paul Willis als Vertreter der Cultural Studies in den 1970er Jahren anhand eines breiten Spektrums von Jugendszenen, das vom Edwardian Look über die Mods, Hippies, Reggae, Rocker, Skinheads bis hin zum Punk reicht. Das Subkulturkonzept fußte zum einen auf postmarxistischen Ansätzen wie der Ideologietheorie nach Louis Althusser und der Hegemonietheorie nach Antonio Gramsci.[41]

---

35 Hegel Ästh. 578, 577, zit. nach Rainer Rosenberg / Wolfgang Brückle / Hans Georg Soeffner / Jürgen Raab: Stil, in: Ästhetische Grundbegriffe. Historisches Wörterbuch in sieben Bänden, hrsg. von Karlheinz Barck u.a. Bd. 5, Stuttgart / Weimar 2000, S. 654.
36 Resistance through rituals. Youth subcultures in post-war Britain (Working Papers in Cultural Studies 7/8), hrsg. von Stuart Hall und Toni Jefferson, Birmingham 1975 / London 1993.
37 John Clarke: Style, in: Hall / Jefferson (Anm. 36). S. 175-191. Clarke verweist hier darauf, dass Paul Willis das Konzept der Homologie Lévi-Strauss' auf Subkulturen übertragen hat: als symbolische Stimmigkeit zwischen den Werten und dem Lebensstil einer Gruppe sowie zwischen den subjektiven Erfahrungen und den Musikformen.
38 Oliver Marchart: Cultural Studies, Konstanz 2008, S. 99.
39 Brock / Reck / IDZ Berlin (Anm. 10).
40 Bazon Brock / Hans Ulrich Reck: Stilwandel als Kulturtechnik – Differenz gegen Indifferenz, in: Brock / Reck / IDZ Berlin (Anm. 10), S. 15-20, S. 16 f.
41 Marchart (Anm. 38), S. 104; vgl. auch: Louis Althusser: Ideologie und ideologische Staatsapparate. Aufsätze zur marxistischen Theorie, Hamburg 1977; Antonio Gramsci: Philospohie der Praxis, Frankfurt a.M. 1967.

Weitere wichtige theoretische Hintergründe lieferten die Rezeption des strukturalistischen Anthropologen Claude Levi-Strauss, des Poststrukturalisten Roland Barthes mit seinem Buch zur »Sprache der Mode« sowie des Semiotikers Umberto Eco, der die Idee der »semiologischen Guerilla« in die kulturkritische Debatte eingebracht hatte.[42] Da diese Ansätze maßgeblich die Umcodierung von Zeichen bzw. von Konsumobjekten und deren Bedeutungen im Blick hatten, eröffneten sie auch neue Perspektiven auf Stil und Gestaltung.

Nun waren es bereits existierende Zeichenbedeutungen und Konsumgüter, die zum neuen Rohmaterial der Gestaltung avancierten. Im Sinne einer oppositionellen Bedeutungsverschiebung wurden nun über deren Umgestaltung und deren kreativen Gebrauch disqualifizierte Lebensstile aufgewertet oder Klassenkonflikte visualisiert.[43] Dieses neue, auf kritischem Konsum basierende Konzept der »Stilschöpfung« stützt sich auf das Konzept der »bricolage«, das nun »Bastelei, Neuordnung und Rekontextualisierung« von Waren bedeutete.[44] Während Paul Willis an diesem Punkt lediglich von »symbolischer Kreativität« spricht, entwickeln John Clarke und Dick Hebdige bezüglich des widerständigen Potentials subkultureller Stile einen weitaus stärkeren Optimismus.[45] Hebdiges »Subculture. The Meaning of Style« (1975) wurde zum Standardwerk der Pop-Semiotik und zum meistverkauften Buch der Cultural Studies überhaupt. Die hier gestellte Frage »Stil ist Kultur. Aber ist Stil auch Kunst?«[46] liefert Ansätze für einen transdisziplinären, popkulturellen Gestaltungsbegriff, denn hier überlagern sich die Felder von Kultur, Kunst und Design. Zudem findet hier ein Cross-over von Praxen und Medien aus Pop-, Konsum-, Alltags- und Subkulturen statt. Hebdige eröffnet erstmals die Analogie zwischen dem Style der Punks und der Cut-up-Collage. Er vergleicht »Style« zudem mit dem Ready-made von Marchel Duchamp, der Massenartikel durch die Akte des Auswählens und Ausstellens in Kunstobjekte transformierte.[47] Style, so Hebdige, sei sowohl künstlerischer Ausdruck als auch ein ästhetisches Vergnügen, das mit dem Zerstören existierender Codes und dem Formulieren neuer Zusammenhänge einhergehe.[48] Dennoch zieht Hebdige daraus den widersprüchlichen Schluss, dass Subkulturen keine Produzenten »hochgradiger Kunst« seien, sondern nur die folgenden Eigenschaften von Kunst besäßen: »nicht als zeitlose, mit unveränderlichen Kriterien zu bewertende Objekte, sondern als Aneignung, als Diebstahl, als subversive Umwandlung, als Bewegung.«[49]

---

42 Claude Levi-Strauss: La pensée sauvage, Paris 1962 (Dt.: Das wilde Denken, Frankfurt a.M. 1968); Roland Barthes: Système de la Mode, Paris 1967 (Dt.: Die Sprache der Mode, Frankfurt a.M. 1985); Roland Barthes: Mythologies. Paris 1957 (Dt.: Mythen des Alltags, Frankfurt a.M. 1964), Umberto Eco: Für eine semiologische Guerilla, in: Ders.: Über Gott und die Welt. München 1985, S. 146–156 (ital. 1967). Das Konzept der »Semiologischen Guerilla« richtete sich auch gegen den Kulturpessimismus der Frankfurter Schule.

43 John Clarke: Stilschöpfung, in: But I like it. Jugendkultur und Popmusik, hrsg. von Peter Kemper/Thomas Langhoff/Ulrich Sonnenschein, Stuttgart 1998, S. 375–392, S. 376. Als ein Beispiel für diese Übersetzung des Gegebenen führt Clarke hier den »Edwardian Look« an, den Studierende kreierten, indem sie Secondhand-Kleidung der Oberschicht zum neuen Look machten. Dieser wurde wiederum von den Teddy Boys aufgegriffen und mit neuen Accessoires wie Kordelschlips und Mokassins kombiniert.

44 Nach Levi-Strauss (1968); Clarke (Anm. 43), S. 375.

45 Paul Willis: Jugend-Stile. Zur Ästhetik der gemeinsamen Kultur, Hamburg 1991, S. 38; vgl. auch Marchart (Anm. 38), S. 107.

46 Dick Hebdige: Subculture. The meaning of Style, London 1975; dt. Dick Hebdige: Stil als absichtliche Kommunikation, in: Kemper/Langhoff/Sonnenschein (1998), S. 392–419, S. 414.

47 Ebenda, S. 398.

48 Ebenda, S. 415.

49 Ebenda.

Als popkultureller Gestaltungsbegriff spiegelt der Style nicht nur eine neue Beziehung zwischen Kunst, Kultur und Design, sondern auch ein neues Verhältnis zwischen Konsumenten und Produzenten wider. Am Beispiel des »Swinging London« wird beschrieben,[50] wie durch das Prinzip des Style neue kommerzielle Netzwerke entstehen, in denen Jugendliche selbst zu ökonomischen Produzenten ihrer Szenen werden durch ihre Bands, kleine Platten- und Modelabels, Boutiquen und sogar als junge Unternehmer bei der Vermarktung von Jugend-Looks. Die Designerin Mary Quant, die Style-Ikone Twiggy, die als Model selbst zur Produzentin eines Modelabels wurde, oder John Stephen, dessen zahlreiche Boutiquen ihn zum »King of Carnaby Street« und »Million Pound Mod« machten, waren Teil dieser Szene, in der Mode, Design und Konsum eng mit Musik- und Popkultur vernetzt waren.[51]

Hebdige zufolge brachte die Mod-Szene als »stylistic generation« eine neue Form der Wertschöpfung hervor. Dieser »subkulturelle Wert« wird nun aus dem Umgang, der Kenntnis und der Umcodierung von Konsumgütern geschaffen.[52] In den 1970er Jahren hingen Clarke und Hebdige jedoch noch der Opposition zwischen einem »authentischen« subkulturellen Stil, der in »den Graswurzeln«[53] liegt und dessen Ausbeutung, Vereinnahmung und Neutralisierung durch die dominante Kultur nach.[54] Dies hat Sarah Thornton Mitte der 1990er Jahre als Vertreterin der Post-Subcultural Studies kritisiert, indem sie in Anlehnung an Pierre Bourdieu eine neue Form der subkulturellen Wertschöpfung, ein sogenanntes »subkulturelles Kapital«, definiert hatte. Über »subkulturelles Kapital« kultiviert sich der Habitus einer szenespezifischen »Hipness«. Innerhalb der Szene werden damit jedoch sozio-ökonomische Widersprüche genauso wie alternative Hierarchien weiter fortgeschrieben.[55] Weitere Kritik an der »Theorie des Style« gab es angesichts zunehmender Revivals und Retro-Looks sowie der Fragmentierungen und Vermischungen jugendkultureller Stile. Nicht nur der britische Kulturwissenschaftler David Muggleton, sondern auch viele deutschsprachige Autorinnen wie Birgit Richard oder Stephanie Menrath stellen den Authentizitätsgedanken des Style zugunsten eines »Postmodern Meaning of Style« in Frage.[56] Ted Polhemus bezeichnet Tokio als »Style Surfing Capital of the World«, da hier jugendkulturelle Styles aus Großbritannien, den USA, Europa und Asien für das 21. Jahrhundert neu gemischt werden (vgl. Abb. 7).[57]

Wie sich in den 1990er Jahren das Verhältnis von Mainstream und Minderheiten in Richtung einer Konstellation verschoben hat, die den »taktischen Konsum« massenkultureller Produkte zugunsten eines »kreativen« Gebrauchs der Pop-, Ju-

---

50 Clarke (Anm. 43), S. 389 f.
51 Heike Jenß: Sixties dress only. Mode und Konsum in der Retro-Szene der Mods, Frankfurt a.M. 2007, S. 100.
52 Hebdige: The Meaning of Mod, in: Hall/Jefferson (Anm. 36), S. 87–98.
53 Clarke (Anm. 43), S. 389.
54 Ebenda, S. 387.
55 Sarah Thornton: Club Cultures. Music, Media and Subcultural Capital, Cambridge 1995.
56 David Muggleton: Inside Subculture. The Postmodern Meaning of Style, Oxford 2000; Cool-Hunters. Jugendkulturen zwischen Medien und Markt, hrsg. von Birgit Richard und Klaus Neumann-Braun, Frankfurt a.M. 2005; Stefanie Menrath: Represent what ... Performativität von Identitäten im HipHop, Hamburg 2001; Elke Gaugele: »Style-Post-Pro-Duktionen«. Paradoxien des Samplings, in: Schönheit der Uniformität. Körper, Kleidung, Medien, hrsg. von Gabriele Mentges und Birgit Richard, Frankfurt a.M. 2005, S. 221–236.
57 Ted Polhemus: Style Surfing. What to wear in the 3rd millennium, London 1996, S. 12.

gend- und Subkulturen durch die Massenkultur in den Hintergrund treten ließ, analysierten auch Tom Holert und Mark Terkessidis: »*Die alte Logik der Inkorporierungen und Exkorporierungen scheint überhaupt nicht mehr zu greifen; auch die Rede von den verwischten ›Grenzen‹ macht einen zunehmend unangemessenen Eindruck.*«[58]

Somit hat sich auch die Utopie des politischen Widerstands, die konstitutiv mit der Theorie und Praxis des Style verbunden war, vom Prinzip des kreativen Konsums und dessen postfordistischer Logik, dem Umarbeiten von Zeichen, gelöst. Die D.I.Y.-Bewegung hat nun zu Beginn des 21. Jahrhunderts das Selbermachen von Dingen als politische Strategie und Intervention neu ins Zentrum gerückt.

---

58 Mainstream der Minderheiten. Pop in der Kontrollgesellschaft, hrsg. von Tom Holert und Mark Terkessidis, Berlin 1996; Tom Holert/Mark Terkessidis: Mainstream der Minderheiten, in: Kemper/Langhoff/Sonnenschein (Anm. 43), S. 314–332, S. 320.

VOM ORNAMENT ODER VON DER TIEFE DER OBERFLÄCHE

166

DIGITALISIERUNG

DISZIPLIN

ETHIK & MORAL

GESCHICHTE

GESELLSCHAFT

GLOBALISIERUNG

INNOVATION & STRATEGIEN

KOMMUNIKATION

KUNST & KULTUR

ÖKOLOGIE

ÖKONOMIE

TECHNOLOGIE

THEORIE

WISSENSCHAFT & FORSCHUNG

ZUKUNFT

HARALD HULLMANN

Wenn Francesca Ferguson im Ausstellungskatalog der Ausstellung »Ornament neu aufgelegt – Re-Sampling Ornament« schreibt: »*Entscheidend für ein neues Verständnis des architektonischen Ornaments ist ein von alters her bestehender Bezug zur Natur*«,[1] so sehen wir im Design diesen Bezug nicht mehr explizit. Das Ornament im Design entwickelt sich heute aus Marken, Alltagsbildern, Desktop-Hintergründen und Technologien. Von einer Oberfläche, die selbst Leuchte ist, bis zu einem Teddybären, bei dessen Berührung die im Fell eingelagerten Geruchsstoffe freigesetzt werden,[2] reichen die neuen Ornamente im Design. Ein Naturbezug des Ornaments im Design ist dagegen oftmals lediglich die Imitation, z.B. das Boden-Laminat, das als »echtes falsches« Holz akzeptiert wird.

ADOLF LOOS UND DIE FOLGEN

In der Ausbildung zum Industriedesigner in den 1970er Jahren wurde das Thema Ornament nicht diskutiert; es wurde wie vieles andere auch verschwiegen. Um einen herum tobte gestalterischer Alltag mit Fototapeten und barockisierten Wählscheibentelefonhauben. Im Studium dagegen schwebte über allem der Adolf Loos untergeschobene Satz »Ornament ist Verbrechen«. In seinem Text »Ornament und Verbrechen« von 1908 ereiferte sich Loos in so leidenschaftlicher Weise gegen das Ornament seiner Zeit, dass dessen Wiederhall bis in unser Designstudium reichte: »*... Der ungeheure Schaden und die Verwüstungen, die die Neuerweckung des Ornamentes in der ästhetischen Entwicklung anrichtet, könnten leicht verschmerzt werden, denn niemand, auch keine Staatsgewalt, kann die Evolution der Menschheit aufhalten. Man kann sie nur verzögern. Wir können warten. Aber es ist ein Verbrechen an der Volkswirtschaft, dass dadurch menschliche Arbeit, Geld und Material zugrunde gerichtet werden. Diesen Schaden kann die Zeit nicht ausgleichen. (...) Die Nachzügler verlangsamen die kulturelle Entwicklung der Völker und der Menschheit, denn das Ornament wird nicht nur von Verbrechern erzeugt, es begeht ein Verbrechen dadurch, dass es den Menschen schwer an der Gesundheit, am Nationalvermögen und also in seiner kulturellen Entwicklung schädigt.*«[3] Herausgerissen aus dem historischen Kontext, wurde das Ornament mit der Position von Adolf Loos aus dem akademischen Diskurs verbannt.

Glatt und monochrom sollten die Flächen sein, das war der allgegenwärtige Glaubenssatz der dritten oder vierten Bauhausgeneration oder aber der Spät-Ulmer Moderne. Merkwürdigerweise sollte eben dieser Adolf Loos seine Vorstellung von Architektur bei Vorträgen getanzt haben, wurde unter uns Studenten kolportiert.

---

1 Ornament neu aufgelegt – Re-Sampling Ornament, hrsg. von Oliver Domeisen und dem Schweizerischen Architekturmuseum, Basel 2008, S. 6.
2 Vgl. Bärenwelt, Frank Grenzel, Moers.
3 Adolf Loos: Ornament und Verbrechen (1908), in: Trotzdem. Gesammelte Schriften 1900–1930, hrsg. von Adolf Opel, Wien 1982, S. 81–82.

Erste Zweifel an der Glaubwürdigkeit meiner Lehrer kamen auf, weil sie Adolf Loos als Zeugen für die Moderne vereinnahmten. Monochromes Weiß oder zartes Grau, vielleicht mit ganz leichten Strukturen, das war der Standard, der bis in die 1970er Jahre für moderne Produktoberflächen galt, vermittelt von Lehrenden, die sich in individualistisches Uniform-Schwarz kleideten und Kaffee aus monochrom weißen Tassen tranken, z.B. dem legendären TC-100-Geschirr der Firma Thomas/Rosenthal AG, entworfen von Nick Roericht als Diplomarbeit an der hfg ulm im Jahre 1959 – Kaffee und Kleidung passten zusammen.

Das Abkanten von Blechen und das Drehen von Metallteilen bestimmten die ökonomischen Produktionsweisen in der Welt der Mechanik, die zum ästhetischen Konzept der glatten Oberflächen gehörte. Geometrische Körper ohne Ornament wurden entwickelt – mit Adolf Loos als Zeugen, dessen vermeintliche These vom Ornament als Verbrechen von den Vertretern der Moderne seines historischen Hintergrundes beraubt wurde.

PARADIGMENWECHSEL

Im Produktdesign sind es weniger Vorstellungen zur Ordnung der Räume als eher die Produktionsbedingungen, die zu ästhetischen Paradigmenwechseln führen. Mit der Weiterentwicklung der Kunststofftechnik – es konnten größere GFK-Teile gepresst werden – kam mit Verner Pantons »Panton Chair« 1960 Farbe in die Oberflächen, die zusammen mit den neuen Rundungen des Kunststoffs zum Ornament dieser Zeit avancierten.

Für einige Designer wurde 1966 die Tür zum Ornament mit den Arbeiten der Gruppe Superstudio geöffnet, die in Florenz Entwürfe zur Architektur und zum Industriedesign vorstellte. Über ihren Städten und Möbeln lag ein orthogonales Raster; es war die Metaebene, aus der sich alle Räume und Objekte entwickelten: Indem die Entwerfer nun ausgerechnet ein Raster, dem sich alles zu fügen hatte, als Ornament über ihre Welt legten, äußerten sie sich in einer manierierten, ironischen Weise zur Moderne.

Im Gegensatz zur Metaebene von Superstudio beschäftigte sich das Ornament der Postmoderne ab den 1980er Jahren mit ästhetischen Fragen. Ein Beispiel für diese wiedergefundene Poesie im Design, die nicht nur Oberfläche sein wollte, ist das die Natur ironisierende »Bacterio«, das Ettore Sottsass 1987 für Abet Laminati entworfen hat (vgl. Abb. 1). Wesentlich auf sich selbst in seiner ästhetischen Fragestellung bezogen, wie es im Design eher unüblich ist, schaffte es Sottsass mit »Bacterio«, die Diskussion über das Ornament im Design wiederzubeleben und den akademischen Rahmen zu sprengen (vgl. Abb. 2). »Bacterio« wurde sogar so populär, dass man es auf T-Shirts und Teppichen fand; auch heute haben die »Würmchen« ihre Wirkung noch nicht verloren (vgl. Abb. 3).

Abb. 2 / S. 170

Abb. 3 / S. 170

DIE EMANZIPATION DES ORNAMENTS

Für die Ausstellung »Design heute«, die 1988 im Deutschen Architekturmuseum Frankfurt stattfand,[4] konzipierten wir Kunstflieger einen Wandschrank aus Umzugskartons, auf den verschiedene Oberflächen, damals noch per Dia, projiziert wurden. Hier trennte sich das Ornament vom Objekt und führte ein eigenes Leben, indem es die Bedeutung der Objekte – hier des Schrankes – durch unterschiedliche Oberflächen veränderte. Kunstflug hat die Wandlung der Oberfläche durch Projektion als einen Vorgriff auf die sich entwickelnde Welt der Flächigkeit durch die Elektronik gesehen. Das Ornament muss nicht mehr fest mit dem Objekt verbunden sein; es ist nur noch als Konzept inhaltlich verbunden, als Spiel zum Thema Schrank. Diese flüchtige Verbindung von Schrank und Ornament ist aber nicht ohne Ambivalenz: Fällt der Strom aus und damit die Projektion, stehen einfache Umzugskartons im Raum.

Beim Gedankenspiel »Elektronischer Handrechner« (1986) hingegen wird das Ornament mit den Zahlen auf den Fingerkuppen und den in den Körper implantierten elektronischen Bauteilen zum eigentlichen Objekt. Das Ergebnis des Rechnens erscheint als Vorstellung direkt im Hirn (vgl. Abb. 4). War das historische Ornament noch auf der Oberfläche der Dinge appliziert, beginnt sich das Ornament nun zu emanzipieren. Durch die Minimalisierung der elektronischen Bauteile werden Dinge zu ihrer eigenen Oberfläche, werden Oberflächen zu Dingen, zu Gegenständen: das Ornament ist Objekt und Ornament und Objekt zugleich.

Abb. 4 / S. 170

UND HEUTE?

Von druckbaren Solarzellen[5] bis zu Leuchten aus Folien reicht das Denkbare und Machbare. Besonders die Dünnschicht-Solarzellen sind dazu prädestiniert, zum Ornament zu werden, da sie auf verschiedene Trägermaterialien, auch auf flexible Folien, aufgedruckt werden können. Funktionalität und Ornament sind hier identisch. Mit Elektrolumineszenzfolien und organischen Leuchtdioden (OLED) werden Leuchten zur Fläche und zum Ornament. Auch in Zukunft wird es noch

---

4 Design heute – Formgebung zwischen Industrie und Kunst-Stück, hrsg. von Volker Fischer, München 1988.
5 Gedruckte Schaltungen könnten künftig aus Nanotinte bestehen. Neben erheblichen Kosteneinsparungen ergeben sich auch Vorteile in der Widerstandsfähigkeit und der Leistung. http://www.rfid-basis.de/article-00154.html, Fraunhofer-Institut für Integrierte Systeme und Bauelementetechnologie http://www.rfid-basis.de/article

170

**VOM ORNAMENT
ODER VON DER TIEFE
DER OBERFLÄCHE**
HARALD HULLMANN

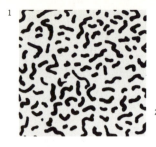

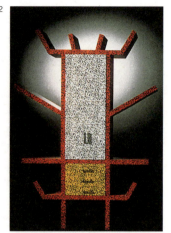

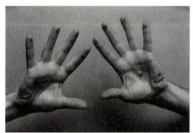

1 Ettore Sottsass, »Bacterio«, 1987, Oberfläche eines Laminats für Abet Laminati
2 Ettore Sottsass, Regal »Carlton« mit »Bacterio«, 1987, Oberfläche eines Laminats für Abet Laminati
3 Alex Gebel, Nils König, Künstlerischer Entwurf »Schweine-Krippe« mit Ornamenten, die von Ettore Sottsass' »Bacterio« beeinflusst sind, 2009
4 Kunstflug: Elektronischer Handrechner, 1986
5 Organische Leuchtdioden (OLED) als Ornament
6 Teddybär »Schröder« von Bärenwelt, Moers. Die im Fell eingelagerten Cyclodextrine speichern Duftstoffe, die bei Berührung freigesetzt werden.

so viel Energie geben, dass unsere Räume mit OLED als Lichtflächen tapeziert werden können (vgl. Abb. 5).[6] So leben wir in Ornamenten als Räume und warten auf Adolf Loos?

Das Unternehmen Bärenwelten von Frank Grenzel produziert Teddybären, in deren Fellen Cyclodextrine eingelagert sind (vgl. Abb. 6). Diese speichern Duftstoffe, die bei Berührung freigesetzt werden. Das Ornament, das bisher als visuelles Zeichen gesehen wurde, wird hier zum Geruchsornament. So wie es olfaktorische Ornamente gibt, wird es auch akustische Oberflächen als »Hörornamente« mit berührungssensiblen Oberflächen geben. Ich streife mit der Hand eine Wand, kreuze so ein Raster, höre sphärische Klänge oder ein Gedicht von Lin Ginarston.[7]

Die Oberflächen von »Smart Clothing« und »Tangible User Interfaces« sind eine zweite Haut, mit der kommuniziert werden kann. Wenn man mit »Smart Clothing« bekleidet auf den Boden stürzt, werden automatisch Signale gesendet und der Krankenwagen kommt. Eine geliebte Person wird umarmt; druckempfindliche Sensoren empfangen und übertragen Botschaften, Emotionen: Das Ornament ist eine kommunizierende Hülle wie die Worte und es gibt dazu keine Bilder mehr. Je minimierter die Produkte sind, je flacher die Produkte, je mehr sie selbst Oberfläche sind, desto mehr werden funktionale Objekte zum Ornament.

Gerade diese Flüchtigkeit der Ornamente, in die Funktionen eingebunden sind oder zukünftig werden, forciert aber auch eine Art Kompensation durch eine erneute Materialisierung des Ornaments, und diese Materialisierung zeigt sich vielschichtig. Ein Beispiel dafür ist die Leuchte »Polymorph« von Alice Gruhle (vgl. Abb. 7). Der raumgreifende Leuchtenkörper setzt sich einerseits ornamental aus einfachen rautenförmigen Elementen zusammen. Andererseits ist ein sehr komplexer Körper entstanden, der ohne ein Programm wie Rhino o. ä. nicht konstruierbar wäre. Dennoch sind viele dieser »Neuen Ornamente« in ihrer Vielschichtigkeit und Doppeldeutigkeit als ein neuerlicher Reflex auf die Elektronik zu sehen.

Ein Spielen mit dem Raum, mit dem imaginären Raum, wie wir ihn von der Bildschirmoberfläche kennen, wird mit der Tapete Contzen-II-Serie von A. S. Création gleich auf die Wand tapeziert (vgl. Abb. 8)[8]: »*Gönnen Sie Ihrem Zuhause doch mal ein paar schicke Kleider...*« schreibt die Zeitschrift »Schöner Wohnen« in ihrer Februarausgabe 2010 dazu und empfiehlt ihren Lesern, mit dieser Tapete und einigen anderen eine ornamentale Schicht wie ein Kleid über die Wand zu kleben, die unser Wohnzimmer zu einem imaginären Raum macht.

---

6 Die Physiker der RWTH Aachen beschäftigen sich mit dünnen (10 nm – 1000 nm), organischen Schichten, die sowohl in elektrischen wie z. B. Transistoren als auch in optischen Bauteilen wie z.B. Leuchtdioden als aktive Schichten dienen. http://www.physik.rwth-aachen.de/institute/institut-ia/forschung/organische-schichten, http://www.lumiblade.com
7 Lin Ginarston, Lyrikerin, 2005 bis 2086.
8 Unter www.5qm.de kann man sich über die neusten Entwicklungen der Tapeten umfassend informieren.

**VOM ORNAMENT
ODER VON DER TIEFE
DER OBERFLÄCHE**
HARALD HULLMANN

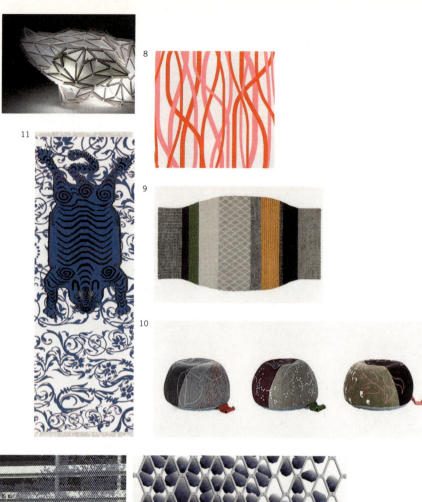

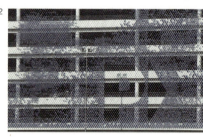

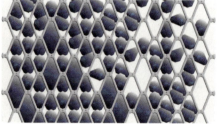

7 Alice Gruhle, »Polymorph«, 2009
8 Tapete aus der Contzen-II-Serie von A. S. Création, ca. 27,00 Euro pro Rolle
9 Patricia Urquiola, »Mangas«, 2009
10 Hella Jongerius, »Bovist«, 2005
11 Jörg Gimmler, »Delfter Tiger«, Kollektion Yak, Entwurf 2010
12 Johanna Schönberger, »Solar Grid«, 2007

Ähnlich schichten Teppiche von Patricia Urquiola (vgl. Abb. 9) oder der »Bovist« von Hella Jongerius (vgl. Abb. 10) unterschiedlichste Ornamentebenen nebeneinander. Mit diesen Layern propagieren die Entwerferinnen ein »Mehr ist mehr« und transportieren den Paradigmenwechsel, der auf unseren Bildschirmen schon längst stattgefunden hat, nun in unsere analog erlebte Alltagswelt.

Und mit den Teppichen »Delfter Tiger« von Jörg Gimmler (vgl. Abb. 11) liegen, und auch das ist typisch für die Verwendung von Ornamenten heute, mehrere Layer, mehrere Bedeutungsebenen, übereinander. Der Teppich mit einer Größe von 80 x 240 cm spielt auf die traditionelle Brücke an, die Abbildung des Tigerfells ist einem traditionellen tibetischen Teppich entnommen, der über dem Delfter Ornament liegt, das jetzt aus Wolle geknüpft ist.

Mit der Diskussion über Ornamente befinden wir uns heute in einer merkwürdigen Situation. Mit der Elektronik wurden flüchtige visuelle oder auch akustische oder olfaktorische Elemente an Objekte gekoppelt, die als »Neues Ornament« gedeutet werden könnten. Demgegenüber haben Entwerfer aus ihren Erfahrungen mit elektronisch generierten Darstellungen z. B. die Vorstellung von Layern in die Hardware-Ornamente übernommen. Man kann gespannt sein, ob diese Phänomene – wie es der Schweizer Pavillon von Buchner Bründler Architekten und der Element GmbH auf der Weltausstellung 2010 in Shanghai erahnen ließ – zu materialisierten, elektronisch generierten Ornamenten zusammenwachsen werden. Die Diplomarbeit »Solar Grid« von Johanna Schönberger gibt vielleicht die Richtung vor (vgl. Abb. 12). Das »Solar Grid« ist ein Netz aus Fasern mit integriertem Stromkabelsystem, in das sich verschiedene Solarblätter zur Stromgewinnung, basierend auf flexibler Dünnschichttechnologie, hineinklicken lassen. Durch die frei wählbare Anordnung der Blätter entsteht die Möglichkeit einer variablen Flächengestaltung, die sowohl eine geordnete, ornamentale Struktur als auch eine freie, »organische« Musterbildung gestattet.[9]

---

9 Johanna Schönberger, Diplomarbeit, Universität für Angewandte Kunst Wien, 2007.

ZUM VERHÄLTNIS VON DESIGN UND TECHNIK

176

DIGITALISIERUNG
DISZIPLIN
ETHIK & MORAL
GESCHICHTE
GESELLSCHAFT
GLOBALISIERUNG
INNOVATION & STRATEGIEN
KOMMUNIKATION
KUNST & KULTUR
ÖKOLOGIE
ÖKONOMIE
TECHNOLOGIE
THEORIE
WISSENSCHAFT & FORSCHUNG
ZUKUNFT

MELANIE KURZ & FRANK ZEBNER

Design findet seine wesentliche Ursache im vernünftigen Gebrauch. Allein hierin, und zwar in der uneingeschränkten und zielgerichteten Nützlichkeit praktischer Funktionen, vermittelt durch die für den Gebrauch informierende und hinweisende Wirkung der Produktgestalt, entscheidet sich, ob eine Sache ein Gegenstand des Designs ist – oder nicht. Design ohne Gebrauch gibt es nicht. Design ohne Form auch nicht. Jedoch: Für die »Physikalisierung« von Ideen zum Gebrauch sind Stoff, ein Material und eine Mechanik erforderlich – man ist also auf Technik angewiesen.

Design füttert sich also aus dem Gebrauch, der Form – und eben der Technik. Mitunter geben sogar die Eigenschaften von neuen Materialien und Verfahren Innovationsimpulse für einen verbesserten Gebrauch. Auch deshalb treiben die Technik und seine fortwährende Weiterentwicklung in Material und Konstruktion das Design dazu an, immer wieder Neues für einen Gebrauch zu finden und zu kombinieren. Technik dient hierbei einem über das Design vermittelten[1] und immer wieder verbesserten definierten Zweck und Bedürfnis. Deshalb ist die »permanente Unruhe« eine der vordringlichen Systemeigenschaften des Designs: das ständige Forschen nach dem Neuen in Form und Gebrauch zeichnet das Fach aus. Dem Erstarren in einem technologischen Hier und Jetzt haftet der Geruch der Reaktion an, wie zum Beispiel dem fast schon einer Konterrevolution ähnelnden Protest von Designern und Künstlern gegen das EU-Verbot von energieverschwendenden Glühbirnen.[2] So ist das Design jedoch nicht – Design ist progressiv, Design sucht die neuen Technologien.

Das Begriffspaar Design und Technik begegnet uns im Umfeld der Produktgestaltung und der Produktentwicklung in unterschiedlichen Facetten noch andernorts: An gestalterischen Hochschulen finden wir beispielsweise technische Grundlagen, deren Lehrgebiet in Fächern wie Materialkunde und Fertigungstechniken beschrieben ist, an manchen technischen Hochschulen gibt es innerhalb von Maschinenbaufakultäten Technisches Design, und auch die interdisziplinären Produktentwicklungsteams bestehen aus den sogenannten Kreativen einerseits und den Technikern andererseits.[3] Eine solche Paarung von Design und Technik in unterschiedlichen Kontexten bedeutet jedoch nicht nur deren Verbindung, sondern auch deren Trennung beziehungsweise deren Unterscheidung voneinander. Nach einem traditionellen Verständnis sind beide Bereiche zwar unerlässlich, um ein (neues) Produkt gleich welcher Art zu schaffen. Dabei werden Design und Technik jedoch eher als koexistent und weniger als integrativ wahrgenommen.

---

1 Norbert Bolz spricht in seinem Aufsatz »Die Funktion des Designs« vom Design als Hermeneutik der Technik. Dieser Gedanke setzt eine Reihenfolge voraus, insofern die Designleistung überwiegend der Technikleistung folgt. Vgl. Norbert Bolz: Die Funktion des Designs, in: design report, Nr. 4, 2001, S. 67.

2 Siehe dazu: Melanie Kurz & Frank Zebner: Vorwärts in die Vergangenheit, design report, Nr. 1, 2011, S. 70–71.

3 Der angebliche Konflikt zwischen beiden Berufsgruppen wird in verschiedenen Publikationen eingehend behandelt, zum Beispiel in: Der Ingenieur und seine Designer. Entwurf technischer Produkte im Spannungsfeld zwischen Konstruktion und Design, hrsg. von Jens Reese, Udo Lindemann, Hartmut Seeger, Axel Thallemer, Hans Hermann Wetcke, Berlin/Heidelberg/New York 2005.

Später in diesem Text wird dieser traditionelle Ansatz durch einen weiterführenden Gedanken ergänzt.[4] Das Anliegen hierbei ist, das Technische als etwas dem Design wesenhaft Implizites begreifbar zu machen. Mit dieser Lesart betont das Design eine Kompetenz, die es wieder aus seinem (inflationären) pseudokünstlerischen Dunst – insbesondere im Möbeldesign – herauslotsen kann. Heutzutage könnte man meinen: »*Das Design wird geradezu vermöbelt!*«.

Doch bevor die Argumentation sich dahingehend öffnet, ist es zunächst wichtig, den Zusammenhang von Design und Technik zu skizzieren und historisch zu beleuchten. Dabei soll die Auffassung eines bloß fakultativen Nebeneinanders überwunden und das Verständnis einer gegenseitigen Bedingung beider Aspekte vorbereitet werden.

ÜBER NEUE TECHNOLOGIEN ALS AUSGANGSPUNKTE FÜR DESIGNINNOVATION

Die enge Verbindung zur Technik charakterisiert das Design seit Beginn seiner Geschichte. Es ist unbestritten, dass das Berufsbild des Designers ohne die industrielle Revolution gar nicht existieren würde. Die technische Entwicklung auf dem Gebiet der Energiegewinnung, dem Bergbau und der Produktion von Gütern wird als Vorbedingung für das Design verstanden.[5] Demnach kann sich Design erst durch Technik entwickeln – woraus sich eine deutliche Reihenfolge ergibt: Zuerst ist die Technik, die wiederum auf den Erkenntnissen der Naturwissenschaften[6] gründet, dann folgt das Design, das auf ästhetisch-künstlerische Wurzeln zurückgeführt werden kann.

Diese Abfolge lässt sich anhand verschiedener Beispiele nachvollziehen, die belegen, dass neue Technologien häufig Ausgangspunkte für Innovationen im Design sind.

INNOVATION DURCH NEUE PRODUKTIONSTECHNOLOGIEN

Zunächst ist es die Produktionstechnik, welche die Notwendigkeit von Design überhaupt bewirkt. Dieser Prozess ist keineswegs abgeschlossen, im Gegenteil. Gerade in jüngerer Vergangenheit können im Design durch die Entwicklung computergestützter und individueller Fertigungsmethoden Parallelen zu der Zeit um 1850 gezogen werden.[7] Wie die industrielle Produktion zu Beginn der Industrialisierung eröffnen momentan die sogenannten Rapid-Prototyping- und Rapid-Manufacturing-Verfahren[8] neue Perspektiven. Gleichzeitig steckt in der Möglichkeit

---

4 Der Gedanke findet sich im Abschnitt »Über das Technische im Design« und wird hier abschließend durch konkrete Projektbeispiele illustriert.
5 Gert Selle: Geschichte des Design in Deutschland, Studienausgabe, Frankfurt a.M./New York 1997.
6 Duden: Das große Wörterbuch der deutschen Sprache, Band 5, Mannheim/Wien/Zürich 1996, S. 1567.
7 Dieses Datum steht hier stellvertretend für den Beginn der Industrialisierung auf dem europäischen Festland und in Nordamerika, da diese in unterschiedlichen Regionen zu unterschiedlichen Zeitpunkten einsetzt. In England beispielsweise entwickelt sich die industrielle Fertigung rund 50 Jahre früher als in allen anderen Ländern.
8 Abgekürzt werden diese Verfahren mit RP beziehungsweise RM.

aber auch ein Anspruch an das Design. Mit dem Zuwachs an produktionstechnischen Optionen muss ein Fortschritt auf dem Gebiet der Ästhetik beziehungsweise eine Anwendungsinnovation einhergehen. Es geht hier nicht zuletzt um die Erweiterung des semantischen Raums.[9] Artefakte sollen also nicht nur auf eine neuartige Weise produziert werden, sondern auch eine neuartige Erscheinung und Anwendungsart erhalten. Darin liegt die aktuelle und zukünftige Aufgabe des Designs bei Verwendung neuer Fertigungstechnologien.

NEUE WERKZEUGE UND NEUE ENTWURFSWEGE

Ein weiterer Bereich ist die Entwurfsmethodik. Digitale Technologien und die bereits genannten RP-Techniken sind hinsichtlich ihres Potentials zur Innovationserzeugung innerhalb von Entwurfsprozessen noch längst nicht ausgeschöpft. Zwar gehört der Umgang mit den »neuen Werkzeugen« längst zur Designpraxis. Doch nach der anfänglichen Imitation von analogen Methoden und der engeren Verknüpfung zwischen Planung und Fertigung steht das Design in Bezug auf die Entwurfsmethode selbst an einer weiteren Entwicklungsschwelle. Beispiele, die zukünftige Wege andeuten, sind im experimentellen Stadium vor allem in akademischen Einrichtungen zu finden. Die schwedische Gruppe Front Design[10] ist mit ihren methodischen Experimenten dahingehend eher eine Ausnahme (vgl. Abb. 7, S. 52).

Abb. 7 / S. 52

ARCHETYPENBILDUNG FÜR NEUERFINDUNGEN – NUTZBARMACHUNG VON NEUERFINDUNGEN

Das Telefon, die Nähmaschine und das Auto sind technische Produkte, die im Laufe des 19. Jahrhunderts erfunden bzw. weiterentwickelt werden, für welche es jedoch zunächst keine eigenständige Formensprache gibt, da sie auf keine Formarchetypen zurückgreifen können. Übertragen auf heute könnte man ebenfalls wieder die Computertechnologie benennen. Als wohl bedeutendster Meilenstein der vergangenen Jahrzehnte bringt vor allem die Digitalisierung stetig neue Produkte hervor, die ein eigenständiges Erscheinungsbild verlangen, zum Beispiel digitale Fotokameras.

Wichtiger als die geräte- und apparatetypische Erscheinung ist aber die Nutzbarmachung der neuen Technologien. An dieser Stelle verwischt die Reihenfolge »Technik vor Design«. Denn zunächst stellt zwar die Technik die Möglichkeit zur Realisierung bestimmter Dinge oder Vorgänge bereit. Aber erst das Design macht diese dann tatsächlich gebrauchsfähig und nützlich. Was wäre ein MP3-Player, der

---

9 Nach Wolfgang Welsch sind Kunstwerke – und dieser Gedanke lässt sich auch auf Designobjekte übertragen – nicht nur ein Spiegel des semantischen Raums, sondern greifen aktiv in ihn ein, indem sie ihn neu organisieren, weiterführen, überschreiten et cetera. Wolfgang Welsch: Grenzgänge der Ästhetik, Stuttgart 1996, S. 225. Weiter ausgeführt wird diese Betrachtung außerdem in: Melanie Kurz: Die Modellmethodik im Formfindungsprozess am Beispiel des Automobildesigns. Analyse der Wechselwirkungen zwischen Entwurfs- und Darstellungsmethoden im Hinblick auf die systematische Entwicklung und Bewertbarkeit der dreidimensionalen Form artefaktischer Gegenstände im Entstehungsprozess, Baden-Baden 2007, S. 20.

10 Mit ihrem Projekt »Sketch Furniture« von 2005 ist die Gruppe international bekannt geworden; <http://www.moma.org/images/dynamic_content/exhibition_page/23070.jpg> (Zugriff am 20. Juni 2010).

auf einem Mikrochip gigantische Mengen an Musiktiteln speichern kann, wenn diese nicht über eine entsprechend gestaltete Nutzerschnittstelle verfügbar gemacht werden könnten? In die Sprache der Apple-Produktwelt übersetzt: was wäre iPod ohne iTunes? Oder: Was wäre die Glühbirne ohne die unzähligen Leuchtenentwürfe, die sie als gerichtetes oder diffuses Licht anwendbar machen?

DER NUTZEN DES DESIGNS FÜR DIE TECHNIK

Die Beispiele zeigen, dass Design meist in zweiter Instanz eingreift, um technische Neuheiten nutzbar und profitabel zu machen. Häufig wird daher behauptet, dass Design eine Art Anwalt der Nutzer sei. Das ist nur die halbe Wahrheit. Durch den Blick auf die Nutzer nämlich generiert sich (beispielsweise über Absatzzahlen) neues Budget für technische Forschung und gleichzeitig neues Wissen, das wiederum zur Verbesserung der Technik dienen kann.

ÜBER DAS TECHNISCHE IM DESIGN

Technisches Design gilt als eine Art Spartenprogramm des Designs, das sich überwiegend mit der Gestaltung von Werkzeugen oder Maschinen beschäftigt. Für das Design als Disziplin wäre es jedoch sinnvoller, die Eigenschaft des Technischen als eine implizite Angelegenheit zu verstehen, da Design immer technisch ist, so wie es auch stets danach strebt, ökonomisch, ökologisch, sozial oder sogar politisch zu sein. Das Technische ist daher nur ein Aspekt von vielen, das die Ziele und Methoden des Designs beschreibt. Jedoch ist es für das Design essentiell, denn technisch sein oder handeln bedeutet, methodisch und systematisch, logisch, vereinfachend, aufklärend und rational das Bestmögliche für eine Sache oder einen Vorgang zu schaffen.

Design – insbesondere seine Wahrnehmbarkeit – kann im Sinne eines Hebels[11] begriffen werden. Als eine Technik, die offensichtlich und begreiflich das Wesen eines Gestells,[12] eines Geräts oder einer Maschine über seine Produktgestalt artikuliert. So ist alles Design eben auch technisches Design, denn es gibt kein nichttechnisches Design. Weil nur die Form die Vorzüge und Bezüge des Gebrauchs über ein ausbalanciertes Verhältnis von Material, Mechanik, Farbe und Geometrie antizipieren kann, darf sie als technische wie auch ästhetische Lösung für neue Problemstellungen verstanden werden.

Bedeutsam erscheint außerdem ein weiterführender Standpunkt, der zwischen Design und Nicht-Design unterscheidet. Er verzichtet auf die Bewertung innerhalb

---

11 Vgl. Vilém Flusser: Vom Stand der Dinge, Göttingen 1993.
12 Martin Heidegger: Der Ursprung des Kunstwerks (1935/36), Stuttgart 2005.

des Designs im Sinne von gut oder schlecht und geht ausschließlich von der An- oder Abwesenheit von Design in einem Gebrauchsgegenstand aus. Diese Perspektive setzt voraus, dass Design exakt umrissen wird und sogenannte Zwischenbereiche aufgelöst werden.

Der Künstler findet seine Ursache im Kunstwerk und das Kunstwerk im Künstler.[13] So wie nach Martin Heidegger die Kunst im Werk west, west (im übertragenen Sinn) das Design im seriellen und neuerdings individuellen Produkt. Dies lenkt allerdings nur dann zu einer Logik, wenn sich zumindest der überwiegende Teil notwendiger Designaspekte[14] in der Idee, der Planung, dem Entwerfen und dem Konstruieren wiederfindet und in der Performanz einer neuartigen Form bestätigt. Dazu braucht es eine berufsmäßige Herangehensweise. Dazu braucht es eben Designer.

Der Designer, durch seine Ausbildung sowie seine berufliche Praxis geübt, ist natürlich immer bestrebt, möglichst viele nützliche Eigenschaften in einem Entwurf zu vereinen. Geht ein designerischer Entwerfer seiner Sache nicht mit der angemessenen Gründlichkeit, sprich Professionalität, nach, so ist er auch kein Designer. So wie es eben einen Künstler oder Architekten nicht geben kann, der zwar sein Werk erstellt (oder zumindest entwirft), aber für die Ausübung und das Ergebnis seines Werkschaffens keinerlei Rückschlüsse auf Kunst oder Architektur in einem fachlich und kulturell anerkannten Verständnis bereithält. Wo kein Künstler, keine Kunst, wo kein Architekt, keine Architektur, wo kein Designer, kein Design.

Architektur, Kunst und Design, alles entwerfende Disziplinen, aber in ihrem Wesen und in ihrer Ausrichtung, das ist unstritig, grundverschieden: Die Architektur baut für das Wohnen, die Kunst schafft für neue Erkenntnis, Design entwirft für den Gebrauch.[15] Die Annäherungen an Design durch Kunst oder Architektur wirken zwar designartig, sind im Ergebnis aber meist näher am jeweils eigenen ursprünglichen Bereich verweilend oder dort, wo das Gegenständliche einen eher repräsentativen Gestus sucht und wo nicht nur das Design ein ökonomisch interessantes Gehege erwartet: Möbel, Tischdekoration, Raumausstattung. Eine sich »Design« nennende Absicht und ein entsprechendes Tun können deshalb erst bei der angemessenen Erfüllung anerkannter und spezifischer Maßstäbe auch als Design gelten.

Der Raum indessen, in dem sich das Design zu schaffen macht, ist universaler. Jean Baudrillard spricht von den Binomien Wohnung und Wagen sowie Arbeit und Freizeit.[16] Dort hält sich der Mensch auf, dort wirkt er. Zusammen mit seinen kulturellen beziehungsweise nicht-natürlichen Extensionen, den prothetischen und

---

13 Ebenda, S. 7.
14 Designaspekte beziehungsweise Kriterien für das Design finden sich zum Beispiel in den Leitlinien des internationalen Designzentrums Berlin, der iF Hannover, dem Rat für Formgebung, des Verbandes Deutscher Industrie Designer et cetera.
15 Vgl. dazu auch: Andreas Dorschel: Gestaltung. Zur Ästhetik des Brauchbaren, Heidelberg 2003.
16 Jean Baudrillard: Das System der Dinge. Über unser Verhältnis zu den alltäglichen Gegenständen, 3. Aufl. Frankfurt a.M./ New York 2007, S. 86ff.

ZUM VERHÄLTNIS VON DESIGN UND TECHNIK
MELANIE KURZ & FRANK ZEBNER

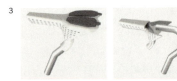

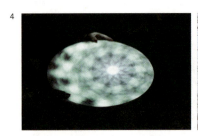 

1 Nico Reinhardt, Hocker, 2010
2 Florian Kössler, Diagnosegerät für die Brustkrebsvorsorge, 2010
3 Steffen Reiter, Fahrradsattel, 2009
4 Jifei Ou, Interaktive Installation, 2009
5 Harald Schieder, »Co.boter«, 2009

orthetischen Werkzeugen, die ihn seine physiologische Begrenztheit überwinden lassen, ist er in der Lage, einen erweiterten Bereich sinnlich und körperlich zu erkunden und für sein Voranschreiten zu gebrauchen. Durch den Hebel kann er nicht nur die Schwerkraft, sondern auch seine eigenen Grenzen, seinen Mesokosmos, überwinden.

Vor zwanzig Jahren postulierte der Philosoph Wolfgang Welsch das 21. Jahrhundert als Jahrhundert des Designs. Das Design werde sich vom herrschaftlichen Objektdesign der Moderne zu einer postmodernen Rahmengestaltung wandeln und dabei Aspekte wie zum Beispiel Ökologie als Vorzugsthemen einbeziehen.[17]

So radikal wie sich Welsch 1990 diesen Wandel wünscht oder ihn vorhersagt, kommt es dann doch (noch) nicht.[18] Denn bei genauer Betrachtung bewirkt die Globalisierung der Wirtschaft in den letzten zwei Dekaden gegenteilige Effekte. Ideenstandorte, Produktionsstandorte, Märkte und sogenannte Vermögensverbrauchsorte sind derzeit weltweit so sehr in einer komplexen Kompliziertheit verteilt und vernetzt, dass eine angemessene ökologische, ökonomische und gesellschaftspolitisch konfliktfreie Besinnung und Umorientierung derzeit nur schwer vorstellbar erscheint.

Kann das Design in diesem Dilemma hoffnungsvolle Ausblicke geben? Zunächst einmal: Design kann die Welt nicht retten. Design kann aber den Grundgedanken der Postmoderne, also die gleichzeitige und gleichberechtigte Existenz unterschiedlicher Lösungen aufgreifen, umsetzen und darstellen helfen – und damit einen Blick in die Zukunft werfen.

Die folgenden Entwürfe von Studenten der Hochschule für Gestaltung in Offenbach am Main zeigen abschließend die Vielschichtigkeit und den Anspruch an das Technische im Design der Zukunft. Die Projekte erörtern Kernthemen für das Design im 21. Jahrhundert: Open Design, Constructive Design, Networked Design, Research Design.[19]

Der dreibeinige Hocker von Nico Reinhard erscheint als konventionelles Designergebnis – als Möbeldesign (vgl. Abb. 1). Die Sachlage ist aber anders: Reinhard forscht nach technischen Möglichkeiten einer ästhetischen Formbildung jenseits des rechnergestützten Entwerfens und jenseits pragmatischer Zwecke. Mit Modellbaugips und Fasermatten, Holzgestellen, Holzstempeln, Kautschukfolien sowie ein paar Gewindestangen und Schraubenmuttern entsteht im gestalterischen Ex-

Abb. 1 / S. 182

---

17 Wolfgang Welsch: Ästhetisches Denken, Stuttgart 1990, S. 218.
18 Vgl. dazu: Bernhard E. Bürdek: Design. Geschichte, Theorie und Praxis der Produktgestaltung, Köln 1991, S. 339.
19 Diese Themen werden zum Teil auch im Interview mit Hartmut Esslinger diskutiert, s. S. 250 ff.

periment eine Modellformungs- und -findungsmethode, mit der Knoten für Stab-Stab- und Stab-Flächen-Verbindungen nach ästhetischen und mechanischen Fragestellungen untersucht werden können. Es ist ein Entwerfen aus dem Material und seinen technischen Möglichkeiten heraus. Dieses Verfahren ist denkbar als Prozess für Entwurf und Produktion in Regionen mit technisch und wirtschaftlich unterversorgter Infrastruktur – Design als sozialökonomische Leistung.

Florian Kössler entwirft ein System für die nicht-invasive Spülung des duktalen Systems der weiblichen Brust zur anschließenden Zytopathologie (vgl. Abb. 2). Kössler gestaltet nicht nur das Gehäuse für eine Diagnosetechnik in der Krebsvorsorge, sondern er entwickelt und gestaltet den kompletten Prozess und die Technik des völlig neuartigen Diagnoseverfahrens als Alternative zu einem invasiven schulmedizinischen Gerät. Das Industrial Design greift hier weiter und umfasst die Ganzheit einer Problemstellung bis hin zur konstruktiven Definition der technischen Aggregate.

Der Fahrradsattel von Steffen Reiter ist nur denkbar vor dem Hintergrund neuer Produktionstechniken für individualisierte und schnelle Herstellung (vgl. Abb. 3). Nach einer im Design üblichen technischen Analyse von Konstruktionen, Verfahren sowie des Potentials im modernen Prototyping gestaltet und konstruiert Reiter ein Produkt, das durch seine Individualisierbarkeit und durch seine radikale Reduktion der Bauelemente auf fünf Teile besticht sowie durch sein technisches Layout dezentral beziehungsweise lokal hergestellt werden kann. Es ist gedacht auch als Produkt für ein Gründungsmodell.

Die interaktive Installation Jing Hua von Jifei Ou ermöglicht die spielerische Generierung einer floralen Ästhetik auf der Grundlage der Sprache der Natur – der Mathematik (vgl. Abb. 4). Die Technik besteht aus einem Rechner, einem Videoprojektor und einer Projektionsschale mit integrierten Gravitations- und Beschleunigungssensoren sowie WLAN-Sender und Batterie. Jifei Ou experimentiert mit dem Begriff und dem Prozess des Open Design. Dieser neuartige Umgang mit technischen Möglichkeiten gibt einen weiteren Blick auf das Design der Zukunft frei. Mit Hilfe von für jedermann verfügbaren Open-Source-Technologien untersucht er die Aspekte einer kompletten Herangehensweise in der Produktgestaltung. Hardware und Software sowie Gehäuse, Visualisierung und Inszenierung der Interaktion werden als gestalterische Ganzheit verstanden und vom Designer selbst entworfen, konstruiert und gebaut.

Aufgrund der weltweiten Bevölkerungsexplosion und der zunehmenden Verstädterung verändert sich die zukünftige Landwirtschaft zu einer industrialisierten und effizienteren Agrarkultur, um dem steigenden Ernährungsbedarf der Menschheit zu entsprechen – insbesondere in Asien und Südamerika. Diese notwendige Technisierung des bäuerlichen Handwerks erfordert einen noch intelligenteren Einsatz von Maschinen und Informationstechnologien. Der Entwurf von Harald Schieder bündelt diese Aspekte zu einem Interaktionskonzept zwischen Mensch und Gerät, was sich auch in der Namensgebung ausdrückt: Co.boter (vgl. Abb. 5)! Es ist ein integrierendes und kooperatives robotisches System und unterstützt die menschlichen Arbeiten – anstatt diese zu ersetzen! Das konzeptionelle Design visualisiert hier vortrefflich die Notwendigkeit eines Umdenkens und bietet gleichzeitig auch praktische Lösungswege an.

Abb. 5 / S. 182

EINFACH EINFACH.
VON INTERAKTIVEN ZU KOOPERATIVEN COMPUTERSYSTEMEN

DIGITALISIERUNG
DISZIPLIN
ETHIK & MORAL
GESCHICHTE
GESELLSCHAFT
GLOBALISIERUNG
INNOVATION & STRATEGIEN
KOMMUNIKATION
KUNST & KULTUR
ÖKOLOGIE
ÖKONOMIE
TECHNOLOGIE
THEORIE
WISSENSCHAFT & FORSCHUNG
ZUKUNFT

WOLFGANG HENSELER

»*To predict the future you need to invent it.*« (Alan Kay, 1971)[1]

DIE ANFÄNGE INTUITIVER BENUTZUNGSOBERFLÄCHEN[2]

Human-Computer-Interface-Design erlangte für Gestalter an Bedeutung, als Mitte der 1980er Jahre grafische Benutzungsoberflächen die kommandozeilenbasierten Betriebssysteme ablösten. Mit diesem Paradigmenwechsel von textlich zu grafisch orientierten Benutzungsoberflächen waren es fortan nicht mehr nur Informatiker oder Programmierer, die die Interaktion mit dem Computer bestimmten. Nun nahmen sich auch klassisch ausgebildete Grafik- und Produktdesigner dieser Thematik an. Designer wurden nicht mehr ausschließlich bei der Gestaltung der Computer-Hardware konsultiert, sondern zunehmend auch bei der Gestaltung der Software: User-Interface-Design begann sich zaghaft zu formieren.

Bereits Mitte der 1970er Jahre hatte ein interdisziplinär zusammengestelltes Team um Marc Weiser am Xerox Palo Alto Research Center (PARC) damit begonnen, die klassische Interaktion mit dem Computer kritisch zu hinterfragen. War es bis dahin vor allem Computerspezialisten vorbehalten gewesen, einen Computer zu bedienen, lag der Ansatz des Xerox PARC Teams darin, mittels einer grafischen Benutzungsoberfläche den Computer so einfach wie möglich bedienbar zu machen. Ziel war die Entwicklung eines intuitiveren Computer-Betriebssystems für jeden. Doch bei Xerox wurde das wirtschaftliche Potential, das mit einer grafischen Benutzungsoberfläche als Betriebssystem zu erwarten war, bekanntlich verkannt. So wurde der erste mit einem grafisch orientierten User-Interface-System ausgestattete Personal Computer (vgl. Abb. 1) – der Xerox Star 8010 »Dandelion«– zwar im Hause Xerox entwickelt; seine ungeschickte Vermarktung führte allerdings dazu, dass das Gerät zu wenig Beachtung und dementsprechend zu wenig Absatz fand.

Abb. 1 / S. 190

Erst nachdem diese grafische Benutzungsoberfläche einem Besucher von Apple Computer, einem gewissen Steve Jobs, in der Xerox PARC Forschungseinrichtung vorgeführt worden war, wurde der Erfolg für die »Desktop-Metapher« geebnet. Auch wenn das erste Gerät mit grafischer Benutzungsoberfläche von Apple – die Lisa – noch kein wirklicher Erfolg für Apple wurde (nicht zuletzt wegen des enormen Preises, hierzulande ca. DM 30.000), änderte sich dies spätestens mit dem Einzug des kleinen, freundlich lächelnden Macintosh (vgl. Abb. 2). Jetzt erfuhr die neue Interaktionsschnittstelle in Form der Desktop-Metapher weltweit Beachtung. Und: das Design eines Computer-Betriebssystems wurde erstmalig zum wettbewerbsdifferenzierenden Faktor. Die Kraft der Desktop-Metapher von Apple führte dazu,

Abb. 2 / S. 190

---

1 Alan Kay: www.smalltalk.org™
2 Der Autor zieht den Begriff »Benutzungsoberfläche« dem inzwischen lexikalisierten Begriff »Benutzeroberfläche« (= Oberfläche für den Benutzer) vor, den er mit der Oberfläche des Benutzers, also seiner Haut, seiner Kleidung etc. assoziiert und deshalb als nicht korrekt betrachtet. In diesem Beitrag bezeichnet also »Benutzungsoberfläche« die Oberfläche eines Objekts, z.B. die Softwaresteuerung bei einem immateriellen Produkt wie einer App oder Website oder das Hardware-Interface, z.B. die Maus eines Computers.

190

**EINFACH EINFACH.
VON INTERAKTIVEN ZU
KOOPERATIVEN
COMPUTERSYSTEMEN**
WOLFGANG HENSELER

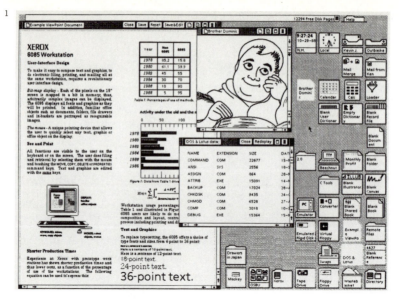

1　Xerox Star User Interface
2　Apple Macintosh, 1984
3　Sony Bravia TV

dass andere Konzerne wie beispielsweise Microsoft oder Sun nach kurzer Zeit mit schreibtisch- und fensterbasierten Betriebssystemen nachziehen mussten.[3] Der Markt der benutzungsfreundlichen Betriebssysteme begann sich zu entwickeln und mit ihm die neue Disziplin des Human-Computer-Interface-Designs – der ergonomischen Gestaltung der Schnittstelle zwischen Mensch und Computersystem.

War es damals diese Metapher, die Abbildung einer virtuellen Schreibtischoberfläche mit kleinen Symbolen (Icons) wie Ordnern, Dokumenten und einem Papierkorb, die dazu führte, dass der Computer benutzungsfreundlicher wurde, so stellt eben das Überwinden dieses metaphernorientierten Denkens bei der weiteren Entwicklung der Mensch-Computer-Schnittstelle die größte Hürde dar. Denn jede Metapher dient primär als mentale Hilfe bei der Entwicklung eines Mediums auf dem Weg zu seiner wesensspezifischen Formensprache. Daher sahen die ersten Automobile auch aus wie Kutschen ohne Pferde. Zunächst unterstützen Metaphern als geistige Vorstellungen dabei, neuartige Dinge besser und schneller zu verstehen, indem sie das bereits Erlernte zu nutzen wissen. Sobald der Umgang mit einem Medium dann näher vertraut ist und dessen spezifische Stärken verstanden werden, verlieren Metaphern ihre Wirkung, da sie nicht in der Lage sind, das komplette Leistungsspektrum des Neuen zu vermitteln; sie gelangen an ihre Grenzen. Gleichzeitig geht diese Art der Entwicklung einher mit der Veränderung des Mediums selbst.

In der Anfangsphase wurden Computer noch als »number crunchers« (Zahlenfresser) bezeichnet, deren Wesen darin bestand, möglichst viele algorithmische Berechnungen durchführen zu können. Durch den Einzug der Röhren- und späteren Transistorentechnik sowie der darauffolgenden Mikroelektronik wurden Computer zunehmend kleiner und leistungsfähiger. Aus dem vormals raumfüllenden Rechner wurde der auf dem Tisch stehende Personal Computer. Diese fortschreitende Entwicklung führte sukzessive dazu, dass der Computer der Zukunft nicht mehr als Maschine, sondern eher als eine Art digitaler Assistent gesehen wird, der seinen Nutzer überall hin begleitet: der Startpunkt zum nächsten User-Interface-Paradigmenwechsel.

TECHNOLOGIE BEDINGT DESIGN BEDINGT TECHNOLOGIE
Die beschriebene technologische Entwicklung, bei der die elektronischen Produkte immer kleiner und leistungsfähiger werden, auch als »Schrumpftechnologie« bezeichnet, führt dazu, dass die vormals dreidimensionalen Produkte zunehmend

---

3 Siehe dazu auch: Bernhard E. Bürdek: Der Apple Macintosh, Frankfurt am Main 1997.

EINFACH EINFACH.
VON INTERAKTIVEN ZU
KOOPERATIVEN
COMPUTERSYSTEMEN
WOLFGANG HENSELER

zweidimensionaler werden oder komplett ins digital Virtuelle driften. Aus dreidimensionalen Black Boxes werden zweidimensionale Black Surfaces und aus diesen wiederum kaum mehr wahrnehmbare Transponder. Die Reduktion auf das Wesentliche im Äußeren führt zu einer neuen Dimension im User-Interface-Design.

Lag der Fokus bei der Gestaltung von Personal-Computer-Produkten wie dem Apple Macintosh zunächst noch auf der Hardware, dem Produkt- und Industriedesign, so zieht sich die Produktgestaltung mit Einführung neuer Technologien wie High-Resolution-OLED- oder Multitouch-Oberflächen sukzessive auf ein Minimum zurück. Schwarze, rahmenlos aneinanderfügbare Flächen bilden die Displays der Zukunft (vgl. Abb. 3).

Abb. 3 / S. 190

Diese fortschreitende Entmaterialisierung der Dinge führt zur Verlagerung des Gestaltungsschwerpunkts – aus Hardware-Design wird Software-Gestaltung. Sukzessive verlagert sich die Bedienung von mit Knöpfen überfrachteten Minigeräten mit Handbüchern, die häufig größer sind als die Geräte selbst, auf smarte schwarze Flächen à la iPhone oder iPad. Deren Bedienung geschieht quasi intuitiv, kommt also komplett ohne Handbücher aus.

Die Natürlichkeit und Einfachheit im Umgang liegt vor allem in der neuartigen Gestaltung des Betriebssystems begründet. Dieses basiert nun nicht mehr ausschließlich auf grafischen Gestaltungsrichtlinien (Graphical-User-Interface-Design-Guidelines), sondern überwiegend auf Natural-User-Interface-Design-Prinzipien (NUI-Principles) – der nächsten Design-Generation im Umgang mit dem Computer: von MAC OS zu iOS. Wurden grafisch orientierte Benutzungsoberflächen vorwiegend noch mit Maus und Tastatur bedient, also Geräten einer indirekten Bedienung, so funktionieren NUI-basierte Systeme unmittelbar mittels Fingerberührung (Touch) und Gesten. Die Interaktion findet direkt auf deren Oberfläche und nicht indirekt über zusätzliche »Prothesen« wie Maus und Tastatur statt. Dieses sukzessive Verschwinden von Maus und Tastatur sowie der Wandel von GUI zu NUI führt im Interface-Design zu einem radikalen Umdenken (vgl. Abb. 4).

Abb. 4 / S. 194

GESTALTUNG VON VERHALTEN

Fokussierte sich die Gestaltung bei den User-Interface-Designern in der Ära der grafischen Benutzungsoberflächen noch primär auf den »Look« von Software oder Websites, so verlagert sich diese durch die fortschreitende Entmaterialisierung der Hardware vom Aussehen (Look) hin zur Gestaltung des Verhaltens (Feel). Dieser Paradigmenwechsel »von Look zu Feel« führt im Design dazu, dass nunmehr die Gestaltung von Verhalten in den Mittelpunkt des Human-Computer-Interface-Designs rückt. Aus ursprünglich visuell kommunikativ geprägten Gestaltungsvorgängen werden behavioristisch ausgerichtete Methoden. Natural-User-Interface-Design spiegelt dabei eine vollkommen neue Betrachtungsweise in der Gestaltung des Umgangs mit dem Computer wider (vgl. Abb. 5).

Abb. 5 / S. 194

Bei dieser neuen Betrachtung tritt der »Computer als dreidimensionales Gerät« immer stärker zugunsten des »Computers als adaptives Software-System« in den Hintergrund. Natürliche Gesten und unmittelbare Berührung stellen die kommende Generation der Mensch-Maschine-Interaktion dar und läuten damit das nahende Ende von Artefakten wie der Maus oder dem Stellrad bei einem Fahrzeuginformationssystem ein. Endlich sehen Computer nicht mehr aus wie Computer und sind auch nicht mehr so umständlich zu bedienen, sondern halten Einzug in die Gegenstände des Alltags, begleiten uns überall mit hin und unterstützen den Menschen auf natürliche Art und Weise (Internet of Things).

Durch die Etablierung des Internets als weltweite Kommunikations- und Informationsinfrastruktur (World Wide Web) sowie der Möglichkeit, von jedem Ort (anywhere) zu jedem Zeitpunkt (anytime) auf jegliche medialen Inhalte (anything) in gewünschter »personalisierter« Form (anyhow) zugreifen zu können, verabschiedet sich der Mensch sukzessive von der dinglichen Welt. Aus analogen Büchern werden digitale Repräsentanten und aus vormals auf lokalen Festplatten gespeicherten Daten werden flüchtige, nur zum Zeitpunkt ihrer Nutzung benötigte Informationen aus einer Wolke (Cloud) geladen. Cloud Computing, das Speichern von Informationen im Internet und die Möglichkeit, von jedem Ort der Welt auf das Relevante zugreifen zu können, verändert nicht nur unseren Umgang mit den Dingen, sondern führt vor allem zu einer veränderten Art des Denkens und der Wissenserlangung.

Die neuen Perspektiven bringen es mit sich, dass sich Softwareprogramme (Applikationen) wie Word, Excel oder Powerpoint, aber auch die Organisation von digitalen Dokumenten in Form von Registern (file directories) nach und nach zugunsten der von den Nutzern gewünschten Handlungen auflösen werden. Nicht mehr der Umgang mit Programmen und Ablagen, sondern die unmittelbaren menschlichen Bedürfnisse rücken in den Mittelpunkt der Mensch-Maschine-Kommunikation. Wir suchen nicht mehr nach den Dingen, sondern die Dinge finden uns. Möchte ein Nutzer beispielsweise etwas schreiben, tut er dies einfach auf der »neuen Ober-

194

**EINFACH EINFACH.
VON INTERAKTIVEN ZU
KOOPERATIVEN
COMPUTERSYSTEMEN**
WOLFGANG HENSELER

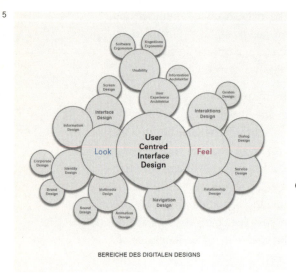

	CLI	GUI	NUI
Primäre Eingabemedien	Tastatur	Tastatur und Maus	Finger und Stift
Interface	Abstrakt (Codes)	Indirekt (Metapher)	Unmittelbar und direkt
	Text	Grafik	Objekte
Denken in	Zahlen und Codes	Symbolen	Objekten
Interaktion	Unnatürlich	Semi-Natural	Natürlich
	Gelernt	Wiedererkennend	Intuitiv
Mediale Ausprägung	Monomedial	Multimedial	Multimodal
Zielerreichung	Getrieben	Explorativ	Kontext-sensitiv
User Experience	Nüchtern	Anschaulich	Erlebnisorientiert
Wirkungseffizienz	Gering	Mittel	Hoch

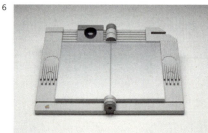

4 Vergleich der Eigenschaften zwischen CLI, GUI- und NUI-basierten Systemen
5 Designbereiche von Look and Feel
6 Apple Knowledge Navigator, 1987

fläche«, anstatt ein Programm zu öffnen, in welchem er in der Lage ist, mittels eines cursorgeführten Dialogs einen Text schreiben zu können: einfach »Schreiben« statt »Applikation öffnen«.

Die neue Einfachheit im Umgang mit dem Computer lässt auch das jahrhundertealte Thema »Ablage« verschwinden. In Analogie zur menschlichen Wissensverarbeitung, bei welcher der Mensch sich auch nicht darum kümmert, wo welche Informationen neuronal in seinem Kopf verankert werden, ermöglichen diese innovativen Interface-Systeme eine neuartige Form der menschlichen Datenverwaltung. Sie können als Verstärker der kognitiven Fähigkeiten des Nutzers verstanden werden. Dokumente oder Ordner müssen nicht mehr sorgfältig abgelegt oder hierarchisch organisiert werden, sondern werden in einem Raum-Zeit-Kontext-Kontinuum (Beziehungsnetz) dynamisch organisiert. Die Dinge erscheinen in der Form und zu dem Zeitpunkt, zu dem die Nutzer sie benötigen und nicht dort, wo sie umständlich eingeordnet wurden. Kontext-Sensitivität und situative Relevanz bilden die zentralen Verhaltensschemata dieser kommenden Generation an Betriebssystemen. Anstatt nur interaktiv zu sein, denken diese Systeme »autonom adaptiv mit«, verhalten sich kooperativ und sind lernfähig. Neben dieser »radikal« neuen Betrachtungsweise bei der Interface-Gestaltung kommen durch die neuen Multitouch-Technologien weitere Charakteristika hinzu. Wurden Computer bzw. deren Benutzungsoberflächen bis dato immer in einer Eins-zu-eins-Relation benutzt, d.h. ein Computer – ein Nutzer, so ermöglichen es die neuen Technologien nunmehr, dass mehrere Nutzer synchron an einem Computer arbeiten können.

SMARTE INTERFACES
Folglich besitzt die neue Generation der Benutzungsoberflächen kein »Oben« oder »Unten« im klassischen Gestaltungssinne eines desktop-basierten Betriebssystems mehr, bei welchem sich z.B. die Menüleiste oben oder unten auf dem Desktop befindet, sondern richtet sich dynamisch nach dem zum Interface-System hinzutretenden Nutzer hin aus. Gleichzeitig können Gegenstände des Alltags direkt auf diese Interaktionsflächen gelegt werden und verbinden sich vollkommen kabellos auf »magische« Weise untereinander.

Die Unmittelbarkeit, Dinge direkt auf dem und am Bildschirm durch Berühren oder Verschieben manipulieren zu können sowie die Möglichkeit der synchronen Nutzung einer Benutzungsoberfläche durch unterschiedliche Benutzer, führen zu einer vollkommen neuen Interface-Designsprache.

Die nächste Generation von Interfaces bewirkt, dass Gestaltungsprinzipien sich folglich immer stärker an dynamischem Verhalten als an statischem Aussehen ausrichten. Dadurch verschwindet das Design der visuell kommunikativen Aspekte keineswegs, doch es bildet nicht mehr den gestalterischen Mittelpunkt. Der autonom adaptive Charakter solcher Interface-Systeme führt nämlich dazu, dass gestalterisches Denken sich primär mit der Reduktion auf das Wesentliche, dem »situativ Relevanten«, beschäftigen muss. Parallel hierzu werden die Dinge zunehmend komplexer, da die Gestaltung von Verhalten mit ihren behavioristischen Prinzipien wesentlich vielschichtiger ist als die des reinen Aussehens. Diese nächste Dimension der Nutzungssysteme, bei der die Dinge am Interface immer intuitiver und kontextsensitiver werden, gleichzeitig aber im Hintergrund immer komplexere Strukturen aufweisen, beruht sehr stark auf der Kunst der Simplifizierung: Komplexe Dinge einfach benutzbar zu machen und ihnen einen adaptiv-dynamischen Charakter zu verleihen, kommt darwinistischen Prinzipien gleich, bei denen sich der Gestalter wesentlich intensiver mit der »DNA« seines Designgegenstandes beschäftigen muss.[4] Neben klassischen Human-Computer-Interface-Designkriterien fließen daher zunehmend Aspekte der Evolutionstheorie in das Design mit ein. Der Interface-Gestalter, der folglich wesentlich interdisziplinärer denken und handeln muss, mutiert mehr und mehr vom Interface-Designer zum Interface-Devigner, einer Mischung aus Developer und Designer.

Neben dem Unterschied in der produkt- und medialsprachlichen Veränderung des Interfaces und deren gestalterischer Auswirkungen treten zeitgleich weitere technologische Phänomene auf. Wurden unterschiedliche Hardware-Geräte meistens per Kabel miteinander verbunden, um gegenseitig Daten austauschen zu können, so bewirkte die Einführung der Wireless-Technologie eine kabel- und berührungslose Kommunikation. Aus online wird onair, die kabellose datentelemetrische Übertragung von Informationen.

Das erweiterte Spektrum an Möglichkeiten der neuen Technologien durch die Integration smarter Sensorik bewirkt darüber hinaus, dass die Dinge im Umgang immer stärker miteinander verschmelzen. Mixed Media, Augmented Reality und das Internet of Things – die bereits lang vorhergesagte Konvergenz von realer und virtueller Welt – werden damit zum Faktum. Analoge Gegenstände finden ihre virtuelle Repräsentanz und Verlängerung im Digitalen und umgekehrt. Das »Internet der Dinge«[5] lässt die beiden Welten und deren Objekte auf natürliche Art verschmelzen. Kleine elektronische Bausteine wie RFID (Radio Frequency Identifier)

---

4 Siehe dazu: Donald A. Norman: Living with Complexity, Cambridge, MA/London 2011.
5 http://www.internet-der-dinge.de/

oder Transponder ermöglichen es, dass aus Objekten Subjekte werden, die ihre Umwelt wahrnehmen und verarbeiten können sowie durch entsprechende Aktoren handlungsrelevante Aktionen auslösen werden. Kommunikation zwischen Fahrzeugen beispielsweise soll in wenigen Jahren dazu beitragen, Verkehrsunfälle zu verhindern. Die intermediale Vernetzung der Objekte sowie der autonom adaptive Charakter dieser Systeme bewirken, dass die persönliche Benutzungsoberfläche als individuelles Interface zwischen realer und virtueller Welt, welches permanent seinen Benutzer begleitet, Gegenwart wird. Die »lückenlose« Lernfähigkeit dieser Systeme sowie das proaktive Unterstützen von Handlungen führen dazu, dass aus der reinen Interaktion mit dem Computer eine Art Kooperation mit einem »lebendigen« System wird; aus dem ehemals als Computer bezeichneten Gerät wird der echte persönliche digitale Assistent (Personal Digital Assistent), der seinen Nutzer überall hin begleitet und sukzessive zum Abbild seiner selbst im Digitalen wird – ein weiterer Paradigmenwechsel im Umgang mit dem Computer.

Auch wenn dieses Phänomen ansatzweise bereits Ende der 1980er Jahre von Apple in Studien wie dem Knowledge Navigator (1987, vgl. Abb. 6) oder dem als erstes in diese Richtung gedachten Produkt, dem Newton (1993, vgl. Abb. 7) antizipiert worden war, wird es erst heute wirtschaftliche Realität.[6]

Abb. 6 / S. 194
Abb. 7 / S. 198

Die (über-)nächste Generation smarter Benutzungsoberflächen bzw. Computersysteme zeichnet sich vor allem durch ihre Lernfähigkeit, autonome Adaptivität und semantische Zuordnungsfähigkeiten aus. Spielte die Komponente zur Interpretation von Bedeutung bei der Gestaltung von Interface-Systemen bisher keine oder nur eine sehr untergeordnete Rolle, z.B. bei der Erkennung natürlich gesprochener Sprachbefehle, rückt sie momentan in der Ära der »smarten Interface-Agenten« in den Gestaltungsmittelpunkt. Als quasi »intelligente Software-Systeme« halten diese neuartigen Formen des Computers schon bald Einzug in alle Lebensbereiche: aus schlagwortgeprägter Computerinteraktion wird semantische Computerkooperation.

In der Automobilindustrie sind derart kooperativ-autonome Systeme bereits heute Realität. Moderne Fahrzeuge sind mit einer ganzen Menge an Assistenzfunktionen ausgestattet, die nicht nur die Kommunikation mit dem Fahrer, sondern eine Kommunikation und Interaktion der Fahrzeuge untereinander ermöglichen. Dabei ist es immer seltener der Fahrer, der die Kommunikation mit dem Fahrzeug initiiert. Vielmehr agieren die Systeme vollkommen eigenständig auf Basis ge-

---

6 Siehe dazu: Volker Fischer: Der i-Kosmos. Macht, Mythos und Magie einer Marke/The i-Cosmos. Might, Myth and Magic of a Brand, Fellbach 2011.

**EINFACH EINFACH.
VON INTERAKTIVEN ZU
KOOPERATIVEN
COMPUTERSYSTEMEN**
WOLFGANG HENSELER

7   Apple Newton, 1993
8   Interface »Siri«
9   Brain-Computer-Interface »Intendix«

wünschter (Verhaltens-)Ziele. So warnen und beeinflussen sich Automobile mittlerweile untereinander, wenn sich eine Gefahr für ihre Sicherheit oder ihre Insassen abzeichnet. Zudem kommunizieren Fahrer immer häufiger direkt verbal mit dem Fahrzeug bzw. dessen Kommunikationsschnittstellen. Selbst wenn die natürliche Spracheingabe zum fehlerfreien Dialog mit dem Automobil noch einige Zeit in Anspruch nehmen wird, zeichnet sich hier bereits eine zukünftige Entwicklung im Umgang mit Computersystemen ab (vgl. Abb. 8).

Abb. 8 / S. 198

VERSCHMELZUNG VON MENSCH UND COMPUTER

Ein weiterer Ausblick in die Zukunft zeigt in ersten Ansätzen schon heute, wie weit die Entwicklung in der Schnittstellengestaltung zwischen Mensch und Computer noch gehen wird. Mentale Interfaces wie das Brain-Computer-Interface von g.tec (vgl. Abb. 9) ermöglichen es mittlerweile nicht mehr nur körperlich eingeschränkten Personen, einen Dialog mit dem Computer zu führen, sondern lassen allein durch die Kraft unserer Gedanken den Mensch-Maschine-Austausch stattfinden. Mensch und Computer beginnen zu verschmelzen. Diese vornehmlich im medizinischen (Prothesensteuerung) und militärischen Bereich sowie im Computerspielesektor zum Einsatz kommenden Interfacelösungen weisen schon heute auf den weiteren Weg der Schnittstellenentwicklung hin.

Abb. 9 / S. 198

Wie es sich weltweit in vielen Forschungslabors, aber auch in unserer Gesellschaft bereits abzeichnet, scheint die Konvergenz zwischen Mensch und Computer nicht mehr lange auf sich warten zu lassen. Haben die meisten Tattoos oder Piercings heutzutage nur symbolische oder visuell-kommunikative Bedeutung, wird sich dies durch deren Belegung mit Funktionalität in naher Zukunft stark verändern. On- oder In-body-Technologien, bei denen, wie in der Tattoo-Studie von Philips, den Transpondern des Bacha-Clubs oder den Ohrringen für Twitter, On- oder Implantate den Begriff »Schnittstelle« komplett neu verstehen lassen, befinden sich auf dem Vormarsch. Auch wenn deren Einsatz und Verbreitung bei heutigen Diskussionen noch starke Polarisierungen hervorrufen, so lässt sich die Entwicklung kaum mehr stoppen. Denn wenn schon funktionslose Applikationen auf unserer Haut eine so starke Verbreitung erfahren, wie wird es sich dann erst darstellen, wenn diese auch noch funktional vernetzt sein werden?

»*Imagination is more important than knowledge*« (Albert Einstein 1924)[7]

---

7 Albert Einstein: zitiert in »What Life Means to Einstein«, The Saturday Evening Post. New York 26. Oktober 1929.

MATERIALIEN EINER NEUEN DESIGNKULTUR

DIGITALISIERUNG
DISZIPLIN
ETHIK & MORAL
GESCHICHTE
GESELLSCHAFT
GLOBALISIERUNG
INNOVATION & STRATEGIEN
KOMMUNIKATION
KUNST & KULTUR
ÖKOLOGIE
ÖKONOMIE
TECHNOLOGIE
THEORIE
WISSENSCHAFT & FORSCHUNG
ZUKUNFT

SASCHA PETERS

Bakelit für Haartrockner- und Telefongehäuse in den 1930ern, PVC (Polyvinylchlorid) für Tonträger und Isolationskabel in den 1950ern und Sportschuhe aus PU (Polyurethan) in den 1970ern: Neue Werkstoffe mit herausragendem Eigenschaftsprofil galten im 20. Jahrhundert als Grundlage für Innovation. Dies scheint sich in den letzten Jahren geändert zu haben. Denn mussten früher zur Lösung einer Problemstellung neue Werkstoffqualitäten erst noch entwickelt werden, ist die Auswahl unter den heute zur Verfügung stehenden Materialien und Produktionstechniken so breit, dass meist die Lösung vor dem Problem vorliegt. Dieser Sachverhalt wird unser traditionell an Technologien orientiertes Innovationsverständnis nachhaltig verändern: »*Denn was der Ausgestaltung erfolgreicher Entwicklungsprozesse heute häufig fehlt, ist nicht die technologische Neuerung im Sinne funktionaler Qualität, sondern der erfolgreiche Transfer einer technologischen Lösung in ein marktfähiges Produkt.*«[1]

RETROREFLEXION

Retroreflektierende Oberflächen beispielsweise werfen einfallende Lichtstrahlen immer in die Richtung zurück, aus der sie kommen. Man kennt den Effekt von reflektierender Bekleidung aus dem Straßenverkehr oder von Fashionelementen in der Schuhmode. Die Retroreflexion jedoch auf Wandflächen zu übertragen ist neu und zeigt neben innovativen Anwendungspotentialen für Wegeleitung und Lichtsysteme vor allem eins: den Wandel unseres klassischen Innovationsverständnisses – einer Kultur, die Innovationen bislang primär als Weiterentwicklung technologischer Funktionalitäten verstanden hat. Denn der Ansatz des Reflexbetons mit dem Namen »BlingCrete« (vgl. Abb. 1) stammt von keinem Materialwissenschaftler, sondern von der Künstlerin Heike Klussmann und dem Architekten und Designer Thorsten Klooster. Ende der 1990er Jahre hatte sich Klussmann in verschiedenen Kunstprojekten mit retroreflektierenden Materialien und ihren Eigenschaften beschäftigt und im Rahmen des Projekts »Stadt im Regal« eine reflektierende Straßenmarkierung im 13. OG eines Parkhauses in Berlin-Mitte installiert. Mit dem Büro netzwerk architekten aus Darmstadt gewann sie dann den Wettbewerb zum Bau einer neuen U-Bahn-Linie in Düsseldorf (der Wehrhahnlinie, die derzeit im Bau ist) mit insgesamt sechs neuen Bahnhöfen, in denen die Verwendung retroreflektierender Oberflächen vorgesehen ist.

Abb. 1 / S. 204

Das optische Phänomen wird durch Einbetten von Mikroglaskugeln in die Mineraloberfläche erreicht. An der Universität Kassel wird dieser neue Werkstoff von einer Gruppe von Physikern, Ingenieuren und Betonspezialisten entwickelt.

---

1 Sascha Peters: Material formt Produkt. Innovations- und Marktchancen erhöhen mit professionellen Kreativen (Bd. 18 der Schriftenreihe Aktionslinie Hessen-Nanotech des Hessischen Ministeriums für Wirtschaft, Verkehr und Landesentwicklung). Wiesbaden 2010.

**MATERIALIEN EINER
NEUEN DESIGNKULTUR**
SASCHA PETERS

1 Oberfläche von »BlingCrete« mit eingelassenen Mikroglaskugeln, Heike Klussmann, Thorsten Klooster, 2010
2 Durch Einbetten von Glasfasern in die Betonmatrix entsteht transparenter Beton, LiTraCon, 2004
3 Der lichtdurchlässige Raumteiler »Luminoso«, Litwork GmbH, 2009

Ziel ist es, Kanten und Gefahrenstellen wie Bahnsteigkanten, Treppenstufen oder Bordsteine sicherheitstechnisch zu kennzeichnen und besonders hervorzuheben. Neben Bauanwendungen arbeiten die Entwickler derzeit auch an retroreflektierenden Flächenelementen und integrierten Leitsystemen. Zudem haben sie mit Hering Bau, einem mittelständischen Unternehmen in Butzbach, auch schon den späteren Hersteller im Entwicklungsteam, der sich von diesem neuen Material große Entwicklungspotentiale für neue Märkte erhofft. Vorteile gegenüber herkömmlichen Farben und Anstrichen sind Abriebfestigkeit und vor allem eine mögliche Zulassung als Bauprodukt. Mit seiner besonderen Haptik kann »BlingCrete« zudem auch in taktilen Blindenleitsystemen genutzt werden.

DESIGN UND MARKTFÄHIGKEIT

Die Entwicklungsgeschichte des Reflexbetons ist ein Paradebeispiel für eine Veränderung, die sich momentan in materialbasierten Innovationsprozessen manifestiert: Die Rolle professioneller Kreativer entwickelt sich weg von anwendungsbezogenen Umsetzern hin zu konzeptionell argumentierenden Vordenkern für andersartige Möglichkeiten, die im Diskurs mit Herstellern zur Entwicklung neuer Materialien oder Fertigungsverfahren anregen oder sie selbst entwickeln. Neue Werkstoffe mit ihren Qualitäten und haptischen Oberflächen werden aus Sicht des Anwenders gedacht und die notwendigen technischen Funktionalitäten für die möglichen Einsatzszenarien ausgelegt. *»Das Augenmerk wechselt von den Eigenschaften der Materialien zu ihrer Performance. Gestalter greifen in die Technologisierung der Materialien ein und bestimmen das Werkstoffverhalten, anstatt dieses zu berücksichtigen.«*[2]

Zahlreiche weitere Entwicklungen belegen, dass wir von einer nachhaltigen Umkehrung des klassischen Innovationsverständnisses ausgehen können.[3] Professionelle Kreative übernehmen nicht mehr nur am Ende einer technologischen Neuerung ihre »nachträgliche Aufhübschung«. Vielmehr sind sie gleichberechtigte Partner im Entwicklungsprozess, die Zukunftsmärkte erschließen. Immer häufiger werden Material- und Anwendungsentwicklungen nicht getrennt voneinander in sequentiell aufeinanderfolgenden Prozessen durchgeführt, sondern finden parallel statt. So ist gewährleistet, dass für die Materialentwicklung wichtige Hinweise aus zukünftigen Anwendungskontexten frühzeitig berücksichtigt werden und Forschungsaktivitäten, wie von zahlreichen Innovationsforschern gefordert, von Beginn an auf den Markt ausgerichtet werden.[4]

---

2 Thorsten Klooster: Smart Surfaces. Intelligente Oberflächen und ihre Anwendung in Architektur und Design, Basel/Boston/Berlin 2009.
3 Vgl. Sascha Peters: Materialevolution. Nachhaltige und multifunktionale Materialien für Design und Architektur, Basel 2010.
4 Booz Allen Hamilton: Innovationsstudie – Global Innovation 1.000, 2006 (http://www.presseportal.de/pm/44015/899868/booz_company).

Diese neue Rolle professioneller Kreativer im Entwicklungsprozess wurde durch eine Reihe von Analysen und Erkenntnissen zur Innovationsfähigkeit deutscher Unternehmen in den letzten Jahren befördert. Laut einer Studie des Bochumer Instituts für angewandte Innovationsforschung haben deutsche Unternehmen »*eine eklatante Schwäche bei der Umsetzung von Neuproduktideen. Lediglich 6% aller offiziell eingeleiteten Innovationsprojekte würden hierzulande zum Markterfolg geführt. Als Grund sahen die Analysten eine einseitige Technik- statt einer umfassenden Marktorientierung.*«[5] Technik- und Detailverliebtheit seien gar Hemmschuhe für den Produkterfolg.[6] So fehlen uns weniger gut ausgebildete Spitzenforscher als vielmehr Personen, die ob ihrer Fähigkeiten in der Lage sind, ein technologisches Potential in ein marktfähiges Produkt zu überführen. Dies erfordere, so das Ergebnis der Studie »Global Innovation 1000«, vor allem eines: die frühzeitige Ausrichtung aller F&E-Tätigkeiten auf den Markt und Kundennutzen sowie die parallele Durchführung von Technologieentwicklung einerseits und den des Anwendungsbezugs bzw. die Entwicklung zukünftiger Modellmärkte andererseits.[7]

LICHTDURCHLÄSSIGKEIT

Zahlreiche Architekten und Designer haben Material- und Technologieinnovationen in den letzten Jahren angeregt oder gar selbst erarbeitet. So entwickelte der ungarische Architekt Áron Losonczi lichtdurchlässigen Beton (vgl. Abb. 2) – ein Material mit einem klaren Anwendungsbezug für das Bauwesen und die Innenarchitektur, das mit einer Vielzahl von Nachahmerprodukten einen vollkommen neuen Markt geschaffen hat. In der Folge kopierten einige Unternehmen nicht nur das Produktkonzept des Architekten, der mittlerweile als eigener Produzent erfolgreich ist. Es existiert auch ein Transfer der Idee in einen ganz anderen Materialbereich. Die Einbettung von lichtleitenden Glasfasern in eine Werkstoffmatrix wurde 2009 unter dem Namen »Luminoso« erfolgreich auf einen Holzwerkstoff übertragen – eine Entwicklung, die gerade in transparenten Raumteilern und als Projektionsflächen Anwendung findet (vgl. Abb. 3).

DEFORMATION

Bei den Produktionstechniken zählt die »Freie-Innenhochdruck-Umformung« (FIDU) des polnischen Architekten und Designers Oskar Zieta zu einem der herausragenden Beispiele für eine Stärkung des Anwendungsbezugs, auch in der Fertigung (vgl. S. 200 / 201). Das Beispiel zeigt aber nicht nur die Möglichkeiten, die professionelle Kreative zur Entwicklung neuer Produktionstechnologien haben. Es deutet auch

---

5 IAI Innovationsstudie 2006, hrsg. vom Bochumer Institut für angewandte Innovationsforschung.
6 Sascha Peters/Bochumer Institut für angewandte Innovationsforschung: Die Bedeutung von Design für technische Innovationsprozesse. Beitrag zum 3. Symposium Industriedesign 17./18.04.2009, Dresden 2009.
7 Booz Allen Hamilton 2006 (Anm. 3).

noch auf einen weiteren wichtigen Aspekt für erfolgreiche Innovationsprozesse: das Zulassen von Unschärfen. Sich auf ständige Veränderungen einzustellen und einen Innovationsprozess mit einem flexiblen Planungskorridor durchzuführen, in dem sich das Planungsziel schrittweise am jeweiligen Entwicklungsergebnis ausrichtet, ist eine Qualität, die von Innovationsforschern seit Jahren gefordert wird[8] und der von professionellen Kreativen in vielen Fällen entsprochen wird.[9]

Die geforderte Unschärfe ist den durch FIDU erzeugten Geometrien produktimmanent. Die Bleche werden präzise in der Fläche zugeschnitten und an den Rändern verschweißt. Anschließend wird in das Innere ein Überdruck von 0,1 bis 7,0 bar eingebracht, der die beiden Elemente aufbläht. Je nach Geometrie, Dauer und Druck fällt die Deformation unterschiedlich aus. Die Endform ist nicht präzise vorherzusehen, eine gezielte Unschärfe in den Prozess integriert. Ist das Verfahren 2008 vor allem mit dem Aufblashocker »Plopp« und einer verblüffenden Ästhetik bekannt geworden, zeigte Oscar Zieta auf der IMM Cologne im Januar 2010 erstmals die Anwendung der Technologie an einer architektonischen Struktur. Ergebnis war eine Leichtbaukonstruktion aus hochglänzend polierten Blechmodulen.[10]

NEUE LICHTTECHNOLOGIEN

Da es insbesondere ihre Bilder und Entwürfe sind, die Zukunftsvisionen in funktionsfähige Produktszenarien überführen, nehmen Architekten und Designer bei der Entwicklung der zukünftigen Märkte eine immer wichtigere Rolle ein. Es scheint fast so zu sein, als ob erst die Präsentation modellhafter Produktkonzepte den Transfer einer Werkstoffinnovation in den Markt beschleunigt. Ein Beispiel ist das Möbel »Lo Glo«, das von dem Architekten Jürgen Mayer H. entwickelt wurde (vgl. Abb. 4), kurz bevor Materialhersteller den Markt mit nachleuchtenden Paneelen für Sicherheitszwecke bedienten (vgl. Abb. 5).

Abb. 4 / S. 208
Abb. 5 / S. 208

Ein weiteres Beispiel kommt aus der Leuchtenindustrie, die sich durch Weiterentwicklung von OLED auf weitreichende Umbrüche vorbereiten muss. Auf Basis dieser Technologie entwickelten die beiden Designer Hannes Wettstein und Ingo Maurer bereits 2007 erste Konzepte und bereits 2008 konnten die ersten OLED-Leuchten auf den Markt gebracht werden (vgl. Abb. 6).

Abb. 6 / S. 208

NACHWACHSENDE ROHSTOFFE

Vor allem im Bereich der nachwachsenden Rohstoffe sind die Aktivitäten von Designern in den letzten beiden Jahren sprunghaft angestiegen. Das Mehrwerk De-

---

8 Gustav Bergmann: Kompakt-Training Innovation, Ludwigshafen 2000.
9 Peters/Bochumer Institut für angewandte Innovationsforschung 2009 (Anm. 5).
10 Sascha Peters: Technisch aufpolierte Möbel, in: IMM cologne visions. Following interior trends, hrsg. von Kölnmesse GmbH. Basel/Berlin/Boston 2010.

**MATERIALIEN EINER
NEUEN DESIGNKULTUR**
SASCHA PETERS

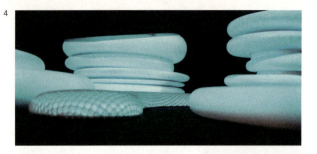

4   Jürgen Mayer H., »Lo Glo«, 2007
5   Raum mit nachleuchtenden Aluminiumplatten, Novelis Deutschland, 2008
6   OLED-Leuchte »Flying Future«, Ingo Maurer, 2010
7   Lounge Chair »AufjedenFalz« aus einem Naturfaserverbund, Mehrwerk designlabor, Enrico Wilde, 2011

signlabor aus Halle fokussiert dabei auf die Verwendung von Naturfaserverbunden und hat sich zur Aufgabe gemacht, die Potentiale nachwachsender Rohstoffe für Massenmärkte zu erschließen und konkurrenzfähig zu machen (vgl. Abb. 7). Und während die französischen Designer von Green Factory dem Zellulosekunststoff »Zelfo« zu einem Durchbruch am Markt verhelfen möchten, ist die niederländische Designerin Mandy den Elzen die erste, die Algenfasern als Verstärkungsmaterial im Produktdesign verwendet (vgl. Abb. 8).

LEICHTBAU

Dass sich die Investition in prototypische Produkte zur Entwicklung von Zukunftsmärkten für innovative Materialien und Technologielösungen mehr als lohnt, haben auch die Verantwortlichen des Entwicklungsdienstleisters EDAG aus Fulda in den letzten beiden Jahren erfahren. Sie präsentierten zum Automobilsalon in Genf 2009 die Fahrzeugstudie »Light Car – Open Source«, die gleich drei Ansätze zu ressourcen- und energieschonenden Antriebs- und Karosseriekonzepten beinhaltete (vgl. Abb. 9):

- zur Realisierung einer besonders leichten, aber dennoch hochstabilen Karosserie transferierten die Designer und Ingenieure Basaltfasern aus dem Bau von Windkraftanlagen in den Fahrzeugbau.
- beim Lichtkonzept griffen die Entwickler auf OLED zurück, die als flächige, frei programmierbare Leuchtelemente auf den glatten Glasflächen angeordnet wurden.
- der Antrieb wurde vollständig auf die Zukunft eines Elektrofahrzeugs ausgelegt. Dabei kamen intelligente, elektrische Antriebssysteme in den Rädern zur Anwendung, um die Übertragung der Leistung der Lithium-Ionen-Batterie auf die Straße zu befördern und gleichzeitig Gestaltungsraum für das Package des Fahrzeugs zu bieten.

Die Unternehmen haben erkannt, dass es nicht die technologischen Neuerungen im Sinne von funktionalen Qualitäten sind, die heute erfolgreiche Innovationsprozesse ausmachen, sondern vor allem der schnelle Transfer einer technischen Erfindung in ein marktfähiges Produkt. In diesem Zusammenhang wird den professionellen Kreativen – den Designern und Architekten – eine besondere Bedeutung beigemessen. Denn sie sind es, die uneingestandene Wünsche des Kunden aufspüren, in Entwicklungen berücksichtigen und technische Funktionen in emotionalen Mehrwert transferieren.

**MATERIALIEN EINER
NEUEN DESIGNKULTUR**
SASCHA PETERS

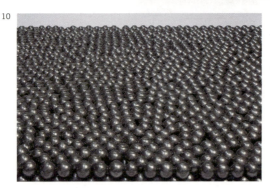

8   Behältnis »Algae vase« aus einem Algenfaserverbund, Mandy den Elzen, 2009
9   »Light Car«, EDAG Group, 2009
10 Hohlkugelstrukturen, hollomet, 2009

Mittlerweile greifen selbst Unternehmen aus der Chemie- und Verfahrenstechnik auf die Kompetenzen der Profikreativen zurück. Jüngstes Beispiel ist die hollomet GmbH als Hersteller metallischer Schwämme und Hohlkugelstrukturen (vgl. Abb. 10). Während Metallschäume mit ihrer großen inneren Oberfläche vor allem für Katalysatoren und Filteranlagen entwickelt wurden, verspricht sich das Unternehmen von metallischen und keramischen Hohlkugelelementen eine erfolgreiche Markteinführung in Leichtbaukomponenten für den Maschinen- und Fahrzeugbau. Letztere gehen auf einen Prozess zurück, in dem Styroporkugeln in einem Wirbelschichtprozess mit einer Suspension aus Metall-/Keramikpulver, Binder und Wasser beschichtet und anschließend erhitzt werden. Der Kunststoff verdampft, übrig bleiben Hohlkugeln aus einem metallischen oder keramischen Werkstoff. Für bestimmte Qualitäten können in vorhandene Hohlkörper auch Zusatzstoffe injiziert werden. Zur Erzeugung von Plattenmaterialien werden die Kugeln verklebt, versintert oder in Kunstharz eingegossen. Seit Mitte 2009 sind nun Designer und Architekten in unterschiedlichste Produktentwicklungen für Fassadenelemente mit luftreinigenden und schallabsorbierenden Eigenschaften, Fußboden- und Wandwerkstoffe mit elektromagnetischen Strahlungen, abschirmenden Qualitäten oder flächigen Lichtelementen einbezogen. Anwendungsszenarien werden aus Sicht des Nutzers gedacht und für eine Fertigungstechnologie entwickelt, die selbst Ingenieuren noch nahezu unbekannt ist.

Abb. 10 / S. 210

Die Designprofession hat sich wegbewegt von der reinen Produktion, vom Gegenständlichen, vom Ästhetischen hin zu einer Disziplin, die als Bindeglied zwischen Hochtechnologie und Alltag fungiert. Professionelle Kreative visualisieren komplexe technische Sachverhalte, entwickeln Denkmodelle, skizzieren Zukunftsmärkte und beschreiben Anwendungsszenarien für innovative Materialkonzepte.[11] Design ist zu einem Prozess geworden, der die Lücke zwischen technologischer Möglichkeit und gesellschaftlicher Akzeptanz, zwischen Forschungsergebnis und dem marktfähigen Produkt schließt – für eine lebenswerte Gesellschaft. Nicht als geduldetes Anhängsel für technologiegetriebene Innovationen, sondern als unverzichtbar notwendiges und vollständig integriertes Element in den Entwicklungsprozessen.

---

11 Siehe dazu auch: Bernhard E. Bürdek: Design. Geschichte, Theorie und Praxis der Produktgestaltung, 3. erw. Aufl., Basel/Boston/Berlin 2005, S. 417.

NATUR UND TECHNIK.
EINE NEUE EINHEIT!

214

DIGITALISIERUNG
DISZIPLIN
ETHIK & MORAL
GESCHICHTE
GESELLSCHAFT
GLOBALISIERUNG
INNOVATION & STRATEGIEN
KOMMUNIKATION
KUNST & KULTUR
ÖKOLOGIE
ÖKONOMIE
TECHNOLOGIE
THEORIE
WISSENSCHAFT & FORSCHUNG
ZUKUNFT

AXEL THALLEMER

Die ersten Gebrauchsgegenstände des Menschen waren wohl umgenutzte Fundstücke aus der Natur. Später wurden diese natürlichen Fundstücke zweckgerichtet in der Form optimiert. Als diese Artefakte für die jeweilige Anwendung nicht mehr wesentlich verbesserbar waren, wurde eine weitere Optimierung über Material- und daraus resultierende Fertigungsentwicklungen erzielt. Heute haben sich menschliche Artefakte in der seriellen, automatisierten Industrieproduktion von langlebigen Investitionsgütern über Produkte und Konsumgüter nahezu komplett von der Natur entfernt. Dabei wird die Abkopplung von Stoff- und Energiekreisläufen sowie Nachhaltigkeit in der Natur zugunsten der Gewinnoptimierung in Kauf genommen.

Im Folgenden soll anhand realisierter Beispiele gezeigt werden, wie der Technik wieder der Weg in eine bessere Balance mit natürlichen Ressourcen gewiesen werden kann, wie durch effiziente Zweckformen günstigere Ergebnisse in der Gestaltung von menschlichen Artefakten erreicht werden können. Dabei wird der Bogen über das Auslöserereignis – durch Inspirationen aus der belebten Natur Innovationsansätze induktiv zu erschließen – ebenso gespannt wie durch theoretische sowie praktische Modellbildung und daraus abgeleitete »morphologische Kästen«.

ZUR VORGESCHICHTE

Gegenüber rein manufakturellen Unikaten haben im globalen Kontext in den letzten 20 Jahren serielle industrielle Prozesse die Vorherrschaft klar übernommen.

In der Antike wurde gemäß aristotelischer Kategorien noch zwischen freien (artes liberales) und den unfreien (artes mechanicae), also mechanisch ausgeübten Künsten unterschieden. Nach Platon (428–348 v. Chr.) hat das einzelne, direkt sinnlich erfahrbare Objekt teil an dessen abstrakt formaler Gestaltidee, was Methexis (Teilhabe) genannt wird. Ideen jedoch sind nicht sinnlich wahrnehmbar, sondern erschließen sich lediglich durch Vernunft. Zudem spielten Naturbeobachtungen eine entscheidende Rolle. So unterschied Aristoteles (384–322 v. Chr.) vier Ursachen von Veränderungsprozessen in der Natur:

- *causa materialis:* woraus etwas gemacht wird,
- *causa formalis:* der Bauplan für das menschliche Artefakt,
- *causa efficiens:* der planende Gestalter, hier der »Designer«, und
- *causa finalis:* für welches Ziel und welchen Zweck diese Gestalthandlung unternommen wird.

**NATUR UND TECHNIK.
EINE NEUE EINHEIT!**
AXEL THALLEMER

Laut Aristoteles hat das einzelne Ding als Essenz über die verwendete Materie und ein davon abhängendes, inneres Formprinzip sein konkretes, real sinnlich erfahrbares Wesen bestimmt, was *chôrimos* (Trennung) genannt wird. Das altgriechische *téchne* jedoch unterscheidet nicht zwischen Kunst und Technik, sondern bezeichnet das Vermögen, Naturwissenschaften praktisch für die Herstellung industrieller, handwerklicher und künstlerischer Produkte anzuwenden.[1]

Für Marcus Vitruvius Pollio (80–10 v. Chr.) liegt »Design« in der Kombination von *firmitas* (Stabilität), *utilitas* (Funktionalität) und *venustas* (Ästhetik),[2] für Leonardo da Vinci (1452–1519) in der Erfindung technologischer Systemansätze. Für die Arts-and-Crafts-Bewegung in England (zweite Hälfte 19. Jahrhundert) in der Fokussierung auf autochthone (lokale), kulturelle Besonderheiten, wie Kunsthandwerk und deren Verknüpfung mit Praktikabilität. Im Bauhaus (1919–1933) in der Synthese von Schönheit durch Reduktion, Technik und Verfügbarkeit für breite Bevölkerungsschichten. Die Hochschule für Gestaltung Ulm (1955–1968) schließlich erweiterte die praktischen und technischen Funktionen um kulturelle, ökonomische und ökologische Aspekte.

Um sich zu nachhaltigen Lösungen inspirieren zu lassen, dient der analytische Blick auf natürliche Systeme und Prozesse als methodischer Ansatz. Dabei wird jedoch nicht einfach aus der Natur kopiert. Vielmehr dienen natürliche Vorbilder als Anregung, um zu innovativen Gestaltungsvorschlägen gelangen zu können. Auch werden verschiedene Wissensgebiete aktiv miteinander verknüpft, um ein neues Produkt – auch Marke und Identität – von vornherein in Wechselwirkung mehrerer Fachgebiete zu entwickeln, mit dem Ziel, einseitiger Spezialisierung entgegenwirken zu können.

Hatte sich früher das Selbstverständnis des Designs noch auf die »(gute) Form« konzentriert, ist heute eine eher ganzheitliche Sicht von Material-, Fertigungs- und Umwelttechnologien, Zielorientierung und bionischen Strömungen in der Weiterentwicklung dieses Berufsstandes vorherrschend, um zu einer – auch ökologischen – Zweckform gelangen zu können.

Für diese Herangehensweise wurde der Kunstbegriff »scionic® I.D.E.A.L. (Industrial Design Education Austria Linz)«[3] geprägt und ein Corporate Design zur Erlangung einer diesbezüglich spezifischen Corporate Identity ausgearbeitet. Bei dieser universitären Markenstrategie stehen serielle, automatisierte Herstellungsverfahren im Zentrum, und nicht, wie im Übergang vom 20. zum 21. Jahrhundert

---

1 Vgl. Axel Thallemer: Die Zukunft des Design, in: Im Designerpark. Leben in künstlichen Welten, hrsg. von Kai Buchholz und Klaus Wolbert. Kat. Institut Mathildenhöhe, Darmstadt 2004, S. 206–210 sowie Oliver Herwig/Axel Thallemer: Luft – Einheit von Kunst und Wissenschaft, Stuttgart 2005; Oliver Herwig/Axel Thallemer: Wasser – Einheit von Kunst und Wissenschaft, Stuttgart 2007.
2 Vgl. Des Marcus Vitruvius Pollio Baukunst (Band 1), Leipzig 1796.
3 Neologismus »scionic« SCI = science, ONIC = bionics, Akronym »I.D.E.A.L.« (Industrial Design Education Austria Linz)

gerne vorgetragen, ein künstlerisch inspirierter Autorenentwurf, der dann vielleicht auch noch rein handwerklich oder manufakturell als Einzelstück mit einem überhöhten skulpturalen Ansatz einhergeht. Handskizzen dienen auch hier einer ersten Verfeinerung der Entwurfsideen. Sie werden jedoch mit Hilfe von computerunterstützten Simulationsverfahren durch wesentlich vielfältigere Variantenüberprüfungen getestet.

NATURWISSENSCHAFTLICHES, BIOLOGISCH-EVOLUTIONÄRES INDUSTRIEDESIGN

Im Gegensatz zu einer rein ästhetischen, subjektiv geprägten Gestaltung steht hier die rationale Ausformulierung der Zweckform im Einklang mit Material-, Fertigungs- und Umwelttechnologien im Zentrum des Neuheiten-Entstehungsprozesses (vgl. Abb. 1). Dies ist das Gegenteil von »Behübschung« oder reiner Stilistik. Daher wird auch nicht ein vorgegebenes technisches Package verkleidet, um Marketing oder Werbung bessere Verkaufs- oder Promotion-Argumente zu liefern. Vielmehr werden von Grund auf analytisch Lösungsvarianten naturwissenschaftlich erarbeitet.

Abb. 1 / S. 218

Inspiriert durch Vorbilder aus der Natur wird durch induktive Schlussfolgerungen ein größerer strategischer Lösungsraum erschlossen, was den klassischen Ingenieurwissenschaften aufgrund deren Fragmentierung des Spezialwissens so generell nicht möglich wäre (vgl. Abb. 2). Die damit einhergehende größere Bandbreite abgeleiteter Szenarien findet in Hinblick auf passende Zweckformen Eingang in den sogenannten morphologischen Kasten. Dort wird, basierend auf der jeweiligen Zielbestimmung, eine Kombination geeigneter Eigenschaften multifunktional und transdisziplinär vorgenommen. Hierbei leisten einzelne Universitäten in den Fachbereichen Biomechatronik, Evolutionsbiologie, Molekularbiologie, Automatisierungstechnologie und Systemanalyse zu scionic® I.D.E.A.L. einen wertvollen, unverzichtbaren Beitrag als ebenbürtige und gleichberechtigte Partner im Innovationsprozess.

Abb. 2 / S. 218

FORMGEBUNG IN ARCHITEKTUR UND DESIGN DURCH DIGITALE FABRIKATION

Neben Bauplastik ging es in der Architektur schon immer auch um »Dingwelten«. Davon zeugt, dass »Möbel und Gerät« klassische Disziplinen in der universitären Ausbildung dieses Fachbereiches sind.[4] Mit einer zunehmenden Fragmentierung

---

4 Vgl. Axel Thallemer: Raumgestalt und Designstrategien in der universitären Lehre für das 21. Jahrhundert, in: Architektur-Rausch – Eine Position zum Entwerfen, hrsg. von Thomas Arnold / Paul Grundei / Claire Karsenty et al., Berlin 2005, S. 36–47.

218

**NATUR UND TECHNIK.
EINE NEUE EINHEIT!**
AXEL THALLEMER

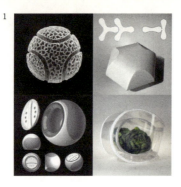

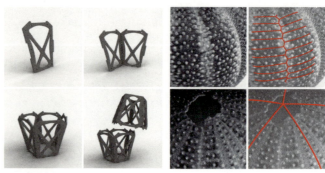

1 Arbeitsmodelle eines Membranmoduls für einen Salatrotator innerhalb eines planetaren Gewächshauses der EADS astrium Space Transportation, inspiriert durch das Vorbild des Abwicklungsprinzips eines natürlichen Pollenkorns.

2 Arbeitsmodelle eines Leichtbaumoduls für mobile Ausstellungsstelen, lasergeschnitten aus Thermoholz, inspiriert durch das Vorbild der Plattenstruktur einer natürlichen Seeigelschale.

3 Transdisziplinäres Forschungsprojekt eines neuartigen Roboterarms mit antagonistisch arbeitenden, künstlichen Muskeln und daraus resultierender anthropofunktionaler Bewegungscharakteristik, inspiriert von Heuschrecke – Hummer – Ratte – Mensch für die Mobiligence Konferenz »Interaction of Brain – Environment – Body« auf Awaji, Japan am 20.11.2009

4 In der digitalen Fabrikation werden Industrieroboter zum mehrachsigen Fräsen von – ansonsten virtuellen – Datenkontrollmodellen verwendet. So werden im Neuheitenentstehungsprozess die Computerwelten mit den realen visuell-haptisch und iterativ verkettet, hier am Beispiel der Triangulierung einer Leichtbausäule, deren Struktur von einer Laubblattfaltung inspiriert ist.

der Wissenswelten als Folge der Spezialisierung im 20. Jahrhundert spaltete sich die industrielle Formgestaltung von der Architektur ab. Zwar gilt es immer noch als archetypischer Klassiker, ein Sitzmöbel zu gestalten, jedoch hat Design weite Bereiche der Gestaltung menschlicher Artefakte, die ursprünglich im Architekturbereich lagen, erfolgreich besetzen können. Architektur wurde so mehr und mehr auf den Kernbereich der Bauplastik (»Exterieur«) und die formale Gestaltung von Räumen (»Interieur«) fokussiert, die dem dauernden Aufenthalt von Menschen dienen. Manchmal wird auch hier medienwirksam »Biomimikry« betrieben, indem retrograd behauptet wird, ein Gebäude sei von Fauna oder Flora inspiriert gestaltet worden.

Biomimikry zielt jedoch vorwiegend auf eine rein vordergründige, oberflächliche visuelle Entsprechung, nicht aber auf eine zweckgerichtete Verkörperung zugrundeliegender Prinzipien des natürlichen Vorbilds ab.

Analog zu den mittlerweile fragmentierten Wissenswelten hat sich auch der Bereich der industriellen Formgestaltung spätestens seit der zweiten Hälfte des 20. Jahrhunderts in mindestens zwei Richtungen gespalten: Styling versus Design. Während sich Styling mit der stilistischen »Anhübschung« von Oberflächen beschäftigt, konzentriert sich Industriedesign unter Einbeziehung material-, fertigungs- und umwelttechnologischer Aspekte auf Innovationen, die zu einer Zweckform führen. Während beim Styling häufig Fragen nach angemessener Materialität, sinnhafter Fertigungstechnologie und umweltbezogener Nachhaltigkeit dem Diktat des Marken- und Statusdenkens verbunden mit einer Kurzlebigkeit der saisonalen Stile untergeordnet werden (wie beispielsweise im amerikanischen Automobildesign der 1950er/60er Jahre), konzentriert sich Design auf innovative Fragen im Kontext der (voll-)automatisiert und seriell hergestellten Produkte und langlebigen Investitionsgüter[5] (vgl. Abb. 3). Abb. 3 / S. 218

Um hier aber auch zu brauchbaren Antworten zu gelangen, wird im scionic®-Ansatz der Forschung und Lehre den theoretischen und methodischen Grundlagen des virtuellen, digitalen Produktneuheiten-Entstehungsprozesses ein zentraler Stellenwert zugewiesen (vgl. Abb. 4). Abb. 4 / S. 218

Digitale Fabrikation, sei es im zwei- oder dreidimensionalen Bereich, ist längst das Werkzeug der Gestalter bis hin zum tatsächlichen Produkt geworden. Es darf daran erinnert werden, dass noch Anfang der 1990er Jahre – hier insbesondere im Bereich des Car Styling – massive ideologische und intellektuelle Vorbehalte gegen

---

5 Vgl. Axel Thallemer: Stichwort »Engineering Design«, in: Wörterbuch Design. Begriffliche Perspektiven des Design, hrsg. von Michael Erlhoff und Tim Marshall, Basel/Boston/Berlin 2008, S. 124–127.

**NATUR UND TECHNIK.
EINE NEUE EINHEIT!**
AXEL THALLEMER

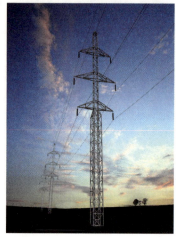

5 Nachgestelltes Strukturprinzip als flächige Faltung aus Papier.
6 Durch winklige Überlagerung erzeugte räumliche Papierstruktur ergibt eine zusammenfaltbare Säule.
7 Mast-im-Mast-Ansatz: Druckkräfte werden im Zentrum abgeleitet, die nötige Aussteifung ist davon räumlich abgerückt ausgestellt.
8 Mast-im-Mast-Pylon: Auslegerdetail für Abhängung der 380-kV-Hochspannungsleiterseile.

dieses damals neue Medium vorgetragen und praktiziert wurden, während in der Luft- und Raumfahrtindustrie das digitale Werkzeug bereits gängige Praxis war. Diesen mental randständigen Hindernissen und Abwehrreaktionen zum Trotz hat sich digitale Fabrikation als zentrales Werkzeug von Gestaltung mittlerweile etabliert. Für all diejenigen, denen wirkliche Kontrolle über die Ausführung ihres Entwurfs ein echtes Anliegen ist, führt kein Weg an der digitalen Prozesskette vorbei. Nur so ist sichergestellt, dass das werkzeugfallende Produkt oder die Komponente im Detail dem entspricht, was ursprünglich gestaltet worden ist.

In der digitalen Fabrikation werden daher zur Grundlagenforschung Industrieroboter zum mehrachsigen Fräsen von – ansonsten virtuellen – Datenkontrollmodellen verwendet. So sind im Entwurfsprozess die Computerwelten mit den realen visuell-haptisch und iterativ verkettet.[6]

HOCHSPANNUNGSMASTE UND DESIGN?
EIN PLÄDOYER FÜR ZWECKFORM

Der Begriff Design ist heute weitestgehend negativ besetzt, da er durch das bloße Anderssein und Auffallen um jeden Preis gekennzeichnet wird. Allgemein werden mit Design vor allem Möbel und Wohnaccessoires assoziiert, aber auch Sitzgelegenheiten oder sogenannter Nippes, also Dinge, die wir nicht wirklich zum Leben brauchen. Strom kommt dafür bekanntlich aus der Steckdose und fast jeder benötigt diese Form von Energie, aber bitte zuverlässig und günstig(st)!

Selbstverständlich gibt es demgemäß subjektiv, rein formalästhetisch gestaltete Hochspannungsmasten, die jedoch durch einen weit höheren Material- oder Fertigungsaufwand gekennzeichnet sind, etwa durch »frei-künstlerische« Verkleidungen oder zoomorphe Assoziationen. Die Betriebssicherheit wird jedoch von der Ausführung und Form wesentlich mitbestimmt.

INDUSTRIELLE FORMGESTALTUNG STATT DESIGN

Die Berufsbezeichnung »Designer« ist rechtlich nicht geschützt. Jeder kann Designer sein – so wird auf eine rein subjektive Ästhetik abgehoben, und um diese zu rechtfertigen, Design gar als Kunstform propagiert. Dabei wird jedoch völlig vergessen, dass Design nie Kunst sein kann, weil Zweckfreiheit nicht gegeben ist. Zudem ist im industriellen Kontext durch die automatisierte Serienfertigung kein Unikatcharakter gegeben. Ungefähr ab den 1970er Jahren ersetzt der englische Begriff »Design« den deutschen Begriff »Formgestaltung«. Dabei wird jedoch völlig

---

6 Hierüber und über das Auslöserereignis durch Inspirationen aus der belebten Natur sind Innovationsansätze induktiv zu erschließen, vgl. meine Forschungsprojekte in den Publikationen Axel Thallemer: Scionic – Purpose-driven Gestalt, Stuttgart 2010 und Jens Reese/Axel Thallemer: Visual Permutations, Stuttgart 2010.

außer acht gelassen, dass der Designbegriff im Englischen schon immer für eine problemlösungsorientierte Herangehensweise durch zielgerichtete Überlagerung von {[(Zweck+Material)/Fertigungstechnologie] * Ingenieurskunst} = Form stand (vgl. Abb. 5 und 6), während man im deutschen Sprachraum damit meist modische Stilistik »internationalisieren« wollte.⁷

ZWECKFORM STATT STILISTIK

In der Automobilindustrie werden Plattformstrategien und Gleichteilkomponenten durch Styling mit einer marken- und marketingkonformen Außen- und Innenverkleidung versehen. Das Produkt folgt dabei größtenteils in der visuellen und haptischen Ausprägung den Statussymbolen, die diesem Verbrauchsgut für vorhandene wie etwaige zukünftige Kunden über die Werbung zugeteilt wird. Farbe, Materialität und Form unterliegen hier Strömungen vergleichbar der Mode.

Nachdem in Mitteleuropa durch die Globalisierung ein Rückgang der Produktionsstätten zu verzeichnen ist, wird versucht, dies durch »designed in ...« oder als sogenanntes Autorendesign »Design by ...« statt »made in ...« semantisch aufzuladen. Warum werden beispielsweise Messer markentypisch so gestaltet, als ob jene klappbar wären, sind es aber tatsächlich nicht? Warum zitiert ein Brillengestell gleicher nationaler Provenienz als Vorbild die Anatomie des Schultergelenks, obwohl jenes in Wirklichkeit muskelkraftgeführt ist? Lichtschalter für den Wohnbereich, dekoriert im »Hundertwasser-Stil«, Fußabstreifer, deren Motive weltbekannten Gemälden entlehnt sind? Oder Türstopper geformt wie ein Fußabdruck, Pfeffermühlen, Salzstreuer, Nussknacker, Kerzenleuchter ... wie viele solcher »Spaß«-Ausformungen brauchen wir noch?

Früher haben Architekten wie gesagt auch erfolgreich Möbel, sehr gerne Sitzgelegenheiten, aber auch Gebrauchsgegenstände gestaltet. Meist geschah dies im Wissen um Materialeigenschaften und Fertigungsverfahren im Hinblick auf die gewünschte Funktion. Heutzutage sind diese Tätigkeitsfelder überwiegend dem Beruf des Designers überlassen. Architekten haben sich dabei auf formale Ästhetik und deren Verwaltung in den einschlägigen Bauverordnungen und Richtlinien beschränkt, indem Spezialwissen durch neu entstehende Fachingenieursfelder erfolgreich und für Bauherren nachvollziehbar belegt wurde. Dabei soll hier keineswegs Funktionalismus oder gar Utilitarismus propagiert werden. Aber wirkliche Innovationen⁸ im Architekturbereich scheinen sich zumindest gegenwärtig nur noch im Fachingenieurwesen oder in unverbindlicher Intermedialität bis heute

---

[7] Für die nähere Etymologie im Englischen, Französischen, Deutschen und Italienischen siehe den Beitrag von Jens Reese: Technologiedesign und Marke über einen bionischen Ansatz, in: Der Ingenieur und seine Designer. Entwurf technischer Produkte im Spannungsfeld zwischen Konstruktion und Design, hrsg. von Jens Reese/Udo Lindemann/Hartmut Seeger/Axel Thallemer/Hans Hermann Wetcke, Berlin/Heidelberg/New York 2005, S. 111–127.

[8] Vgl. Axel Thallemer: Stichwort »The Future of Innovation – in industrial context«, in: The Future of Innovation, hrsg. von Bettina von Stamm und Anna Trifilova, London 2009, S. 366–367.

ungebauter – unbaubarer – »Blob-Bauten« der in den Medien vielbeschriebenen virtuellen Welten zu ereignen.

ZWECKFORMEN DER NATUR

Die abstrakte Wissenschaft der Mathematik hat zur Verbesserung der Zweckform Brillantschliff nachhaltig beigetragen, verglichen mit den eher intuitiv entwickelten Diamantschliffformen und -geometrien. Als ästhetisch wird häufig wahrgenommen, was besser dem Zweck dient, jenseits von Farbe und Materialität.

Als Beispiel für eine wissenschaftliche Herangehensweise, inspiriert durch Vorbilder aus der belebten Natur, können Hochspannungsmasten dienen, die sich in Bezug auf Energie-, Materialeinsatz, deren Strukturoptimierung und Ausgestaltung als Zweckform empfehlen, ohne dabei schwerer zu sein als die rein ingenieursmäßige Lösung. In der getrennten Ableitung der vertikalen und horizontalen Lasten wurde der ursprüngliche, aus dem Bambuslängsschnitt inspirierte Gedanke des Mast-im-Mast-Systems dahingehend zweckoptimiert, dass das innenliegende Stahlwinkelstabwerk auf ein Rohr reduziert wurde, dessen Durchmesser und Wandstärke von den anfallenden Druckkräften bestimmt wird. Dies spart Stahlmasse, Bohrungen, Schrauben und Muttern sowie Montagezeit. Infolgedessen konnte der Obergurt der Ausleger auf einen einzigen Zugstab reduziert werden, was zu einer erheblichen Ressourceneinsparung führt (vgl. Abb. 7 und 8).

Abb. 7 und 8 / S. 220

ZUKUNFT GESTALTEN.
VISIONEN UND UTOPIEN IM DESIGN

226

DIGITALISIERUNG
DISZIPLIN
ETHIK & MORAL
GESCHICHTE
GESELLSCHAFT
GLOBALISIERUNG
INNOVATION & STRATEGIEN
KOMMUNIKATION
KUNST & KULTUR
ÖKOLOGIE
ÖKONOMIE
TECHNOLOGIE
THEORIE
WISSENSCHAFT & FORSCHUNG
ZUKUNFT

GERDA BREUER

Im heutigen populären Verständnis kursiert Design fast ausschließlich in der Vorstellung, eine zusätzliche Verschönerung eines Objektes, ein ästhetischer Überschuss zu sein, der die Dinge wertvoller, angenehmer, statusbehaftet, unterscheidbar etc. macht. Betrachtet man aber die Anfänge moderner Designgeschichte, ist mit den gestalteten Dingen eine weitaus umfassendere und transzendente Bedeutung verbunden gewesen. Zukunftsentwürfe machten geradezu die Essenz der historischen Moderne aus. Es sind die klassischen europäischen Bewegungen in der Geschichte modernen Designs, die darüber beredte Auskunft geben: die englische Arts-and-Crafts-Bewegung, der russische Konstruktivismus und ungarische Aktivismus, der niederländische De Stijl und das deutsche Bauhaus.

Von Anfang an, von den Pionieren der englischen Werkstättenbewegung, die in polemischer Opposition zur Industrie und zum abstrakten Markt zwecks Aufwertung der Arbeit und der menschlichen Beziehungen das Handwerk stützten, war die Reformbewegung der Kunsthandwerker verbunden mit Visionen von Alternativen. William Morris war seinerzeit bekannter als Schriftsteller utopischer Romane denn als Begründer der Arts-and-Crafts-Bewegung; »News from Nowhere« (1891) ist heute noch als einziges fiktionales Werk von ihm bekannt. Im Land von Thomas Morus' »Utopia« waren rückwärtsgewandte Utopien, wie die Mittelaltersehnsucht der Präraffaeliten und Arts-and-Crafts-Anhänger, keine Seltenheit, wenngleich sie sich nun mit kommunistischen Ideen von einer nicht-entfremdeten Societas verbanden. Neu sind allerdings die Versuche, alternative Lebens- und Arbeitsmodelle in der Praxis auszuprobieren: damit sind weniger die Werkstätten von Morris gemeint als die kommuneähnliche Guild of Handicraft von Charles Robert Ashbee oder die weniger bekannte paternalistisch-konservative Guild of St. George von John Ruskin, die auf eine Gesellschaftsreform zielten.

Neben den Niederländern mit De Stijl und dem Amsterdamer Expressionismus sowie den Deutschen mit dem Bauhaus, die ebenfalls sozialutopischen Ideen anhingen und versuchten, sie partiell in die Praxis umzusetzen, sind es vor allem die russischen Konstruktivisten, die wegen ihrer Radikalität kein vergleichbares Pendant in der Geschichte haben.

FEHLSCHLÄGE
Denn weitaus mehr als ähnliche europäische avantgardistische Gruppierungen waren die Konstruktivisten mit dem kulturellen Kontext der russischen Revolution verbunden. Dass sich mit den utopischen Entwürfen ein ganzheitlicher, biswei-

len kosmisch oder metaphysisch gefärbter Grundzug im Denken verquickte, ein Streben nach Erlösung und Gerechtigkeit, lag an der geradezu symbiotischen Verschränkung der künstlerischen Avantgarde mit dem russischen Gedächtnis und seinen religiösen Heilserwartungen.

An der Verlaufsform des russischen Konstruktivismus lassen sich zugleich das Schicksal und die Fehlkalkulationen der Utopien des frühen 20. Jahrhunderts erkennen.

Viele russische Künstler und Schriftsteller sahen im Oktoberumsturz des Jahres 1917 weniger eine politische und soziale Revolution im Sinn der Bolschewiki als vielmehr das Anbrechen eines von Adelsprivilegien, Korruption und Misswirtschaft gereinigten harmonischen Zeitalters. Die Bezeichnung »Konstruktivismus« war jedoch durch die Revolution stimuliert. Im Januar 1922 verkündeten die Konstruktivisten, dass es die Fabrik sei, in der ein einheitlicher Weltorganismus, eine weltumfassende sozialistische Utopie geschaffen werde. Es ging folglich nicht einfach um die Produktion nützlicher Massenprodukte, sondern das Utilitäre wurde als Schritt zu einer neuen, perfekten und demokratischen Welt gesehen. Hatten die Künstler bis dahin verschiedene Materialien unter ästhetischen Gesichtspunkten kombiniert und montiert, so eröffnete sich ihnen jetzt die gesamte Wirklichkeit als Material für die Konstruktion einer idealen Welt.

Ein großer Teil der künstlerischen Intelligenz des von Lenin in das sozialistische Experiment geführten Russland erlag ganz offensichtlich dem magischen Glanz des Maschinismus, der Nützlichkeit, Funktionalität, Ökonomie und Effektivität jenseits sozialer Privilegien mit konstruktiver Reinheit, kollektivem Enthusiasmus und zukünftiger Harmonie zu verbinden versprach. Zweckrationale Konstrukte wie die Maschine wurden, teilweise nach dem amerikanischen Vorbild des Fordismus, in bester Absicht als Modell sozialer Organisation empfohlen. Dies führte bekanntlich zu äußerster Reglementierung, bedingungsloser Unterwerfung unter die Zentralgewalt und erneuter Bürokratisierung. Die Dialektik der Maschinenutopie lag also darin, dass der Intention nach das Modell des reibungslosen mechanischen Funktionierens eine ideale harmonische Ordnung entwarf, in seiner Realisierung jedoch staatlichen Zwang hervorbrachte.

Dieses Projekt der Umgestaltung der Welt im Sinne der Moderne ist den russischen Konstruktivisten entglitten. Nachdem sie sich einmal darauf eingelassen hatten, am System der Sowjetrealität mitzubauen, gab es kaum einen Ausweg mehr, auch wenn zunehmend deutlich wurde, dass das Ganze immer weniger den ursprünglichen Plänen entsprach. Und so ging die Mehrzahl der konstruktivistischen Künstler unter schrittweiser Aufgabe ihrer avantgardistischen Ziele mehr oder weniger freiwillig den Weg der Anpassung an die Normen des Sozialistischen Realismus (vgl. Abb. 1).

Abb. 1 / S. 230

ERSCHÜTTERUNGEN

Auch wenn die Entwicklungen in anderen europäischen Ländern nicht unbedingt vergleichbare Wege genommen haben – in der kriegsfreien Zone der Niederlande hatte das Vordenken von Zukunft größeres Gewicht als die praktische Umsetzung –, waren es doch in Europa allgemein der radikale politische Wandel hin zu Faschismus und Kriegen und das Scheitern großer politischer und ökonomischer Systeme, die visionäres Denken erschüttert und gebrochen haben und visionäre Kreativität abkoppelten von sozialutopischen Ideen. Hinzu kam die Einsicht in die Janusköpfigkeit der Technik, die nach der Erfahrung der verheerenden Folgen der Kriegstechnologie das Scheitern von Technikutopien dramatisch vor Augen geführt hatte.

Die Ideen des deutschen Idealismus, der der Schönheit als ausgleichende Kategorie eine essentielle Bedeutung als Erkenntnisform und Lebenskorrektiv, den schönen und nützlichen Dingen folglich erzieherische Funktion zugesprochen hatte, hielten darüber hinaus das von ihm beseelte Bildungsbürgertum nicht auf, mit Goethe im Tornister in den »Großen Krieg«, den ersten der beiden Weltkriege, zu ziehen.

Es war die Traumatisierung durch die beiden Weltkriege, die die Nachkriegsära ab 1945 zu moderateren Neuanfängen Zuflucht nehmen ließ, ohne avantgardistische Sprünge, obgleich die sogenannte Stunde Null ein geradezu unerschöpfliches Potential an Zukunft bereitstellte: »So viel Anfang war nie«.[1] Aufgerieben zwischen Schockstarre und plötzlich einsetzendem Wirtschaftswunder, blieben die unmittelbar nach Kriegsende aufkommenden Zukunftsentwürfe im Praxisdruck des Wiederaufbaus auf der Strecke.

Ästhetische Utopien der Nachkriegsära wie COBRA in den Ländern Dänemark, Belgien und den Niederlanden, die Independent Group in England, dann die vielen Gruppierungen in Zusammenhang mit den alternativen Jugendbewegungen und der sogenannten 68er-Revolte in Europa und den USA waren Episoden in der Geschichte der Utopien und können allenfalls als letztes Aufleben des Avantgardegedankens der Künste verstanden werden. In den USA hatten Technikutopien ohnehin nie eine breitere sozialutopische Avantgarde erreicht. Sie traten in Gestalt genialer Einzelpersönlichkeiten wie Buckminster Fuller und einem marktorien-

---

1 Ausstellungstitel von Hermann Glaser / Lutz von Pufendorf / Michael Schöneich nach einem Hölderlin-Zitat: So viel Anfang war nie. Deutsche Städte 1945–1949, Berlin 1989.

ZUKUNFT GESTALTEN. VISIONEN UND UTOPIEN IM DESIGN
GERDA BREUER

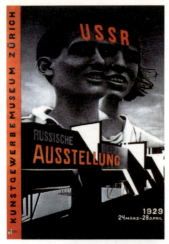

1 Plakat von El Lissitzky für die Ausstellung des Kunstgewerbemuseums Zürich, 1929
2 Entwurf des Architekturbüros LAVA für das Stadtzentrum von Masdar City

tierten utopistischen Styling auf und sind daneben allenfalls in die Kriegstechnologie eingeflossen.

VERKLÄRUNGEN

Die Postmoderne hat Utopien mit solch umfassenden Gestaltungsansprüchen wie die der Moderne auf die Müllhalden der Geschichte verwiesen, die gleichzeitig einsetzende Produktion moderner Möbelklassiker spielt nurmehr mit der Anmutung der Fortschrittsgläubigkeit der Moderne. Von der Erinnerung an die großen Phasen der Klassischen Moderne ist heute eine geradezu mythische Verklärung und Verehrung übriggeblieben, mit Folgen einzig für den Kommerz und das institutionalisierte Kulturleben. Es ist der »utopische Schwung«,[2] den die Objekte transportieren und der sich so gewinnbringend für Kommerz, für die Corporate Identity von Firmen, für städtische Identität und die der ganzen Welt (Stichwort »Weltkulturerbe«) im Städteranking und im Tourismus vermarkten lässt.

Dies, obwohl Naturwissenschaft und Technik ein geradezu unerschöpfliches Potential für Zukunftsträume bereitstellten und -stellen. Doch auch die postmodernen Träume nach der Postmoderne einzelner Wissenschaftler wie Norbert Bolz von der unendlichen Gestaltbarkeit der Zukunft, die sich aus der Kombination von Grundbausteinen der Welt, den Bits, Atomen, Neuronen und Genen, ergeben soll, kann die grundsätzliche Theorie- und Utopiemüdigkeit der Gegenwart im ernstzunehmenden Design nicht leugnen. Sie resultiert aus einer generellen Ernüchterung angesichts des Scheiterns der Utopie in der Vergangenheit.

INSTRUMENTALISIERUNG

Gleichwohl bringt sich die Designwelt nach wie vor und mehr als andere Disziplinen mit dem Visionären in Verbindung – kaum eine andere Disziplin hantiert in ihren Selbstbezeichnungen so sehr mit utopischen Begrifflichkeiten. Der inflationäre Gebrauch solcher Begriffshülsen ist zum Bestandteil eines Berufshabitus geworden. Diskursive Zukunftsentwürfe gehen aber weniger von der Designwelt selbst aus, wie einst in der historischen Moderne, sondern Designer reagieren häufig eher mit pragmatischen Konzepten für Innovationen im Auftrag der Forschung.

Zukunftsvisionen, ausgelöst durch eine »digitale Revolution«, beispielsweise die von einem völligen Ersatz der herkömmlichen Drucktechnologien durch digitale Informations- und Kommunikationsmedien, flammten nur kurzzeitig auf und wurden zudem durch die Praxis in ihrer Ausschließlichkeit entschärft.

---

2 Der Nachklang des Utopischen in der Kulturindustrie ist von Walter Grasskamp in vielen seiner Essays zu Popkultur, Werbung, Design etc. beschrieben worden. Vgl. Walter Grasskamp: Die unbewältigte Moderne. Kunst und Öffentlichkeit, München 1989; Ders.: Kunst und Geld. Szenen einer Mischehe, München 1998; Ders.: Konsumglück. Die Ware Erlösung, München 2000; Ders.: Ist die Moderne eine Epoche? Kunst als Modell, München 2002.

In umfassendem Maße schwingt die Idee von der visionären Kraft des Designs noch mit im amerikanisch-kanadischen Import der »creative industry«[3]: Die »Kreativen« sollen nach dem Münchhausen-Prinzip schwunglose, schwächelnde Industrien, insbesondere schrumpfende Städte und Länder, beleben und ihnen spielerisch Alternativen aufzeigen, die dann eine Folgewirkung auf neue und herkömmliche Industrien haben sollen. Inzwischen in der Politik angekommen, wird dieses alte »Prinzip Hoffnung«[4] und seine neue Eigendynamik nicht mehr nur in den Transformationsprozess alter Industrieregionen wie Bitterfeld und das Ruhrgebiet in Deutschland eingebunden, sondern flächendeckend als Rezept für einen ökonomischen Wandel propagiert.

VERANTWORTUNG

Vorsichtiger dagegen operieren Designtendenzen, die auf den Schock der Ölkrise 1973 und die dadurch angestoßene Diskussion über alternative Technologien mit Verantwortungsbewusstsein für die Nachwelt reagieren. Unter dem Stichwort »Nachhaltigkeit« kursiert inzwischen fast jede Technikutopie – auch in den Golfstaaten selbst, die die Zeit der versiegenden Ölquellen in naher Ferne bereits antizipatorisch durchspielen (vgl. die geplante »Ökostadt« Masdar in Abu Dhabi, Abb. 2).

Abb. 2 / S. 230

Konzepte in den Bereichen Recycling, Ökologie, alternative Technik etc. waren möglicherweise die einzigen, die ein Maß an Geschlossenheit, eine breite alternative Bewegung bis hin zur Gründung einer neuen politischen Partei stimulierten und weiterhin stimulieren, zumal sie durch immer neue Einbrüche in die Fortschrittsgläubigkeit wie die Wirtschaftskrise und die Diskussionen über den Klimawandel Nahrung erhalten. Zwar sind diese Unternehmungen nicht mehr gekoppelt an Gesellschaftsentwürfe, aber doch getragen von einem Verantwortungsbewusstsein für die Zukunft und für spätere Generationen. Sie setzen viele Einzelinitiativen mit partiellen Zielsetzungen wie ressourceneffiziente und energiesparende Produktentwicklung in Gang (vgl. Abb. 3). Auch Unternehmen selbst, wie die finnische Handy-Firma Nokia, sehen sich gedrängt, das Problem der Elektronikschrott-Entsorgung und des Ressourcenverbrauchs, das sie selbst verursachen, mit recycelten Materialien zu lösen. Eingebettet sind diese Einzelinitiativen in eine breite öffentliche Kulturkritik.

Abb. 3 / S. 234

ZUKUNFT ANGEWANDT

Designern eröffnen sich durch neue Forschungsergebnisse in Naturwissenschaft und Technik schier grenzenlose, aber verstreute Tätigkeitsfelder. Einige Forschun-

---

3 Die Begriffe »creative class«, »creative industries« und »creative city« gehen auf Richard Florida von der Rotman School of Management an der University of Toronto zurück und beschreiben das ökonomische Wertschöpfungspotential kreativer Berufe, die zur urbanen Regeneration deindustrialisierter, schrumpfender Städte beitragen sollen. Die sog. Kreativen werden als soziale Gruppe und nicht als Individuen beschrieben, die in ökonomischen Krisensituationen mit unkonventionellen Methoden beflügelnd wirken. Vgl. Richard Florida: The rise of the creative class and how it's transforming work, leisure, community and everyday life, New York 2002; Ders.: Cities and the Creative Class, New York/London 2004; Ders.: The Flight of the Creative Class. The new global competition for talent, New York 2007, u.a.

4 Titel einer dreibändigen Ausgabe eines Werkes des jüdischen Philosophen Ernst Bloch, verfasst zwischen 1938 und 1947 im amerikanischen Exil und erschienen 1954–1959 in der DDR. Bloch beschreibt darin die Formen einer »konkreten Utopie« in der Philosophiegeschichte und der Gegenwart. Vgl. Ernst Bloch: Das Prinzip Hoffnung, 3 Bde., Frankfurt a.M. 1985.

gen sind in der Kontinuität alter Menschheitsträume anzusiedeln, beispielsweise das Bestreben, den Menschen durch die Maschine zu ersetzen: die reale Roboterisierung löst die fiktionale Figur des Homunkulus ab. Hybride oder intelligente Materialien wie Smart Clothes, Smart Textiles, Intelligent Clothing bleiben nicht mehr Bestandteil von Märchen, sondern lassen sich mit den Zukunftstechniken aus der Nanotechnologie verwirklichen. Gen-Design sucht nicht zuletzt den Urtraum der Menschheit zu verwirklichen: ewige Jugend und Unsterblichkeit zu erreichen und sich selbst als Herrscher über die Artefakte zu inszenieren.

Solche Zukunftsvisionen gehen über die traditionellen Technikutopien des industriellen Zeitalters hinaus und lassen sich auch nicht mehr in geschlossene Formideologien wie die des Funktionalismus einbinden, da die Homologie von Konstrukt und Form z.B. in der Mikroelektronik oder den Bio-Nano-Prozessoren auf einem Chip hinfällig geworden ist. Design wird zur Kommunikation und manifestiert sich beispielsweise an der Schnittstelle von Mensch und Bedienung im Interface-Design. Form löst hier das Problem der »Einheit von Komplexität und Vertrautheit.«[5] Die Leichtigkeit des Gelingens ist auch ein Verdienst von Design, nicht nur das der Elektronik und Kommunikationstechnologie, und schafft potentiell Voraussetzungen für eine internationale und interkulturelle Verständigung.

Trotz einer Fülle an neuen Ideen und Konzepten gelingt es Designern jedoch selten, sie in größere utopische Kontexte einzubetten, diskursiv zu kommunizieren, programmatisch zu bündeln und vernetzt zu organisieren. Meist wird designerische Zukunftsforschung anwendungsbezogen und punktuell, häufig im Joint Venture mit Forschung und Industrie, betrieben. Einen unendlichen Forschungsbereich stellt die Medizin bereit: In einem Zukunftsprojekt niederländischer Forscher können Nanoroboter beispielsweise gesteuert durch die Blutbahnen des menschlichen Körpers reisen – Werkzeuge verwandeln sich in molekulare Helfer, die informieren, heilen und schützen. Neuronale Forschung und Praxis bedürfen der Bilder, um komplexe Zusammenhänge kommunikabel zu machen. Die Fülle der Möglichkeiten, mit Hilfe visualisierten und materialisierten Designs medizinische Diagnosen und Heilmethoden zu verbessern, fließt in eine von vielen Spezialisierungen ein, die Designern zukünftige Aufgabenfelder bieten.

Neue Materialien sind ein besonderes Betätigungsfeld und reizen Designer, Anwendungsfelder zu imaginieren und visionäre Szenarien durchzuspielen. Textile Innovationen mit Zusatzfunktionen aus der Nanotechnologie und der Bionik er-

---

5 Norbert Bolz: bang design. design-manifest des 21. Jahrhunderts, Hamburg 2006, S. 27.

234

ZUKUNFT GESTALTEN.
VISIONEN UND UTOPIEN
IM DESIGN
GERDA BREUER

3 Einzelteile des Bürostuhls »Mirra«, Studio 7.5, Herman Miller. Der Stuhl basiert auf dem von Michael Braungart und William McDonough erdachten nachhaltigen Cradle-to-Cradle-Prinzip.
4 Membran-Technologie für den textilen Einsatz.

mächtigen Materialien beispielsweise, sich selbst zu reinigen und adaptive Membranen zu entwickeln. Ihre Strukturen schließen bzw. öffnen sich bei Inaktivität und Kälte von außen oder Wärme und Schweiß von innen – für den Wintersport ideale Voraussetzungen (vgl. Abb. 4). Funktionstextilien und elektronisch ausgerüstete »Wearables«, die Heilfunktionen übernehmen oder Therapieverfahren unterstützen, intelligente, d.h. sensorisch, kommunikativ oder multimedial erweiterte Kleidung sind Experimentierfelder im Zusammenspiel von Kleidung und Hightech.

ENTGRENZUNG

Die Anwendungsgebiete von Design sind weitaus größer geworden und nicht mehr in dem ohnehin schon breiten Spektrum »vom Sofakissen bis zum Städtebau« der klassischen Periode der Designgeschichte fassbar. Design richtet sich zudem nicht mehr nur auf das Einzelobjekt, auch in massenhafter Serie, sondern auf Systeme, Raster, Patterns, Netzwerke und nichtlineare Designprozesse. Theorie- und Utopiemüdigkeit resultieren möglicherweise auch aus den nicht mehr eingrenzbaren Anwendungsgebieten von Design, den rapiden und ubiquitären Forschungsfeldern, die praxistauglich und kommunikabel gemacht werden müssen. Moderne als System von Thematisierungen zu entwerfen, die projektive Reflexion und verändernde Impulse in Zusammenhang mit neuen Fragen wie Globalisierung, Interkulturalität, Diversity, Nachhaltigkeit, Gender etc. verknüpfen, das heißt mit grundsätzlichen kulturellen Konzeptionen, ist jedoch nach wie vor aktuell und kann als »unvollendetes Projekt«[6] fortgeschrieben werden.

---

6 Vgl. Jürgen Habermas: Die Moderne – ein unvollendetes Projekt, in: Jürgen Habermas: Kleine Politische Schriften, I–IV, Frankfurt a.M. 1981, S. 444–464.

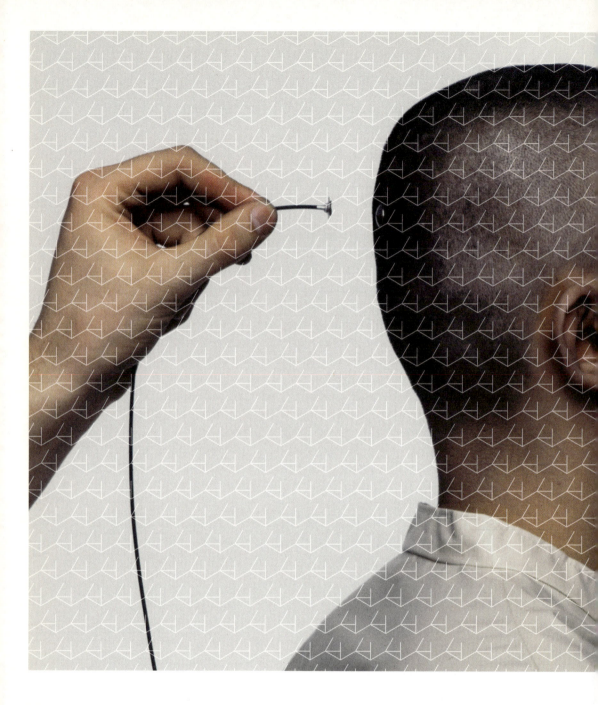

AVANTGARDE IM DESIGN

238

DIGITALISIERUNG
DISZIPLIN
ETHIK & MORAL
GESCHICHTE
GESELLSCHAFT
GLOBALISIERUNG
INNOVATION & STRATEGIEN
KOMMUNIKATION
KUNST & KULTUR
ÖKOLOGIE
ÖKONOMIE
TECHNOLOGIE
THEORIE
WISSENSCHAFT & FORSCHUNG
ZUKUNFT

SIEGFRIED GRONERT

Im Umfeld der Französischen Revolution setzte eine allgemeine Politisierung des Lebens ein, die sich in der Übertragung politischer Begriffe wie »avantgardistisch«, »reaktionär« oder »anarchistisch« zur Charakterisierung von Kunstwerken niederschlug.[1] Tatsächlich aber ist eine eindeutige Korrelation von avantgardistischer oder reaktionärer Kunst mit politischen Einstellungen nur in Diktaturen möglich, die das gesamte Leben ihrer Politik unterwerfen und der Kunst eine bestimmte politische Einstellung zuweisen. In der Regel entzieht sich die Kunst realpolitischer Zuordnung. So beschwerte sich 1848 ein oppositioneller Journalist in Frankreich bei dem Maler Camille Corot darüber, dass er als revolutionärer Künstler nicht mit den Oppositionellen in der Politik sympathisiere.[2] Der Journalist hatte die Metapher »revolutionär« in der Kunst mit der Politik der Revolution gleichgesetzt und war entsprechend zu dem Schluss gekommen, wer revolutionär male, müsse auch eine revolutionäre Politik unterstützen.

Der Begriff der Avantgarde ist im Französischen bereits seit dem Mittelalter bekannt und bezeichnet ursprünglich im militärischen Bereich eine Vorhut, eine Vorausabteilung, die der Hauptarmee den Handlungsraum erschließen und Gefahrenpunkte auf dem Schlachtfeld sondieren soll. Nach der Übertragung in die politische Diskussion verwendete man den Begriff der Avantgarde wie andere politisch-ideologische Begriffe seit der Mitte des 19. Jahrhunderts zur Charakterisierung von Positionen und Einstellungen in Kunst, Geschichte und Kultur. Dieser Zusammenhang wurde in den Anfängen der metaphorischen Übertragung durchaus kritisch gesehen. So sprach Charles Baudelaire von den »Literaten der Avantgarde« mit der ironischen Bemerkung, dass der Ausdruck nur »die Vorliebe der Franzosen für militärische Metaphern« verrate.[3]

Jedenfalls kennzeichnet diese Übertragung sehr deutlich die Politisierung der Kunst. Von Kunstgewerbe, Kunsthandwerk oder Design ist zu Beginn der Avantgardebewegungen noch nicht die Rede. Neu gegenüber vorherigen Jahrhunderten war, dass die Entscheidung darüber, was als qualitätvolle Kunst gelten könne, im Spannungsfeld von Publikum, Künstlern und Kunstkritik, politischen und wirtschaftlichen Kräften ausgetragen werden musste. Die Kluft zwischen alten, anerkannten Werten und neuen, modernen Entwicklungen sowie die Regeln ihrer Veränderungen erfuhr im Zusammenhang mit einem erneuerten Genie- und Originalitätsbegriff eine Übertragung auf die Kunst. Demnach sei avantgardistisch eine Kunst, die den anerkannten Kunstrichtungen vorauseile und daher auch mit Widerständen zu rechnen habe: »*Alle bedeutenden Künstler hatten am Anfang ih-*

---

[1] Francis Haskell: Die Kunst und die Sprache der Politik, in: Ders.: Wandel der Kunst in Stil und Geschmack. Ausgewählte Schriften, Köln 1990, S. 122–138.

[2] Haskell (Anm. 1), S. 133.

[3] Zit. nach Hans Egon Holthusen: Kunst und Revolution. In: Avantgarde. Geschichte und Krise einer Idee, hrsg. v. d. Bayerischen Akademie der Schönen Künste, München 1966, S. 11. Zum Begriff siehe zudem Hannes Böhringer: Avantgarde – Geschichte einer Metapher. In: Archiv für Begriffsgeschichte (Bonn) 22, 1978, S. 90–114. Anja Zimmermann: Avantgarde. In: Lexikon Kunstwissenschaft. Ideen, Methoden, Begriffe, hrsg. Ulrich Pfisterer, Stuttgart 2003, S. 34–37. Karlheinz Barck: Avantgarde. In: Ästhetische Grundbegriffe. Historisches Wörterbuch in sieben Bänden, hrsg. v. Karlheinz Barck u.a. Bd. 1, Stuttgart/Weimar 2000, S. 544–577.

240

AVANTGARDE IM DESIGN
SIEGFRIED GRONERT

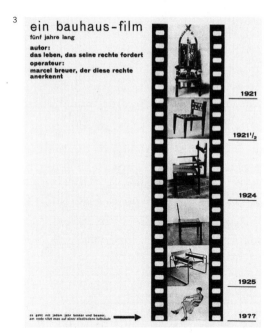

1 Marcel Duchamp: »Fountain«, 1917. Foto von Alfred Stieglitz, aufgenommen nach dem Ausschluss des Stückes aus der Ausstellung der New Yorker Society of Independent Artists
2 Herbert Bayer: Werbeblatt des Bauhauses von 1925 mit der von Wilhelm Wagenfeld entworfenen Metall-Leuchte
3 Marcel Breuer: »ein bauhaus-film«, Montage mit Entwürfen Breuers in der Zeitschrift »Bauhaus«, H. 1, 1926

rer Laufbahn mit großen Widerständen zu kämpfen. Dies ist eine allgemeine Regel, von der es keine Ausnahme gibt« (Émile Zola).[4] Am Ende des 19. Jahrhunderts hatte die künstlerische Avantgarde eine Vorreiterrolle, die sie gewissermaßen gegen jedwede Kritik immunisierte, denn Kritik und Verurteilung galten als Vorhof zur Anerkennung als Avantgarde und damit zur später vermeintlich sicheren Anerkennung als Kunst.

HISTORISCHE AVANTGARDE DER MODERNE

Die heute als historische Avantgarde bezeichnete Kunst ist insbesondere im Zusammenhang mit den dramatischen Ereignissen des Ersten Weltkriegs und den nachfolgenden revolutionären Situationen in Europa und Russland zu sehen, die in Kunst und Design die Durchsetzung radikal neuer Vorstellungen begünstigten. Rückwirkend betrachtet prägten etwa die Ready-mades von Marcel Duchamp (wie z.B. »Fountain«, 1917, vgl. Abb. 1) nicht nur eine neuartige, an Dadaismus und Surrealismus angelehnte Konzeptkunst, sondern es verschoben sich damit zugleich die Grenzen der Kunst von der Konstruktion des Werks hin zur Bedeutungskonstruktion in der Rezeption und zur Einbeziehung von Objekten des Alltags.

Abb. 1 / S. 240

Im Design kam dieses Verständnis von Avantgarde im Bauhaus in Weimar (1919–1925) und Dessau (1925–1932) mit einer bis heute anhaltenden Ausstrahlung zur Geltung. Unter der Leitung von Walter Gropius und der Devise, dem modernen Menschen praktische, haltbare, billige und »schöne« Gegenstände zur Verfügung zu stellen, entstand im künstlerischen Umfeld des Bauhauses eine weitgehend konstruktivistische, an den Materialien und Verfahren der Massenproduktion orientierte Gestaltung, die sich an den Bauhaus-Leuchten von Wilhelm Wagenfeld und Karl Jucker ebenso zeigt wie an den Deckenleuchten von Marianne Brandt (vgl. Abb. 2). »*es geht mit jedem jahr besser und besser. am ende sitzt man auf einer elastischen luftsäule*«, schrieb Marcel Breuer über seine Fortschritte in der Entwicklung von neuartigen Sitzmöbeln (vgl. Abb. 3). In derselben Zeit und mit weitreichenden Realisierungen entwarf Ferdinand Kramer 1925–30 für das Neue Frankfurt typisierte Möbel, Türen und Beschläge; ebenfalls für das Neue Frankfurt entwickelte Margarete Schütte-Lihotzky die »Frankfurter Küche« (1926, vgl. Abb. 2, S. 98), eine arbeitsorganisatorisch optimierte Ein-Personen-Küche für Arbeiter und Angestellte. Alle diese Gegenstände verwirklichten die Vorstellung eines modernen Menschen, »*der sein modernes, nicht ein historisches Gewand trägt ... mit allen der Gegenwart entsprechenden Dingen des täglichen Gebrauchs*« (Gropius).[5]

Abb. 2 / S. 240

Abb. 3 / S. 240

Abb. 2 / S. 98

---

4 Zit. nach Francis Haskell: Gegner der modernen Kunst. In: Haskell (Anm. 1), S. 380.
5 Walter Gropius: Grundsätze der Bauhausproduktion (1925). Zit. nach Hartmut Probst/Christian Schädlich: Walter Gropius. Bd. 3: Ausgewählte Schriften. Berlin (DDR) 1987, S. 93.

Die Problematik der historischen Avantgarde im Design wird daran deutlich, dass Nikolaus Pevsner, der zeitgenössische Historiker der Moderne in Architektur und Design, die arbeitsteilige industrielle Produktion zur unbedingten Voraussetzung des modernen Designs erhob: *»Sobald aber der Entwerfer, der Designer, das, was er erfunden und gezeichnet hat, auch selbst herstellt, hört er auf, ein Designer zu sein.«*[6] Gleichwohl sah sich Gropius ebenso wie Henry van de Velde in der Tradition von William Morris und der Arts-and-Crafts-Bewegung, die das schöpferische Potential der Handarbeit der arbeitsteiligen industriellen Produktion entgegenstellten und die Kunst im Alltag verankern wollten. Die Brüche in dieser Avantgarde-Konstruktion überbrückte Pevsner (und nachfolgende Geschichtsschreiber der Moderne) damit, dass die »Gemeinschaftsideale unter den bildenden Künstlern des 19. Jahrhunderts« als soziale Bewegungen aufgefasst wurden, die von den Nazarenern über Morris, Arts & Crafts, den Deutschen Werkbund bis zu Gropius und dem Bauhaus reichen.[7] Prinzipiell wurde der Konflikt zwischen Industrie, Kunst und Handwerk bereits in der Werkbund-Diskussion des Jahres 1914 in Köln zwischen Hermann Muthesius (*»das ganze Werkbundschaffen drängt nach Typisierung«*) und Henry van de Velde (*»Der Künstler ist ... glühender Individualist, freier spontaner Schöpfer«*) ausgesprochen.[8]

Als gemeinsames Ziel der historischen Avantgarde im Design und den künstlerischen Avantgarde-Bewegungen ist herauszustellen, dass eine Verbindung von Kunst und Leben realisiert werden sollte. Im Design schien eine Realisierung nur mit Hilfe der Industrie möglich zu sein – zeitlich markiert durch die im Zusammenhang mit der Bauhaus-Ausstellung von 1923 forcierte Orientierung des Bauhauses hin zur Industrie gegenüber der vorherigen Anbindung an das Handwerk im Bauhaus-Manifest von 1919. Die russischen Konstruktivisten und De Stijl in den Niederlanden hatten einen enormen ästhetischen Einfluss auf die industriell ausgerichtete Bauhaus-Avantgarde.

THEORIE DER AVANTGARDE UND WARENÄSTHETIK

Die ungeklärte Position des Designs zwischen Kunst, Alltag und Industrie erschwerte zu Beginn der 1970er Jahre die Beantwortung der erneut gestellten Fragen zum Verhältnis von Kunst, Design und Lebenspraxis. Das Grundanliegen der von Peter Bürger formulierten »Theorie der Avantgarde« – angesiedelt im Problemhorizont der 1968er Studentenbewegung – zielt erneut auf eine eingestandenermaßen nicht vollziehbare Aufhebung der Grenzen zwischen Kunst und Lebenspraxis. Durch

---

6   Nikolaus Pevsner, Design in relation to industry through the ages. In: Journal of the Royal Society of Arts (London), Bd. 97, 1948, S. 90–100; dt.: Design und Industrie im Laufe der Geschichte. In: Architektur und Design. Von der Romantik zur Sachlichkeit, München 1971, S. 220–229, hier: Anm. S. 521 f.

7   Diesen Gedanken formulierte Nikolaus Pevsner zuerst in: Gemeinschaftsideale unter den bildenden Künstlern des 19. Jahrhunderts, in: Deutsche Vierteljahresschrift für Literaturwissenschaft und Geistesgeschichte (Stuttgart / Weimar), Jg. 9, 1931, S. 125–154; anschließend als Kerngedanke in: Ders.: Pioneers of Modern Design. From William Morris to Walter Gropius, New York 1949.

8   Abdruck der Thesen in: Zwischen Kunst und Industrie. Der Deutsche Werkbund. Kat. Neue Sammlung, hrsg. v. Wend Fischer, München 1975; Reprint Stuttgart 1987, S. 96–99.

den affirmativen Charakter der Kunst sei »*der Versuch der Avantgardisten, die Kunst in den Lebensprozess zurückzunehmen, selbst ein in hohem Maße widersprüchliches Unterfangen*«.⁹ Dennoch ermögliche die Fiktion der Kunst ein revolutionäres Feld für die Praxis der Avantgarde. Dabei habe die Theorie der Avantgarde von dem Begriff der Montage auszugehen, der die Einheit des organisch-harmonischen Ganzen zerstört: »Nicht mehr die Harmonie der Einzelteile konstituiert das Werkganze, sondern die widerspruchsvolle Beziehung heterogener Teile.«¹⁰

In der Gestaltung von Gebrauchsgegenständen machte Bürger – wie insgesamt die literarische und philosophische Kritik in der Bundesrepublik – die in der Wirtschaft praktizierte »Warenästhetik« als Gegenbild und »falsche Aufhebung« jeglicher Bemühungen um eine Avantgarde aus.¹¹ Diese Begriffskonstruktion geht auf die Ausführungen des Philosophen Wolfgang Fritz Haug in seiner »Kritik der Warenästhetik« zurück, die aus der Differenz von Gebrauchswert und Tauschwert das »Gebrauchswertversprechen« in dem so schönen wie trügerischen Schein der Gestaltung ableiten. Design könne im besten Falle die Funktion des Roten Kreuzes im Krieg einnehmen, nämlich die schlimmsten Wunden zu versorgen.¹² Im übrigen gelte: »*die Gesamtheit der Dinge, der Gelände und der Menschen wird von kapitalistischen Interessen beherrscht, ausgebeutet, gestaltet. Das einzige Design – also der einzige Plan –, der fürs Kapital zählt, ist das Profitstreben.*« Entsprechend seien Verbesserungen nicht durch Design, sondern nur »*durch Vergesellschaftung der Wirtschaft und durch gemeinsame Planung der gesellschaftlichen Arbeit*« zu erreichen.¹³

Wenn man die Umsetzung der Haugschen Anti-Warenästhetik in die Realpolitik resümiert, litten in der planwirtschaftlichen Realität der DDR darunter sowohl die gesellschaftlichen Verbesserungen wie auch die industrielle Formgebung. In der Bundesrepublik dagegen konzentrierte man sich auf die »Gute Form« und blieb ansonsten bei seiner Profession. Die zweifellos wichtigen Erneuerungen in den theoretischen und gestalterischen Arbeiten der Hochschule für Gestaltung in Ulm (1953–1968) können als Fortführung der historischen Avantgarde und Weiterarbeit am Projekt der Moderne aufgefasst werden. Gleichzeitig wuchs jedoch die Kritik an einer dem System der Industrie angepassten Moderne in der HfG Ulm – einer Kritik, aus der sich postmoderne Überlegungen entwickelten, wie sie der Philosoph Albrecht Wellmer Anfang der 1980er Jahre formulierte: »*Meine These ist, daß die Probleme der ›zeitgemäßen Form‹ heute vor allem solche der Gebrauchsästhetik sind, für deren Bearbeitung das Modell eines Zusammenspiels von Kunst und Industrie sicherlich keine zureichende Idee mehr liefert.*«¹⁴

---

9 Peter Bürger: Theorie der Avantgarde, Frankfurt a. M. 1974, 2. Aufl. 1980, S. 68.
10 Ebenda, S. 110.
11 Ebenda, S. 67 f.
12 Vgl. Design? Umwelt wird in Frage gestellt, hrsg. v. IDZ, (Internationales Design Zentrum Berlin), Berlin 1970, S. 55 f.
13 Wolfgang F. Haug: Kritik der Warenästhetik, Frankfurt a. M. 1971, S. 174 f.
14 Albrecht Wellmer: Kunst und industrielle Produktion. Zur Dialektik von Moderne und Postmoderne, in: Ders.: Zur Dialektik von Moderne und Postmoderne. Vernunftkritik nach Adorno, Frankfurt a. M. 1985, S. 131.

AVANTGARDE IM DESIGN
SIEGFRIED GRONERT

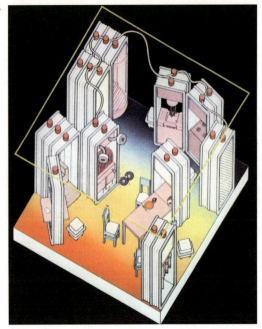

4 Ettore Sottsass: »House Environment« für die Ausstellung »Italy: The New Domestic Landscape«, MoMA, New York 1972

NEOAVANTGARDE

In Italien entstanden bereits in den 1960er Jahren Ansätze, die sich in Theorie und Praxis zu einer neuen Avantgarde im Design verdichteten. Die Ready-mades von Achille und Pier Giacomo Castiglioni (wie z.B. »Mezzadro«, 1957, vgl. Abb. 7, S. 148) waren mit ihrer spröden Gebrauchstauglichkeit das Vorspiel eines nunmehr zeichenhaften Verständnisses der Dinge des Alltags. Unter dem Begriff Radical Design (Counter Design, Anti-Design) bildeten sich, initiiert an den Architekturfakultäten in Florenz, Mailand und Turin, mehrere Gruppierungen (1966: Superstudio, 1967: Archizoom, 1973: Global Tools), die sowohl gegen die gängige akademische Ausbildung als auch gegen den Primat des technischen Fortschritts gerichtet waren; eine maßgebliche Wirkung hatte dabei der Bericht des Club of Rome von 1972: »Die Grenzen des Wachstums«.[15] Alessandro Mendini thematisierte die provozierenden Vorstellungen in der Zeitschrift »Casabella« – bis er 1975 als Chefredakteur entlassen wurde. In der großen Ausstellung »Italy: The New Domestic Landscape. Achievements and Problems of Italian Design«, 1972 im Museum of Modern Art in New York, war das avantgardistische Design aus Italien mit Environments von Ettore Sottsass, Archizoom, Superstudio und anderen vertreten und vermittelte die Möglichkeiten einer Avantgarde im Design ohne Auftrag und ohne industrielle Produktion.[16] Die Freiheit einer relativen Autonomie, die in der Kunst als Grundlage der Verweigerung gängiger zugunsten neuer Auffassungen gilt, wurde damit auch für das Design erschlossen. So schrieb Sottsass über sein Mikro-Environment in der Ausstellung von 1972: »*Ich wollte kein Produkt herstellen und zeigen, sondern Ideen provozieren*« (vgl. Abb. 4).[17]

Der Terminologie Bürgers in der »Theorie der Avantgarde« folgend, kann zur Unterscheidung von der historischen Avantgarde hier von einer Neoavantgarde gesprochen werden. Während die historische Avantgarde im Design ihre gesellschaftliche Realisierung in einer Verbindung von Kunst und Industrie anstrebte und sich an realisierbaren Möglichkeiten orientierte, provozierte die Neoavantgarde Gegenvorstellungen zur Vereinnahmung des Schönen durch die Industrie vor allem in dem von ökonomischen Aufgaben befreiten Medium des Entwurfs. Gegenüber der künstlerischen Avantgarde muss hervorgehoben werden, dass die im Avantgarde-Design vermuteten Grenzverschiebungen nicht allein die Form betreffen, sondern zudem Gebrauch und Produktion. Merkmale der italienischen Neoavantgarde im Design sind vor allem eine semiotisch elaborierte Gestaltung von Bedeutungskonstruktionen mit häufig historischen Verweisen und deren erkennbare, durchaus im

---

15 Denis Meadows / Donella Meadows / Erich Zahm / Peter Milling: Die Grenzen des Wachstums. Bericht des Club of Rome zur Lage der Menschheit, Stuttgart 1972.

16 Italy: The New Domestic Landscape. Achievements and Problems of Italian Design, hrsg. von Emilio Ambasz. Kat. Museum of Modern Art New York, New York 1972. Vgl. Italian Re Evolution. Design in Italian Society in the Eighties, hrsg. v. Piero Sartogo u. Nathalie Grenon. Kat. La Jolla Museum of Contemporary Art, La Jolla (Cal.) 1982.

17 Italy: The New Domestic Landscape (Anm. 15), S. 160–169.

Sinne von Bürgers Montage-Postulat aufzufassende »Doppelcodierung« (Charles Jencks)[18]; zudem die Herstellung von Einzelstücken oder kleinen Serien (»One-off«) und schließlich eine untergeordnete Gebrauchsfunktion.

Das italienische Design besaß mit Ettore Sottsass und Alessandro Mendini in den 1960–80er Jahren herausragende Persönlichkeiten, die wiederum maßgebliche Avantgarde-Gruppen im Design initiierten: Studio Alchimia (gegr. 1976), Memphis (gegr. 1980).[19] Aber Erfolg und Anerkennung bewirkten eine breite »Memphisierung« der Produktgestaltung in den 1980er Jahren, die schließlich die anfangs intendierten Widerstände in einer undifferenzierten und beliebig erscheinenden Produktsprache vereinnahmte. Die ökonomisch verwertete Breitenwirkung – die sich auch an Mendinis späteren Beiträgen als Berater und Entwerfer für die italienische Firma Alessi zeigt – bestätigen die Vermutung, dass Avantgarde und gestalterischer wie ökonomischer Erfolg kaum zu vereinen sind.

NEUES DESIGN, TRANSAVANTGARDE

In der Bundesrepublik kam erst mit dem Neuen Design oder Neuen Deutschen Design zu Beginn der 1980er Jahre eine Avantgarde-Diskussion in Gang, konzentriert und verstärkt durch zwei Ausstellungen: »Gefühlscollagen. Wohnen von Sinnen« 1986 im Düsseldorfer Kunstmuseum und »Design heute. Maßstäbe. Formgebung zwischen Industrie und Kunst-Stück« 1988 im Deutschen Architekturmuseum in Frankfurt a. M. Verspätet gegenüber dem Aufbruch der italienischen Avantgarde und ohne international herausragende Persönlichkeiten blieb die deutsche Design-Avantgarde in ihrer Ausstrahlung weitgehend national begrenzt.[20] Allerdings waren die Auswirkungen in der von der Guten Form und »Braun-Design« (vgl. Abb. 5 und 6, S. 158) geprägten bundesrepublikanischen Designlandschaft einschneidend, denn das Produktdesign verlor im Zuge einer auch medial intensiv geführten Diskussion seine Anbindung an die Essentials der sachlich modernen Gestaltung (Material, Konstruktion, Funktion) und wurde frei für die Ansprache von Gefühlen, Assoziationen und Metaphern.

Gegenüber der italienischen Neoavantgarde kann man bei der jüngeren Generation in den 1980er Jahren – grosso modo – eine Transavantgarde ausmachen, die keine gesellschaftlichen Veränderungen mehr beabsichtigte, sondern den subjektiven Ausdruck suchte.[21] Die Absicht, einen »Kunstflug ins Industrie-Design« zu versuchen, hatte um 1980 immerhin noch die Attitüde einer Reanimation des künstlerischen Ausbruchs aus den Zwängen der Industrie (vgl. Abb. 5).[22] Doch die

---

18 Vgl. Charles Jencks: Die Sprache der postmodernen Architektur. Entstehung einer alternativen Tradition, Stuttgart 1978; Robert Venturi / Denise Scott Brown / Steven Izenour: Lernen von Las Vegas. Zur Ikonographie und Architektursymbolik der Geschäftsstadt (MIT 1978), Braunschweig / Wiesbaden 1979.

19 Vgl. Barbara Radice: Memphis. Gesicht und Geschichte eines neuen Stils, München 1988.

20 Vgl. Volker Albus / Christian Borngräber: Design-Bilanz. Neues deutsches Design der 80er Jahre in Objekten, Bildern, Zahlen und Texten, Köln 1992. Thomas Hauffe: Fantasie und Härte. Das »Neue deutsche Design« der achtziger Jahre, Gießen 1994; Petra Eisele: BRDesign. Deutsches Design als Experiment seit den 1960er Jahren, Köln / Weimar / Wien 2005.

21 Entsprechende Tendenzen in der Kunst analysiert Christoph Schreier: Krise oder Agonie der Avantgarde? Thesen zur Malerei und Plastik der späten 80er Jahre. In: Aufbruch in die Neunziger. Ideen, Entwicklungen, Perspektiven der achtziger Jahre, hrsg. v. Christian W. Thomsen, Köln 1991, S. 280–302.

22 Siegfried Gronert: Kunstflug ins Industrie-Design. Zum Beispiel die Gruppe »Kunstflug«. In: form, 99, 1982, S. 12–13.

spielerisch nach individuellen Vorstellungen den Produkten einverleibten und zum gestalterischen Experiment verklärten Zeichen und Metaphern blieben unbestimmt und beschränkten sich weitgehend auf Möbel und den privaten Wohnbereich. Das Motto lautete »Aufbruch zum Durchbruch«, seine Subtitel: »Fälscher am Werk«, »Mumien, Monstren, Mutationen«, »Tote Möbel«, »Kunstvoll köpfen«, »Hier und Heute«, »Schau heimwärts, Engel«.[23]

Neben einer vom Punk inspirierten britischen Designszene (Ron Arad) entstanden parallel in ganz Europa transavantgardistische Designgruppen und Werkstätten.[24] Schließlich fand die mit metaphorischen Bedeutungen beladene Avantgarde in der niederländischen Designvereinigung Droog Design, eine von der Kunsthistorikerin Renny Ramakers und dem Designer Gijs Bakker Anfang der 1990er Jahre ins Leben gerufenen Stiftung, eine vielbeachtete und bis heute wirkende Fortsetzung.[25]

Bleiben bei Droog markttechnische Durchsetzungsstrategien im Hintergrund, so kommen heute aus der Betriebswirtschaftslehre ernst gemeinte Überlegungen zu einer ökonomisch ohne die Widerstandsverluste des Anfangs geplanten Avantgarde: »*Avantgarde-Produkte können heute, lange bevor die Konsumenten auch nur ahnen, was auf sie zukommt, von Unternehmen gezielt geplant und dann durch Marketingmaßnahmen propagiert werden.*«[26]

TECHNISCHE AVANTGARDE

Die systemtheoretische Formulierung der Avantgarde durch den Soziologen Niklas Luhmann stellt heraus, dass die Avantgarde nur als Form der Ablehnung des üblich Gewordenen zu erkennen ist, das als Erwartung enttäuscht werden soll. Den immanenten Gegenwartsbezug der Avantgarde veranschaulicht Luhmann in dem prägnanten Bild der »*Ruderer, die nur sehen, woher sie kommen, und das Ziel ihrer Fahrt im Rücken haben.*«[27]

Heute scheint die Produktgestaltung in ihrem eigenen Metier weder nach hinten zu schauen noch nach vorne zu rudern. Da auch in der Kunst eine Avantgarde derzeit nicht zu erkennen ist, entsteht die Frage, ob die avantgardistischen Grenzverschiebungen sich nicht auf andere Bereiche verlagert haben. Wenn die Zukunftsforschung sich mehr um Technik als um Kultur kümmert, so der Kulturphilosoph Thomas Macho, dann stehen Ängste vor Verelendung, Hunger, Energie- und Ressourcenknappheit und Katastrophen im Vordergrund, während von der Kultur keine erlösenden Aussagen über die Zukunft erwartet werden.[28] Eher treffen tech-

---

23 »Aufbruch zum Durchbruch – Eine Schau zum neuen deutschen Design« (WDR 1986) hieß der TV-Beitrag von Christian Borngräber; die angeführten Subtitel sind seinem Beitrag »Trennende Gemeinsamkeiten« in dem von ihm herausgegebenen »Kunstforum« 82 (Dez. 1985–Febr. 1986), »Das Deutsche Avantgarde-Design. Möbel, Mode, Kunst und Kunstgewerbe«, entnommen (S. 64–84).
24 Vgl. Neues europäisches Design. Barcelona, Paris, Mailand, Budapest, London, Berlin, Wien, Neapel, Köln, Düsseldorf, hrsg. v. Andrea Branzi u. François Burkhardt, Berlin 1991.
25 Vgl. Ida van Zijl: Droog Design 1991–1996, hrsg. v. Centraal Museum Utrecht, Utrecht 1997.
26 Andrea Bürgers: Avantgarde. Planung und Diffusion von Avantgarde-Produkten aus marketingorientierter Sicht, Köln 1997, S. 210.
27 Niklas Luhmann: Die Kunst der Gesellschaft, Frankfurt a. M. 1995, S. 199.
28 Thomas Macho: Die Zukunftsforschung kümmert sich nicht um die Kultur. In: DIE ZEIT (Hamburg), 1996, Nr. 17, S. 52 f.

AVANTGARDE IM DESIGN
SIEGFRIED GRONERT

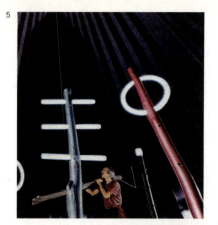

5 Kunstflug (Heiko Bartels, Hardy Fischer, Harald Hullmann): »Baumleuchten«, 1980
6 Péter Kalmár: AO Gamesystem

nische und ökologische Perspektiven den Nerv unserer Zeit. So werden iPhone und iPad euphorisch als technische Innovationen für den Alltagsgebrauch gefeiert, die beide einem gestalterischen Vorbild aus der Vergangenheit folgen, dem Taschenrechner ET 55 von Dieter Rams für Braun von 1981 (vgl. Abb. 6, S. 144). Heute gilt weniger das avantgardistische Sitzmöbel als Modell aktueller Erwartungen, sondern vielmehr Internet und Interface – häufig mit rhetorisch ausgereizten Szenarien (vgl. Abb. 6). Hoffnungen richten sich auf ökologisch verträgliche oder nachhaltige Lösungen, die im Design bezeichnenderweise immer noch durch einen literarischen Klassiker aus dem Jahre 1970 angemahnt werden, »Design für eine Umwelt des Überlebens« von Viktor Papanek, während die realökologische Nachhaltigkeit sich mittlerweile beispielhaft etwa in der Autoindustrie mit ihrem hohen Recyclingfaktor niederschlägt.[29]

Abb. 6 / S. 144

Abb. 6 / S. 248

Pessimistischen Aussagen zu zukünftigen Avantgarden kann mit einem Ausspruch Mies van der Rohes begegnet werden: »*Man kann nicht jeden Montagmorgen eine neue Baukunst erfinden.*«[30] Sicher scheint jedoch, dass die Avantgarden der Zukunft als verschworene Gemeinschaft mit gemeinsamen Zielen nicht mehr lokal kommunizieren, sondern sich in ubiquitären medialen Vernetzungen organisieren werden.

---

29 Viktor Papanek: Miljön och Miljonerna. Stockholm 1970; dt. zuerst »Das Papanek-Konzept. Design für eine Umwelt des Überlebens.« München 1972; mittlerweile übersetzt in über 20 Sprachen.
30 Zit. nach Jean-Louis Cohen: Ludwig Mies van der Rohe, Basel 2007, S. 166.

EIN INTERVIEW

DIGITALISIERUNG
DISZIPLIN
ETHIK & MORAL
GESCHICHTE
GESELLSCHAFT
GLOBALISIERUNG
INNOVATION & STRATEGIEN
KOMMUNIKATION
KUNST & KULTUR
ÖKOLOGIE
ÖKONOMIE
TECHNOLOGIE
THEORIE
WISSENSCHAFT & FORSCHUNG
ZUKUNFT

HARTMUT ESSLINGER IM GESPRÄCH MIT BERNHARD E. BÜRDEK

BERNHARD E. BÜRDEK

Der Untertitel Deines neuen Buches »Schwungrat«[1] lautet: Wie Design-Strategien die Zukunft der Wirtschaft gestalten. Wie würdest Du dies auf einen kurzen Nenner bringen?

HARTMUT ESSLINGER

Mir geht es darum, den notwendigen Wechsel an der Basis zu schaffen und den aus gutem Grund wirtschaftlich orientierten UnternehmerInnen und EntscheidungsträgerInnen das immer noch ungenutzte Potential von Kreativität und strategischem Design zu eröffnen – dass sie z.B. erkennen, was sie von uns Kreativen in Wirklichkeit verlangen können und auch müssen. Insofern hoffe ich, dass das Buch auch für DesignerInnen relevant ist. Darüber hinaus müssen wir uns angesichts globaler Krisen wie Klimakatastrophe, systemischem Finanzchaos, kulturellem Imperialismus und sozialer Ungerechtigkeit humanistische und ökologische Ziele setzen. Hierzu brauchen wir sowohl eine neue Allianz zwischen Business und Design als auch eine neue Definition von »Design« mit strategischer Integrationskompetenz.

Natürlich erfordert dies ein erweitertes Selbstverständnis der DesignerInnen: es geht darum, systemische Innovation und mehr Nachhaltigkeit in allen Bereichen mit weniger Material und mehr Erlebnis zu erreichen. Natürlich ist dies ein dramatischer Abschied vom bisherigen Berufsbild. So sind Prozessorientierung und Humanisierung der globalen Industrie die neuen Schwerpunkte – und Ästhetik ist nur noch eines der Mittel unter vielen anderen, um höhere Ziele erreichen zu können.

Um dies effektiv zu kommunizieren, habe ich das Buch so strukturiert, dass im ersten Teil praktische Beispiele aus 40 Jahren frog design beschrieben werden, soweit diese heute noch relevant sind. Im Mittelteil versuche ich die notwendigen Prozesse und Denkmodelle so zu beschreiben, dass sie auch wirklich funktionieren. Und in den Kapiteln zu einer ökologischeren und humanistischeren Zukunft möchte ich neue Wege wie Co-Design, Open Source Design, Home- und Smart-Sourcing aufzeigen – um hoffentlich viele neue MitstreiterInnen zu inspirieren.

Was noch fehlt, ist der Aspekt einer progressiven und holistischen Neuorientierung von kreativer Erziehung. Dies wird das Thema des nächsten Buches sein, das ich gerade zusammen mit meiner Frau Patricia Roller konzipiere.

---

1 Hartmut Esslinger: Schwungrat. Wie Design-Strategien die Zukunft der Wirtschaft gestalten, Weinheim 2009.

EIN INTERVIEW
HARTMUT ESSLINGER
IM GESPRÄCH MIT
BERNHARD E. BÜRDEK

Wie kam es zu der Designsprache »Snow White«, die Du bei Apple eingeführt hast, und die heute – nach einer Ära der Rams'schen Braun-Produkte – als globales Identitätsmerkmal für das Unternehmen gilt?

Als ich anfing für Apple zu arbeiten, erschien einigen der ehrgeizige Plan von Steve Jobs, Apple zur weltweit größten Consumer-Technology-Marke zu machen, einfach nur verrückt. Computer hielten gerade erst Einzug in den Büros von Freiberuflern, und Heimcomputer waren kaum mehr als ein Traum. Aber dieser Traum war für Steve Wirklichkeit. Er sprach oft und zuversichtlich über einen »Verbrauchermarkt« und schon bald teilte fast jeder im Unternehmen seine Zukunftsvision für Computer. In relativ kurzer Zeit wurde Steves Vision für die Welt Realität und machte Apple zu dem designbestimmten Marktführer, der er noch heute ist.

Ich lernte Steve Jobs 1982 kennen, als ich nach Kalifornien reiste und eine Party besuchte, die ein ehemaliger Praktikant von frog, Jack Hokanson, gab.

Ungefähr 30 Designer aus der Bay Area kamen, und Rob Gemell – damals Designer bei Apple – war unter ihnen. Er lobte Steve Jobs in den höchsten Tönen und erklärte, dass er es gewesen sei, der Apple dazu verpflichtet habe, Spitzentechnologie und Weltklasse-Design anzustreben. Als Apple sich weltweit auf die Suche nach »World Class«-Design machte, stellte Rob meine Ideen Steve vor. Steve und ich trafen uns persönlich (er gewann den »Wettbewerb um das ältere T-Shirt«) und der Ball kam ins Rollen.

Designmanager Jerry Manock und Rob beschränkten den Wettbewerb am Ende auf zwei Studios – eins davon war frog. Während unser Konkurrent einen sehr europäischen Design-Fokus vorstellte, versuchte ich, Apple als kalifornisch-globale Marke neu zu positionieren – Hollywood und Musik, ein wenig Rebellion und natürlichen Sexappeal. Frog arbeitete eng mit den Entwicklern und Steve Jobs und entwarf etwa vierzig Modelle, um unsere Konzepte zu illustrieren. Wir arrangierten sie in einem Konferenzraum in Apples Hauptquartier – und verwandelten ihn so in eine Projektion der Zukunft. Als Steve und die Vorstandsmitglieder diesen Ausstellungsraum der Zukunft, die wir für ihr Unternehmen sahen, betraten, lächelten sie und sagten: »Ja, das ist es!«. Frogs radikale Designsprache wurde als »Snow White« bekannt und lieferte das »Born-in-America«-Gen für Apples DNA. Diese konsequente Abkehr von den klobigen braunoliven Ungetümen, die die Computerwelt zu dieser Zeit beherrschten, entstand durch eine Designsprache, die auf folgenden strategischen Entscheidungen beruhte:

- Apple Computer mussten so klein wie möglich, clean-designed und weiß sein.
- Alle Grafiken und Schriftarten mussten den Eindruck von Sauberkeit und Ordnung verstärken.
- Die endgültigen Modelle sollten eine extravagante Hightech-Gestalt bieten, die auf den fortschrittlichsten Tools beruhte.
- Alle Produktdesigns sollten die umweltfreundliche »keine Lackierung = niedrigere Kosten«-Regel befolgen, die auf einem sorgfältigen Umgang mit ABS-Kunststoffen basierte.

Steve Jobs und ich vereinbarten darüber hinaus als Leitlinie: »Do it right the first time«. Steve bot mir einen langfristigen Vertrag an, unter der Bedingung, dass ich nach Kalifornien zog und ein Abbild unseres Studios in Altensteig in der Nähe von Apple etablierte. Wir besiegelten unseren Deal mit einem Handschlag, der eine der entscheidensten Kooperationen in der Geschichte des Industriedesigns begründen sollte.

Die globale Krise der Ökonomie zeigt sich besonders deutlich in der US-Automobilindustrie. Was läuft dort designstrategisch falsch?

Das Problem bei uns ist eine einseitige Orientierung auf das Finanzielle und dann eine kurzsichtige Produkt-Politik »what people buy« anstatt »what people really need«. Anstatt echte Werte durch relevante Innovation und soziale Verantwortlichkeit zu schaffen, haben sich besonders General Motors und Chrysler aus dem Markt heraus designt. Dazu kommen inkompetente Unternehmenskulturen wie z.B. sequentielle Prozesse anstatt »concurrent collaboration«, Unterschätzung der Intelligenz der Kunden, Arroganz und zu viele Manager ohne ethische Verantwortung. Aber bleiben wir doch mal in Deutschland. Die neuen Herausforderungen für ökologischere Mobilität sind nicht auf die USA beschränkt: wir brauchen nicht nur neue Innovations- und Produktstrategien, sondern auch eine Änderung unseres Verhaltens, bzw. die Bereitschaft, dies kreativ und sozial anzugehen.

Und es gibt auch einen klaren Zusammenhang zwischen Lebensstandard und erforderlicher kreativer Qualität der Industrie. Wenn man die weltweit höchsten Standards in der Qualifikation von Arbeitskräften und Kosten hat, dann kann man keine Billigprodukte machen. Das heißt, dass eine höchst innovative Kultur strategischer Bestandteil der Produktentwicklung sein muss. Wenn man aber nur die hohen Kosten hat, ohne diese durch außergewöhnliche Kreativität zu rechtfertigen, bricht das Business-Modell zusammen. Wenn man beispielsweise die Verle-

EIN INTERVIEW
HARTMUT ESSLINGER
IM GESPRÄCH MIT
BERNHARD E. BÜRDEK

gung von AEG (Electrolux) von Nürnberg nach Polen betreibt; wenn man »Deutsches Design« ohne jedes Problem in ein Land mit billigeren Löhnen und weniger Qualifikation der Arbeitskräfte verlegen kann, dann stimmt das Konzept nicht. So traurig es ist, wenn Jobs verlorengehen, ist dies in den meisten Fällen selbstverschuldet: zum großen Teil durch schlechtes Management, gemischt mit politischer Ignoranz – u.a. durch zu hohe Steuern bzw. mangelnde Anreize zur Innovation – und dann aber vor allem auch durch innovationsresistente Mitarbeiter. Und last but not least: das Verständnis für eine realistische Balance.

Du sprichst von vier »Arten von Design« (Schulen), die die Unternehmen heute prägen. Welche sind dies Deiner Meinung nach?

Die Beschreibung der vier Arten von DesignerInnen ist etwas vereinfacht und soll den »Auftraggebern« als Richtlinie dienen. Meiner Meinung nach sind nur strategisch orientierte DesignerInnen für Unternehmen relevant, also Kreative, die über eine Sachkompetenz auf dem Niveau der Partner von Roland Berger oder McKinsey verfügen und deshalb in unternehmerischen Planungsprozessen auch eine Stimme haben können. Es geht vor allem um die Definition und Simulation von innovativen Geschäftsmodellen und den daraus resultierenden Produkten – virtuell und physisch – bevor man in eine hohe Kapitalverbindlichkeit einsteigt. Eine wichtige Aufgabe für strategische DesignerInnen ist auch die Folgenabschätzung: nachhaltige Strategien müssen sowohl ökonomisch und sozial als auch ökologisch definiert werden. Und dies betrifft das gesamte Product-Lifecycle-Management.

Das Verschwinden der Industrie in Europa führt ja auch dazu, dass sich junge Designer manufakturellen Einzelstücken oder Kleinserien zuwenden. Wie schätzt Du die Trends »Personal Fabrication« und »Design Art« ein?

Man muss unterscheiden zwischen kunsthandwerklich orientiertem »Autoren-Design«, das zwar inspiriert, aber insgesamt keine wesentliche Relevanz hat, und der absolut dringenden Notwendigkeit, das »Industrielle Monster« der gesichtslosen Massenproduktion zu besiegen – und hierzu brauchen wir NEUE INDUSTRIEN! Personal-Fab ist ein tolles Modell und ich beschreibe auch, wie man über qualitativ-smartes Crowd Sourcing und Open Source hier »agnostische« Tech-Module in innovative Konzepte integrieren kann.

Es gibt sehr smarte Hybrid-Modelle wie die professionellen Sitzmöbel-Strategien von Herman Miller, und ich arbeite mit meinen StudentInnen in Wien auch sehr intensiv an neuen Modellen als Teil unserer Forschung. Ich glaube, dass wir in ein paar Jahren unsere Smartphones aus Komponenten im Geschäft vor Ort zusammenstellen und dann innerhalb von Stunden unser spezifisches »Design« mitnehmen können. Und da die professionelle Designpraxis intern wie extern immer noch viel zu sehr eine servile Dienstleistungsmentalität hat, müssen neue Business-Modelle wie bei Software und Internet 3.0 aus den Universitäten und der Forschung kommen. Dies ist für mich persönlich auch eine ganz große Motivation.

Zu Deinem Punkt »Design Art«: Entweder ist etwas Kunst als individualistischer Ausdruck eines Künstlers bzw. einer Künstlerin oder es ist Design mit einer funktionalen Relevanz für Menschen, Gesellschaft, Umwelt und Business. Dennoch sind Kunst und Design philosophische Geschwister, und der Prozess der tiefen Ideenfindung ist nach wie vor mehr Geheimnis als anlernbares Wissen. Und dann haben inzwischen ja auch designerische Denkmethoden unter dem Label »Design Thinking« in die Businesswelt Eingang gefunden, und trotz eines gewissen Verwässerungseffekts finde ich dies sehr gut. Als nächsten Schritt sollten wir DesignerInnen uns die Radikalität der Kunst ganz bewusst zunutze machen. Ich nenne dies »ART THINKING« – allerdings ohne den Anspruch, dass dies nun beliebig skalierbar sein muss. Am Ende geht es um Elite und Kultur, und da wir weltweit eine Phase des konzeptionellen Wechsels durchleben, müssen wir diese historische Gelegenheit auch emotional nutzen – entsprechend einem Zitat von Walter Benjamin: »Die Kunst ist die Statthalterin der Utopie«.

Du schilderst sehr anschaulich, dass Du immer in den Fabriken Deiner Kunden unterwegs warst. Heute müsste man dazu als junger Designer doch permanent in das chinesische Pearl-River-Delta (nördlich von Hongkong), nach Vietnam etc. reisen. Ist das denn noch realistisch?

Natürlich ist dies realistisch, denn die Macht ist in den Fabriken – und darüber hinaus müssen Designer jeden Alters wissen, was die Fabriken heute können, denn tatsächlich kommen die besten Entwürfe und Produkte nur über eine enge Zusammenarbeit mit den Leuten in der Produktion zustande. Meine eigenen Erfolge mit Wega, Sony oder Apple wären anders gar nicht möglich gewesen. Nun hat aber die virtuelle Globalisierung durch das Internet eine Scheinwelt des Designs erzeugt, wobei viele Designer – und Manager – glauben, dass es reicht, sich über ein digitales Tool mit der »Realität« zu vernetzen. Viele Designer waren schon immer »Lifestyle-Victims«, und das coole Café um die Ecke ist ihnen wichtiger, als sich wirklich an der Quelle zu engagieren, und so entwerfen sie dann lieber in New York, London, Berlin oder Mailand an ihren Computern. Dies ist einer der Hauptgründe, warum wir im Produktsegment »Consumer-Tech« so viele fantasielose Designs haben, da man mit dieser »Design-by-E-Mail-Methode« über die Gestaltung eines Frontpaneels oder einer neuen Tastatur für ein mobiles Telefon nicht hinauskommen kann.

Das Verschwinden der Industrie in Europa führt ja auch dazu, dass sich junge DesignerInnen dem Kunst-Design oder der Design-Kunst zuwenden, bei der quasi manufakturell Einzelstücke oder Kleinstserien geschaffen werden. Ist das denn ein Ausweg für das 21. Jahrhundert?

Also diesen Weg gab es schon immer – das liegt auch an der persönlichen Motivation und dem Talent sowohl der DesignerInnen als auch der Hersteller – und dieser Weg führt auch teilweise zu sehr guten Produkten. Mir gefallen auch viele Ergebnisse dieses Weges, selbst wenn ich mir die Mailänder Möbelmesse seit Jahren nicht mehr antue... Leider ist dies ein sehr teurer Weg in Bezug auf die Einzelkosten, und positive Anstöße zur Verbesserung unseres sozialen Lebens sind sehr selten. Und dann sind viele dieser Produkte visuell sehr kurzlebig. Im gesamten Zusammenhang glaube ich deshalb nicht, dass »Kunst-Design« neue Impulse für die Industrie in Europa setzen kann. Smart-Sourcing – wie ich es beschreibe – kann es.

Du hast einen Lehrstuhl an der Universität für Angewandte Kunst in Wien, die sich ja explizit den Übergängen von Kunst und Design widmet. Ist das ein Konflikt für Dich?

Das hätte ich vorher auch gedacht. Aber als ich vor einigen Jahren gebeten wurde, die Meisterklasse ID2 von Ross Lovegrove – übrigens frog-Mitarbeiter Nummer 18 – zu übernehmen, habe ich es intuitiv akzeptiert, weil ich spürte, dass die »Angewandte« alle Freiheiten bietet, um nicht nur eine zukunftsorientierte und exzellente Lehre zu etablieren, sondern auch die großen Themen wie Ökologie und Social Design mit anzugehen. Natürlich bringe ich hier auch meine eigenen Ambitionen zur Humanisierung der Industrie ein, und ich verlange von den StudentInnen und meinem Team in Wien volles Engagement, was sich inzwischen auch in immer besseren Ergebnissen der Klasse zeigt.

Den Kunst-Aspekt sehe ich sehr differenziert: Design ist ein Beruf der Koordination, und wir sind mehr oder weniger Katalysatoren zwischen Kultur, Ethik, Business, Technologie und der Verpflichtung zur Nachhaltigkeit. Das ist eine fast unmögliche Herausforderung und erfordert neue Denkprozesse – nennen wir es einmal »ART-THINKING« –, durch die es möglich wird, die rationalen Anforderungen mit emotionalen Werten zu verbinden. Designer nutzen also die Methodik der Kunst als eines der Mittel zum Zweck der Lösungsfindung. Dass dann unsere Ergebnisse manchmal auch »offiziell« als »Kunst« bezeichnet werden und in Museen als solche gesammelt und ausgestellt werden, ist kein Widerspruch zu meiner These.

Die globale Krise der Ökonomie führt auch zu neuen Konzepten für die Designer: Fusionsprodukte, Open Source Design und Co-Design innerhalb sozialer Netzwerke. Wohin geht da die Reise?

Dies sind allesamt Riesenthemen, aber ich will es kurz versuchen: Pioniere suchen immer nach besseren Methoden – besonders, wenn sie merken, dass die etablierten Methoden in einer Sackgasse münden könnten, was bei der heutigen Massenproduktion bei gleichzeitigem Identitätsverlust immer mehr der Fall ist.

Fusionsprodukte kombinieren vorbekannte oder neue Technologien auf innovative Art und Weise. Gute Beispiele sind mobile Telefone mit integrierter Kamera und GPS oder optische Ferngläser mit lasergenerierter Entfernungsmessung. Ein »klassisches« Fusionsprodukt ist übrigens ein Hammer, mit dem man Nägel nicht nur einschlagen, sondern auch wieder herausziehen kann.

Open-Source-Design bedeutet, dass man statt individueller Exklusivität mit entsprechenden Kosten für Parallelentwicklungen (z.B. Motoren für Automobile oder Motherboards für Computer und mobile Telefone) eine offene Zusammenarbeit und Austausch von generischen Komponenten praktiziert – und dann die Markenidentität durch nutzerorientiertes Design erzielt. Dies sollte dann sowohl zu mehr Qualität als auch mehr Identität führen. Wenn man z.B. die heutigen Mittelklasseautos oder Laptop-Computer anschaut, so sind diese nach der alten Methode designten Produkte untereinander sehr viel ähnlicher als verschieden. Mit Open Source sollte dies besser werden. Andererseits ist dies noch ein weiter Weg: Open-Source-Plattformen wie Linux oder Googles Android sind noch wahre Designer-Albträume.

Co-Design ist ebenfalls eine alte Methode, die durch die Massenproduktion verschwand und jetzt durch moderne Kommunikationsmedien wie das Internet und

EIN INTERVIEW
HARTMUT ESSLINGER
IM GESPRÄCH MIT
BERNHARD E. BÜRDEK

die dadurch entstehenden sozialen Netzwerke wieder attraktiver wird. Der Trick ist, sich über ein neues Design zu verständigen und abzustimmen, bevor der technische Designprozess beginnt und viel Geld in die Entwicklung fließt. Gleichzeitig ist der Markt durch Co-Design definierter und ein Hersteller weiß in etwa, wieviel Produkte zu welchem Preis zu verkaufen sein werden. Eine Weiterentwicklung von Co-Design ist Crowd Sourcing, das aber wie Co-Design nur dann zu guten Ergebnissen führt, wenn eine qualitative »Redaktion« die Prozesse steuert. Das bekannteste historische Beispiel für Co-Design ist übrigens die US-amerikanische Verfassung, die über zwei Jahre hinweg in konstanter Absprache mit den Einzelstaaten und Fachleuten entwickelt wurde.

Als Dir Deine achtjährige Enkeltochter Lisa ein Sperrholzmodell eines Computers zeigte, das sie in der Waldorfschule gebastelt hatte, sagte sie: »Opa, der Computer braucht zwei Minuten zum Hochfahren«. Da wurde doch deutlich, dass die Computerindustrie immer noch sehr träge ist. Denn so war das doch schon vor rund 25 Jahren, mit dem Apple Mac II?

Du hast in einem Punkt absolut recht: der menschliche Fortschritt ist immer langsamer, als die Technologie es erlauben würde. Erinnern wir uns nur, dass Mr. Remington seine Schreibmaschine glaube ich 34 Jahre zu Markte trug, bis er endlich eine verkaufen konnte, und 1948 meinte IBMs Thomas Edison, dass bis zum Jahr 2000 vielleicht fünf oder sechs Computer verkauft werden könnten. Aber Spaß beiseite: das Problem ist systemisch, da bei der Softwareentwicklung die Einfachheit der digitalen Programmierung Vorrang hat vor dem, was aus analoger, menschlicher Sicht Sinn macht. Aber wir machen gute Fortschritte, und gemessen an anderen »World-Changing-Technologien« ist die digitale Industrie sehr erfolgreich in der Durchdringung unserer künstlichen Umwelt, indem sich »Computer« in fast alle technische Produkte – wie z.B. Automobile oder Hausgeräte – integrieren, bzw. noch mehr integrieren werden. Und die Technologie ist sehr mobil geworden.

Ein Teil des Interviews ist erstmals in der »form« 231, März/April 2010, erschienen.

ZU DEN AUTOREN

VOLKER ALBUS

S. 56
CONVENTIONAL PATCHWORKS. DESIGN UND SOZIOKULTURELLE VERÄNDERUNGEN

geboren 1949. Studierte Architektur in Aachen, ist seit 1984 freiberuflich als Architekt und Designer tätig und lehrt seit 1994 als Professor für Produktdesign an der Hochschule für Gestaltung in Karlsruhe. Als international bekannter Designpublizist ist er Mitherausgeber verschiedener Designbücher und für zahlreiche Architektur- und Designzeitschriften tätig.

GERDA BREUER

S. 224
ZUKUNFT GESTALTEN. VISIONEN UND UTOPIEN IM DESIGN

geboren 1948. Studium der Kunstgeschichte, Baugeschichte, Philosophie und Soziologie in Aachen, Ann Arbor (USA) und Amsterdam. Magister Artium in Soziologie. Promotion in Kunstgeschichte. Lehrtätigkeit in Ann Arbor, Leiden (NL), Aachen, Bielefeld und Köln. 1985–1995 Leiterin Industriemuseum Cromford, Ratingen, stellvertr. Leiterin der Rheinischen Industriemuseen, stellvertr. Leiterin der Mathildenhöhe, Darmstadt. Seit 1995 Professorin für Kunst- und Designgeschichte an der Bergischen Universität Wuppertal. Seit 2005 Vorsitzende des wissenschaftlichen Beirats der Stiftung Bauhaus Dessau. Zahlreiche Veröffentlichungen, u.a.: Max Burchartz, 1887–1961. Künstler. Typograf. Pädagoge, Berlin 2010.

BERNHARD E. BÜRDEK

S. 10
DESIGN IST (DOCH) EINE DISZIPLIN

geboren 1947. Studierte Produktgestaltung an der Hochschule für Gestaltung Ulm sowie BWL/VWL an der Universität Stuttgart. Seit 1970 als Designer, Berater und Publizist tätig. Lehrt an der Hochschule für Gestaltung in Offenbach am Main Designtheorie und Designmethodologie. Gastdozenturen führten ihn nach Brasilien, Mexiko, Rumänien und Taiwan, Vortragsreisen durch Europa, Asien, Lateinamerika und in die USA. 1990 Mitbegründer des Designbüros Vision & Gestalt in Obertshausen, spezialisiert auf Produktdesign, Interface/Interaction und Design-Kommunikation. Er ist Autor mannigfaltiger Publikationen, ständiger Berater der »form«. Von 1996 bis 2001 war er Initiator und Mitherausgeber von »formdiskurs«.

DAVID COOK

S. 66
GREEN ARCHITECTURE

geboren 1966. Studierte Architektur an der Manchester Polytechnic und der University of East London. In London Tätigkeit bei Koski Solomon Ruthven. Seit seinem Eintritt bei Behnisch Architekten, wo er 2005 Partner wurde, hat er dort zahlreiche Projekte im In- und Ausland verantwortet. Derzeit arbeitet er unter anderem an einer Konzerthalle/Musikhochschule in Ventspils, Lettland, einem Kindergarten in Heidelberg und dem King Abdullah Financial District, Riad, Saudi-Arabien. David Cook ist Dozent an der Universität Stuttgart und hält Vorlesungen an Universitäten, bei Konferenzen und Symposien weltweit. Im Jahr 2010 Berufung zum Belluschi Visiting Professor of Architecture an der University of Oregon, Eugene, Oregon.

PETRA EISELE

S. 136
RETRO-DESIGN. ENDE DER GESCHICHTE?

geboren 1966. Studium der Kunstgeschichte, Literaturwissenschaft und Linguistik in Trier. Promovierte an der Universität der Künste Berlin zur postmodernen

Designentwicklung in der Bundesrepublik seit den sechziger Jahren. War Wissenschaftliche Mitarbeiterin für Theorie und Geschichte des Design an der Bauhaus-Universität Weimar, Dozentin für Designtheorie an der Züricher Hochschule der Künste (ZHdK). Heute ist sie Professorin für Designgeschichte, Designtheorie und Medientheorie an der Fachhochschule Mainz. Zahlreiche Vorträge und Publikationen, u.a. BRDesign. Deutsches Design als Experiment seit den 1960er Jahren, Köln 2005; TechnoNaturen. Design & Styles (zus. m. Elke Gaugele), Wien 2008.

HARTMUT ESSLINGER

geboren 1944. Studierte Elektrotechnik in Stuttgart und Produktgestaltung in Schwäbisch Gmünd. 1969 Gründung von »frog design« in Deutschland und 1982 in den USA. Mit seiner Frau Patricia Roller baute er das Unternehmen zur wohl bekanntesten und erfolgreichsten strategischen Designagentur der Welt aus. frog design hat u.a. für Apple, Lufthansa, Microsoft, Oracle, SAP, Sony gearbeitet. 1989 Ruf an die HfG Karlsruhe, seit 2006 Professor für Industrial Design an der Universität für Angewandte Kunst in Wien; Ehrendoktor der Parsons School of Design in New York. »Business-Week« nannte ihn 1990 »*den einflussreichsten amerikanischen Designer seit den 1930er Jahren*« und »*Superstar des High-Tech-Design*«.

S. 250
EIN INTERVIEW

SABINE FORAITA

geboren 1965. Studium Industrial Design an der Hochschule für Bildende Künste Braunschweig, Diplom 1991. Verschiedene Tätigkeiten in der Industrie. Aufbaustudium Kunst und Design ebenfalls an der Hochschule für Bildende Künste Braunschweig, Magister Artium 1998. Lehraufträge an verschiedenen Hochschulen. Promotion zum Thema »Borderline – das Verhältnis von Kunst und Design aus der Perspektive des Design«, 2005. Seit 2006 Professorin für Designwissenschaft und Designtheorie an der Hochschule für angewandte Wissenschaften und Kunst in Hildesheim.

S. 44
GRENZGÄNGE.
ÜBER DAS VERHÄLTNIS
VON KUNST UND DESIGN

RAINER FUNKE

geboren 1957. Studium der Philosophie und Promotion zur Semiotik an der Martin-Luther-Universität Halle-Wittenberg. Anschließend designtheoretische Forschungen an der Burg Giebichenstein – Hochschule für Kunst und Design Halle. 1992 als Gründungsdekan des Fachbereichs Design nach Potsdam berufen. Rainer Funke war Inhaber einer Designagentur, Vorstandsvorsitzender des brandenburgischen Designzentrums und Gastprofessor an der Universität für künstlerische und industrielle Gestaltung Linz. Forscht und publiziert aus semiotischer, kulturtheoretischer und philosophischer Sicht zu designtheoretischen Fragen und arbeitet als Designberater für Unternehmen. An der Fachhochschule Potsdam lehrt er Designtheorie.

S. 92
MORALISCHE DIMENSIONEN
VON DESIGN

ELKE GAUGELE

geboren 1964. Studium der Empirischen Kulturwissenschaft, Tübingen. Promotion am Institut für Europäische Ethnologie, Wien. 1998–2006 Hochschulassistentin am Institut für Kunst und Kunsttheorie, Abt. Textil der Universität zu Köln; 2002–2007 Mitglied des bildwissenschaftlichen Kollegs »Bild, Körper, Medium«

S. 150
VOM STYLING ZUM STYLE

an der HfG Karlsruhe; 2003–2004 Research Fellow am Goldsmiths College, London. Heute Professorin an der Akademie der Bildenden Künste in Wien; Leitung des Ordinariats Moden und Styles. Neuere Publikationen: mit Sonja Eismann, Verena Kuni, Elke Zobl (Hg.): Craftista! DIY-Aktivismus, Feminismus, Handarbeit und neue Häuslichkeit, Mainz 2011; mit Petra Eisele (Hg.): TechnoNaturen. Design & Styles, Wien 2008.

SIEGFRIED GRONERT

S. 236
AVANTGARDE IM DESIGN

geboren 1946. Studium des Industriedesigns an der Werkkunstschule Krefeld, Studium der Kunstgeschichte, Theater-, Film- und Fernsehwissenschaften und der Philosophie in Köln und London. Promotion mit einer designhistorischen Dissertation. 1982–1993 Lehraufträge an der FH Niederrhein und der Hochschule der Bildenden Künste Saar, Saarbrücken. Seit 1993 Professor für Geschichte und Theorie des Design an der Fakultät Gestaltung der Bauhaus-Universität Weimar und Leitung des Michel-Archivs (DDR). Seit 2008 Dekan der Fakultät Gestaltung. Zahlreiche Publikationen zur Geschichte und Theorie des Designs, u.a.: Georg Simmel's Handle (2011), Das Modell als Denkbild (2005), Horst Michel – DDR-Design (2004).

HANS PETER HAHN

S. 104
ETHNOLOGIE UND KONSUM. EINE GLOBALE PERSPEKTIVE

geboren 1963. Studium der Ethnologie und Archäologie sowie Promotion in Frankfurt am Main. 12 Jahre Mitarbeit am Institut für Afrikastudien an der Universität Bayreuth. Seit 2007 Professor für Ethnologie mit regionalem Schwerpunkt Afrika an der Goethe-Universität, Frankfurt am Main. Themenschwerpunkt ist der alltägliche Umgang mit Dingen und deren Bedeutungen. 1993–2006 ethnografische Feldforschungen zu Konsum, Haushalten und materieller Kultur in Burkina Faso. Zur Zeit Vorbereitung eines Forschungsprojekts über Warenästhetik in Afrika und Europa. Zu seinen neueren Buchpublikationen gehören: Materielle Kultur, Berlin 2005 und Consumption in Africa. Anthropological approaches, Münster u.a. 2008.

WOLFGANG HENSELER

S. 186
EINFACH EINFACH. VON INTERAKTIVEN ZU KOOPERATIVEN COMPUTERSYSTEMEN

geboren 1961. Studium der Produktgestaltung in Offenbach am Main. Master in Human-Computer-Interface-Design, Offenbach am Main. Gründer und Managing Creative Director von SENSORY-MINDS, Designstudio für Neue Medien und innovative Technologien. Professor an der Hochschule Pforzheim im Bereich Digitale Medien und Leitung des Bereichs Intermediales Design. Er unterrichtet u.a. in den Fächern Natural User Interface Design, Social Media, Usability and User Experience. Wolfgang Henseler berät international führende Firmen wie Apple, Google, Microsoft, Mercedes-Benz, Deutsche Bank oder Deutsche Lufthansa bei strategischen Fragen zu Internet, Social Media, E-Business und Lösungen für mobile Endgeräte.

CHRISTOPH HERRMANN

S. 22
STRATEGISCHES DESIGN. ÖKONOMISCH ERFOLGREICHES DESIGN?

geboren 1967. Studium der Betriebswirtschaftslehre an der Universität Passau und der London School of Economics and Political Science, Promotion am Aral Stiftungslehrstuhl für Strategisches Marketing der Universität Witten / Herdecke. Managementpositionen in führenden Industrie- und Beratungsunternehmen. 2003 mit Günter Moeller Gründung der Unternehmensberatung hm+p Herrmann, Moeller + Partner, München. 2000/2001 Gastprofessor an der Universität der Künste Berlin. Seit 2005 unterrichtet er an der European Business School (EBS) Strategisches Produkt-, Marken- und Designmanagement. Er ist Autor und Herausgeber zahlreicher Fachbücher und Fachbeiträge.

OLIVER HERWIG

geboren 1967. Studium der Germanistik, Amerikanistik und Neueren Geschichte an der Universität Regensburg, dem Williams College sowie der University of Illinois. Promotion an der Christian-Albrechts-Universität zu Kiel mit der interdisziplinären Arbeit »Wortdesign. Eugen Gomringer und die Bildende Kunst«. Unterrichtet Designtheorie an der Hochschule für Gestaltung in Karlsruhe, der Kunstuniversität Linz sowie 2006–2010 Kommunikation an der Fachhochschule Nordwestschweiz in Basel. Der freie Journalist aus München wurde mehrfach für seine Berichterstattung zu Architektur und Design ausgezeichnet, zuletzt 2009 mit dem »COR-Journalistenpreis Wohnen und Design«. 2008 erschien sein Buch »Universal Design«.

S. 114
UNIVERSAL DESIGN.
AUS DER PERSPEKTIVE
DES NUTZERS

HARALD HULLMANN

geboren 1946. Studium des Produktdesigns an der Werkkunstschule Krefeld und der Hochschule für Bildende Künste Hamburg, 1978 bis 1979 u.a. als Consultant Designer für Fiat im Studio Rodolfo Bonetto in Mailand. 1981 in Düsseldorf Gründung der Designgruppe Kunstflug und als deren Mitglied mit »antifunktionalistischen« Entwürfen bekannt geworden; Arbeiten u.a. für Alessi, Fiat und Ascom. Seit 1989 Professor an der Hochschule der Bildenden Künste Saar, Saarbrücken, 1994 zusätzlich Gastprofessor an der HfG Karlsruhe, 2009 Gastprofessor an der CAFA, Beijing. In den letzten Jahren konzentrierte sich Harald Hullmann mit Jörg Gimmler, Frankfurt, auf die Gestaltung von Ausstellungen und Naturräumen.

S. 164
VOM ORNAMENT
ODER VON DER TIEFE
DER OBERFLÄCHE

MELANIE KURZ

geboren 1976. Studium der Produktgestaltung und Master of Arts in Kommunikationsplanung und -gestaltung an der Hochschule für Gestaltung in Schwäbisch Gmünd. Promotion zur Modelltheorie am Lehrstuhl für Designwissenschaft an der Universität Duisburg-Essen. Als Designerin war sie u.a. bei Neumeister Design und BMW Design tätig. Bei SIGNCE (vormals Ziba Europe) war sie als Creative Director zuständig für Designstrategie und User Interface Design. Seit 2008 Professorin für Designtheorie und Designgeschichte an der Fachhochschule Aachen. Melanie Kurz ist Mitglied in der Deutschen Gesellschaft für Designtheorie und -forschung (DGTF) sowie Gründungsmitglied der Gesellschaft für Designgeschichte (GfDg).

S. 174
ZUM VERHÄLTNIS VON
DESIGN UND TECHNIK

BIRGIT MAGER

geboren 1960. Studium der morphologischen Psychologie in Köln. Seit 1995 Professorin für Service Design an der Fachhochschule Köln. Aufbau des Lehrgebiets an der Köln International School of Design. Als Mitgründerin und Leiterin des Internatio-

S. 126
EINE EXPEDITION
ZUM SERVICE DESIGN

nalen Service Design Netzwerks engagiert sie sich für die Verankerung von Service Design in Forschung und Lehre auf internationaler Ebene. Seit 2009 gibt sie mit »Touchpoint« das erste internationale Service Design Journal heraus. Die Gründerin und Leiterin von sedes|research hat in Kooperation mit zahlreichen renommierten Unternehmen die Relevanz von Service Design immer wieder unter Beweis gestellt.

GÜNTER MOELLER

S. 22
STRATEGISCHES DESIGN. ÖKONOMISCH ERFOLGREICHES DESIGN?

geboren 1959. Studium des Industriedesigns und der Betriebswirtschaftslehre an der Universität / Gesamthochschule Kassel, Abschluss als Diplom-Designer. Verschiedene Positionen in der Industrie und der Beratungsbranche. 2003 mit Christoph Herrmann Gründung der Unternehmensberatung hm+p Herrmann, Moeller + Partner, München. Günter Moeller war Lehrbeauftragter für Marken- und Designmanagement u.a. an der Bauhausuniversität in Weimar und der Hochschule für Gestaltung in Offenbach. Gemeinsam mit Christoph Herrmann und weiteren Innovationsexperten hat er 2005 das Management Institute for Innovation + Design (MID) in Mailand gegründet und zu Innovations-, Design- und Marketingfragen publiziert.

SASCHA PETERS

S. 200
MATERIALIEN EINER NEUEN DESIGNKULTUR

geboren 1972. Studierte Maschinenbau und Produktdesign an der RWTH Aachen und ABK Maastricht. 1997–2003 als Wissenschaftler am Fraunhofer IPT verantwortlich für das Corporate Design des Sondermaschinenbaus. 2004 Promotion an der Universität Duisburg-Essen mit einer Arbeit zur Kommunikationsförderung zwischen Designern und Ingenieuren. 2003–2008 in der Wirtschaftsförderung des Landes Bremen tätig und stellvertretender Leiter des Design Zentrum Bremen. 2009 Gründung von HAUTE INNOVATION, Agentur für Material und Technologie, Berlin. Mitherausgeber des Standardwerks »Handbuch für technisches Produktdesign«, Berlin / Heidelberg 2006 und Autor der Materialkolumne der form (seit 2007).

ANGELI SACHS

S. 32
GLOBAL DESIGN

geboren 1956. Studium der Kunstgeschichte, Germanistik und Soziologie in Augsburg und Frankfurt am Main. 1990–1993 Pressereferentin des Frankfurter Kunstvereins, 1994/95 wissenschaftliche Mitarbeiterin am Deutschen Architektur Museum in Frankfurt am Main, 1995–2000 Assistentin am Institut für Geschichte und Theorie der Architektur der ETH Zürich, 2001–2005 Programmleiterin für Architektur und Design beim Prestel Verlag in München. Seit 2006 Leiterin Ausstellungen am Museum für Gestaltung Zürich, seit 2008 Dozentin und seit 2009 Leiterin der Vertiefung ausstellen & vermitteln im Master of Arts in Art Education an der Zürcher Hochschule der Künste. Zahlreiche Ausstellungen und Publikationen.

AXEL THALLEMER

S. 212
NATUR UND TECHNIK. EINE NEUE EINHEIT!

geboren 1959. Studierte Philosophie an der Ludwig-Maximilians-Universität München und Innenarchitektur an der Akademie der Bildenden Künste München. Postgraduierten-Stipendium an der New York School of Interior Design. Fünf Jahre bei Porsche im Design, danach Gründung und 10 Jahre Leitung von Festo Corporate

Design. 2002 Ruf in die Royal Society of Arts, London. 2004 Gründung und Leitung von scionic® Industrial Design Forschungsinstitut als Professur in Linz, nach Professuren in Hamburg und München, Gastprofessuren in Houston, TX, USA sowie in Guangzhou, Canton und Peking, China und Taipei, Taiwan und in Singapur. Weltweit in Dauerausstellungen von acht Museen vertreten.

URSULA TISCHNER

geboren 1964. Studierte Architektur und Produktdesign und spezialisierte sich auf ökologisch und sozial nachhaltiges Design von Produkten und Dienstleistungen. Nach dem Studium war sie im Wuppertal Institut für Klima Umwelt und Energie als Forscherin tätig. 1996 gründete sie die Agentur für nachhaltiges Design, econcept, in Köln. Hier berät sie Unternehmen, führt Forschungsprojekte durch und vertritt das Gebiet des nachhaltigen Designs in der Gestaltungspraxis und -lehre. Ab 2002 leitete sie das Sustainable Design Programm an der Design Academy Eindhoven, NL. Seit 2010 ist sie Professorin für Design for Sustainability am Savannah College of Art and Design in den USA.

S. 80
**ECO DESIGN.
PROBLEMLÖSUNG STATT
GREENWASHING**

FRANK GEORG ZEBNER

geboren 1962. Studierte Produktgestaltung in München, Schwäbisch Gmünd und Offenbach. Er arbeitete bei frogdesign, Moggridge Associates und ID TWO (heute IDEO) sowie Siemens Design in London, San Francisco und München. Seit 2008 ist er Professor für Entwerfen an der Hochschule für Gestaltung Offenbach am Main. Zuvor war er elf Jahre Professor für Produkt- und Kommunikationsgestaltung in Schwäbisch Gmünd. In München ist er als Designer selbstständig und berät internationale Marken wie BMW, Gaggenau oder Siemens. Mitglied im Verband Deutscher Industrie Designer (VDID) sowie Gründungsmitglied der Gesellschaft für Designgeschichte (GfDg).

S. 174
**ZUM VERHÄLTNIS VON
DESIGN UND TECHNIK**

KUMULIERTE BIBLIOGRAFIE

A

Albus, Volker/Borngräber, Christian: Design-Bilanz. Neues deutsches Design der 80er Jahre in Objekten, Bildern, Daten und Texten, Köln 1992.

Albus, Volker: Der Bookworm von Ron Arad, hrsg. von Volker Fischer, Frankfurt a. M. 1997.

Althusser, Louis: Ideologie und ideologische Staatsapparate. Aufsätze zur marxistischen Theorie, Hamburg 1977.

Ambasz, Emilio (Hg.): Italy: The New Domestic Landscape. Achievements and Problems of Italian Design, Kat. Museum of Modern Art New York, New York 1972.

Arnold, Thomas/Grundei, Paul/Karsenty, Claire et al. (Hg.): ArchitekturRausch – Eine Position zum Entwerfen, Berlin 2005.

B

Barck, Karlheinz u.a. (Hg.): Ästhetische Grundbegriffe. Historisches Wörterbuch in sieben Bänden, Stuttgart/Weimar 2000 ff.

Barthes, Roland: Mythologies, Paris 1957. (Dt.: Mythen des Alltags, Frankfurt a. M. 1964).

Barthes, Roland: Système de la Mode, Paris 1967. (Dt.: Die Sprache der Mode, Frankfurt a. M. 1985).

Baudelaire, Charles: Aufsätze zur Literatur und Kunst 1857–1860 aus Charles Baudelaire Sämtliche Werke/Briefe, Bd. 5, hrsg. von Friedhelm Kemp und Claude Pichois, München 1989.

Baudrillard, Jean: Kool Killer oder der Aufstand der Zeichen, Berlin 1978.

Baudrillard, Jean: Der symbolische Tausch und der Tod, München 1982.

Baudrillard, Jean: Das System der Dinge. Über unser Verhältnis zu den alltäglichen Gegenständen, 3. Aufl. Frankfurt am Main/New York 2007.

Bayerische Akademie der Schönen Künste: Avantgarde. Geschichte und Krise einer Idee, München 1966.

Beck, Ulrich/Sznaider, Natan/Winter, Rainer (Hg.): Globales Amerika? Die kulturellen Folgen der Globalisierung, Bielefeld 2003.

Bergmann, Gustav: Kompakt-Training Innovation, Ludwigshafen 2000.

Bertsch, Georg-Christof: Undisciplined? Design in an age of »massive change«, in: design research. A cura di Hans Höger, Milano 2008.

Bill, Max: Die gute Form. 6 Jahre Auszeichnung »Die gute Form« an der Schweizer Mustermesse in Basel, hrsg. von der Direktion der Schweizer Mustermesse in Basel und vom Zentralvorstand des Schweizerischen Werkbundes SWB, Winterthur 1957.

Bill, Max: Funktion und Funktionalismus. Schriften: 1945–1988, hrsg. von Jakob Bill, Bern/Sulgen 2008.

Bloch, Ernst: Das Prinzip Hoffnung, 3 Bde., Frankfurt a. M. 1985.

Böhringer, Hannes: Avantgarde – Geschichte einer Metapher. In: Archiv für Begriffsgeschichte 22, Bonn 1978, S. 90–114.

Bolz, Norbert: Die Funktion des Designs, in: design report Nr. 4, Leinfelden-Echterdingen 2001, S. 66–69.

Bolz, Norbert: bang design. design-manifest des 21. Jahrhunderts, Hamburg 2006.

Bonsiepe, Gui: The uneasy relationship between design and design research, in: Design Research Now. Essays and Selected Projects, hrsg. von R. Michel, Basel/Berlin/Boston 2007, S. 25–39.

Booz Allen Hamilton: Innovationsstudie – Global Innovation 1000, 2006 (http://www.presseportal.de/pm/44015/899868/booz_company).

Borja de Mozota, Brigitte: Design Management. Using Design to Build Brand Value and Corporate Innovation, Paris 2001, New York 2003.

Bosoni, Giampiero (Hg.): Made in Cassina, Milano 2008.

Bourdieu, Pierre: Die feinen Unterschiede. Kritik der gesellschaftlichen Urteilskraft, Frankfurt a. M. 1982.

Brand, Stewart: Whole Earth Discipline. An Ecopragmatist Manifesto, New York 2009.

Brandes, Uta/Erlhoff, Michael/Schemmann, Nadine: Designtheorie und Designforschung, Paderborn 2009.

Bräuer, Hasso (Hg.): Archiv des deutschen Alltagsdesigns. Warenkunde des 20. Jahrhunderts, Berlin 2002.

Branzi, Andrea/Burkhardt, François (Hg.): Neues europäisches Design, Berlin u.a. 1991.

Breuer, Gerda/Plüm, Kerstin (Hg.): Design-Sammlung Stiftung Schiefers. Produktgestaltung im 20. Jahrhundert, Köln 1997.

Brock, Bazon/Reck, Hans Ulrich/IDZ Berlin (Hg.): Stilwandel als Kulturtechnik, Kampfprinzip, Lebensform oder Systemstrategie in Werbung, Design, Architektur, Mode, Köln 1986.

Brown, Tim: Design Thinking, in: Harvard Business Review, June 2008.

Bruce, Margaret/Bessant, John (Hrsg.): Design in Business. Strategic Innovation through Design, Harlow 2002.

Brüderlin, Markus/Lütgens, Annelie (Hg.): Interieur – Exterieur. Wohnen in der Kunst. Vom Interieurbild der Romantik bis zum Wohndesign der Zukunft, Kat. Kunstmuseum Wolfsburg, Ostfildern 2008.

Buchholz, Kai/Wolbert, Klaus (Hg.): Im Designerpark. Leben in künstlichen Welten, Kat. Institut Mathildenhöhe, Darmstadt 2004.

Buck, Alex/Herrmann, Christoph/Lubkowitz, Dirk: Handbuch Trend Management, Frankfurt a. M. 1998.

Buckminster Fuller, Richard: Operating Manual For Spaceship Earth, New York 1969.

Bürdek, Bernhard E.: Design. Geschichte, Theorie und Praxis der Produktgestaltung, Köln 1991.

Bürdek, Bernhard E.: Der Apple Macintosh, Frankfurt a. M. 1997.

Bürdek, Bernhard E.: Design. Geschichte, Theorie und Praxis der Produktgestaltung, 3. erw. Aufl. Basel/Boston/Berlin 2005.

Bürdek, Bernhard E.: From function to meaning. In the long run everything is design, in: Bloch-Jahrbuch 2008, Ernst Bloch und das Bauhaus. Gestern und heute, hrsg. v. Francesca Vidal im Auftrag der Ernst-Bloch-Gesellschaft, Mössingen-Talheim 2008.

Bürdek, Bernhard E.: Im Dickicht der Diskurse – The Images of Design, in: form 221, 4, Basel 2008, S. 88–91.

Bürdek, Bernhard E.: Objects: In between language and meaning, in: MEI (Médiation et Information) No. 30–31, hrsg. von Bernard Darras & Sarah Belkhamsa, Paris 2009.

Bürger, Peter: Theorie der Avantgarde, Frankfurt a. M. 1974.

Bürgers, Andrea: Avantgarde. Planung und Diffusion von Avantgarde-Produkten aus marketingorientierter Sicht, Köln 1997.

C

Certeau, Michel de: L'invention du quotidien, Bd. 1, Paris 1980.

Cohen, Jean-Louis: Ludwig Mies van der Rohe, Basel 2007.

Collins, Michael: Design und Postmoderne, München 1990.

Conrads, Ulrich (Hg.): Programme und Manifeste zur Architektur des 20. Jahrhunderts, Braunschweig/Wiesbaden 1981.

Cross, Nigel: Book Review »The Semantic Turn. A New Foundation for Design«, in: Design Studies, No. 1, Vol. 28, January 2007, S. 107–108.

Cypher, Allen: Watch What I Do. Programming by Demonstration, Cambridge/Mass., London 1993.

D

Dautenhahn, Kerstin/Bond, Alan H./Canamero, Lola/Edmonds, Bruce (Hg.): Socially Intelligent Agents. Creating Relationships with Computers and Robots, Berlin 2002.

Deppner, Martin Roman (Hg.): Design – disegno. Gegen eine Ästhetik des Vergessens. Zur Geschichte und Ästhetik des Design, H. 1, Bielefeld 1995.

Derrida, Jacques: Die Schrift und die Differenz, Frankfurt a. M. 1989.

Design? Umwelt wird in Frage gestellt, hrsg. v. IDZ (Internationales Design Zentrum Berlin), Berlin 1970.

Design for life. The architecture of Sim van der Ryn, Salt Lake City/Utah 2005.

Design Management Institute Boston (Hg.): Design Management Review, Boston (Winter) 2004.

Diller, Steve/Shedroff, Nathan/Rhea, Darrel: Making Meaning. How Succesful Businesses Deliver Meaningful Customer Experiences, Berkeley 2005.

Domeisen, Oliver/Schweizerisches Architekturmuseum (Hg.): Ornament neu aufgelegt – Re-Sampling Ornament, Basel 2008.

Dorschel, Andreas: Gestaltung. Zur Ästhetik des Brauchbaren, Heidelberg 2003.

E

Eco, Umberto: Über Gott und die Welt. Essays und Glossen, München 1985.

Eco, Umberto: Kunst und Schönheit im Mittelalter, München/Wien 1991.

ecobiente Verbraucherbroschüre und Abschlussbericht, herunterladbar von http://www.econcept.org/index.php?option=com_content&task=view&id=61&Itemid=44

European Environment Agency (2007): Environmental Pressures from European consumption and production, EEA publication No. TH-78-07-137-EN-D.

Eibl, Maximilian: Visualisierung im Document Retrieval (Dissertation), Bonn 2000.

Eisele, Petra: BRDesign. Deutsches Design als Experiment seit den 1960er Jahren, Köln/Weimar/Wien 2005.

Eisele, Petra: Handmade. Autorschaft im Verhältnis von Hand, Technik und Design, in: Züricher Jahrbuch der Künste, hrsg. von Carina Caduff und Tan Wälchli, Zürich 2007, S. 166–179.

Erlhoff, Michael/Marshall, Tim (Hg.): Wörterbuch Design. Begriffliche Perspektiven des Design, Basel/Boston/Berlin 2008.

Erlinger, Rainer: Die Form des Guten, in: form 227, Juli/August, Basel 2009, S. 74.

Erni, Peter: Die gute Form. Eine Aktion des Schweizerischen Werkbundes. Dokumentation und Interpretationen, Baden 1983.

Esslinger, Hartmut: Schwungrat. Wie Design-Strategien die Zukunft der Wirtschaft gestalten, Weinheim 2009.

Eversheim, W./Bölke, U.H./Kölscheid, W.: Lifecycle Management as an Approach for Design for X?, in: Lifecycle Modelling for Innovative Products and Processes, hrsg. von Frank-Lothar Krause und Helmut Jansen, Berlin 1995, S. 71–79.

F

Fischer, Joachim/Meuser, Philipp (Hg.): Barrierefreie Architektur. Alten- und behindertengerechtes Planen und Bauen im 21. Jahrhundert, Berlin 2009.

Fischer, Volker: Nostalgie. Geschichte und Kultur als Trödelmarkt, Frankfurt a. M. 1981.

Fischer, Volker (Hg.): Design heute – Maßstäbe. Formgebung zwischen Industrie und Kunst-Stück, München 1988.

Fischer, Wend (Hg.): Zwischen Kunst und Industrie. Der Deutsche Werkbund, Kat. Neue Sammlung, München 1975.

Florida, Richard L.: Cities and the Creative Class, New York/London 2004.

Florida, Richard L.: The Flight of the Creative Class. The new global competition for talent, New York 2007.

Florida, Richard L.: The rise of the creative class and how it's transforming work, leisure, community and everyday life, New York 2002.

Flusser, Vilém: Vom Stand der Dinge. Eine kleine Philosophie des Designs, Göttingen 1993.

Foraita, Sabine: Borderline. Das Verhältnis von Kunst und Design aus der Perspektive des Design, Diss. Hochschule für Bildenden Künste Braunschweig 2005.

Friebe, Holm/Passig, Kathrin: Das Prinzip Vintage, in: Berliner Zeitung, 27. April 2006, S. 29.

Frobenius, Leo: Der westafrikanische Kulturkreis, in: Petermanns Geografische Mitteilungen 43/44, Gotha 1879, S. 225–271.

Frobenius, Leo: Ethnologische Ergebnisse der zweiten Reiseperiode der Deutschen Innerafrikanischen Forschungsexpedition (DIAFE), in: Zeitschrift für Ethnologie (Berlin), 6, 1909, S. 759–783.
Fukuyama, Francis: The End of History? in: The National Interest, Nr. 16, 1989.

G

Gälweiler, Aloys: Strategische Unternehmensführung, Frankfurt a. M. 2005.
Gälweiler, Aloys: Grundlagen der strategischen Unternehmensführung, in: Der Wirtschaftsingenieur, Österreichischer Verband der Wirtschaftsingenieure, Heft 1/83, S. 8–29.
Geerken, Theo/Borup, Mads (Hg.): System Innovation for Sustainability 2: Case Studies in Sustainable Consumption and Production – Mobility, Greenleaf Publishing, Sheffield 2009.
Glaser, Hermann/Pufendorf, Lutz von/Schöneich, Michael: So viel Anfang war nie. Deutsche Städte 1945–1949, Berlin 1989.
Goethe, Johann Wolfgang von: Einfache Nachahmung der Natur, Manier, Stil, in: Teutscher Merkur (Weimar), Februar 1789.
Gordon, Alastair: Spaced Out. Radical environments of the psychedelic sixties, New York 2008.
Graebner, Fritz: Ethnologie, in: Anthropologie. Kultur der Gegenwart, hrsg. von Gustav Schwalbe und Eugen Fischer, Leipzig 1923. S. 435–587.
Graeff, Werner: Jetzt wird Ihre Wohnung eingerichtet. Das Warenbuch für den Neuen Wohnbedarf, Potsdam 1933.
Gramsci, Antonio: Philosophie der Praxis, Frankfurt a. M. 1967.
Grasskamp, Walter: Die unbewältigte Moderne. Kunst und Öffentlichkeit, München 1989.
Grasskamp, Walter: Kunst und Geld. Szenen einer Mischehe, München 1998.
Grasskamp, Walter: Konsumglück. Die Ware Erlösung, München 2000.
Grasskamp, Walter: Ist die Moderne eine Epoche? Kunst als Modell, München 2002.
Gronert, Siegfried: Kunstflug ins Industrie-Design. Zum Beispiel die Gruppe »Kunstflug«, in: form 99, Basel 1982, S. 12–13.
Grothues, Jürgen: Recycling als Handwerk, in: Archiv für Völkerkunde, 38, 1984, S. 103–131.
Gsöllpointner, Helmuth/Hareiter, Angela/Ortner, Laurits (Hg.): Design ist unsichtbar, Kat. Österreichisches Institut für visuelle Gestaltung, Wien 1981.
Guffey, Elisabeth E.: Retro. The Culture of Revival, London 2006.

H

Habermas, Jürgen: Kleine Politische Schriften, I–IV, Frankfurt a. M. 1981.
Hahn, Hans P.: Materielle Kultur. Eine Einführung, Berlin 2005.
Hahn, Hans. P./Kibora, Ludovic O.: The Domestication of the Mobile Phone Oral Society and new ICT in Burkina Faso, in: Journal of Modern African Studies, 46/2008, S. 87–109.
Hahn, Hans. P./Spittler, Gerd/Verne, Markus: How Many Things Does Man Need? Material Possessions and Consumption in Three West African Villages (Hausa, Kasena and Tuareg) Compared to German Students, in: Consumption in Africa (Beiträge zur Afrikaforschung, 23), hrsg. von Hans P. Hahn, Münster 2008, S. 115–140.
Haskell, Francis: Wandel der Kunst in Stil und Geschmack. Ausgewählte Schriften, Köln 1990.
Hauffe, Thomas: Fantasie und Härte. Das »Neue deutsche Design« der achtziger Jahre, Gießen 1994.
Haug, Wolfgang F.: Kritik der Warenästhetik, Frankfurt a. M. 1971, Neuauflage: Kritik der Warenästhetik. Gefolgt von Warenästhetik im High-Tech-Kapitalismus, Frankfurt a. M. 2009.
Hebdige, Dick: Subculture. The meaning of Style, London 1975.
Heidegger, Martin: Der Ursprung des Kunstwerks (1935/36), Stuttgart 2005.
Heiss, Oliver/Degenhart, Christiane/Ebe, Johann: Barrierefreies Bauen. Grundlagen, Planung, Beispiele, München 2009.
Herrmann, Christoph: Strategic Design, Wie man eine Insel erobert, Oder: Warum die Designtheorie und die Designausbildung in Deutschland eine strategische Neuausrichtung brauchen, Vortrag an der Bergischen Universität Wuppertal, 20. Oktober 2004.
Herrmann, Christoph/Moeller, Günter: Design als zentraler Wertschöpfungsfaktor, in: FAZ, Nr. 212, 12.09.2005, S. 24.
Herrmann, Christoph/Moeller, Günter: Innovation – Marke – Design. Grundlagen einer neuen Corporate Governance, Düsseldorf 2006.
Herrmann, Christoph/Moeller, Günter: Design Governance. Design as a key factor for innovation and economic success, Hyderabad 2009.
Herrmann, Christoph/Moeller, Günter u. a.: Strategisches Industriegüterdesign. Innovation und Wachstum durch Gestaltung, Heidelberg 2009.
Herrmann, Christoph/Moeller, Günter: Markterfolg durch strategisches Investitionsgüterdesign, in: Perspektiven des Innovationsmanagements 2010, hrsg. von R. Gleich und P. Russo, Berlin 2010, S. 152 f.
Herwig, Oliver/Thallemer, Axel: Luft – Einheit von Kunst und Wissenschaft, Stuttgart 2005.
Herwig, Oliver/Thallemer, Axel: Wasser – Einheit von Kunst und Wissenschaft, Stuttgart 2007.
Herwig, Oliver: Universal Design. Gestalten für alle Generationen, Basel/Boston/Berlin 2008.
Huges-Stanton, Corin: What comes after Carnaby Street? In: Design (London), H. 230, Februar 1968, S. 42–43.

J

Jannidis, Fotis/Lauer, Gerhard/Martínez, Matías/Winko, Simone: Texte zur Theorie der Autorschaft, Stuttgart 2000.

Jansen, Stephan A.: Management der Moralisierung, in: brand eins, Heft 02/2010, S. 132–133.
Jencks, Charles: The language of post-modern architecture, London 1977. Dt.: Die Sprache der postmodernen Architektur. Entstehung einer alternativen Tradition, Stuttgart 1978.
Jenß, Heike: Sixties dress only. Mode und Konsum in der Retro-Szene der Mods, Frankfurt a. M. 2007.

K

Kant, Immanuel: Kritik der Urteilskraft. Werke in zwölf Bänden, hrsg. von Wilhelm Weischedel, Bd. 10, Frankfurt a. M. 1977.
Kantel, Jörg: Endstation App-Store. Der iPad ist nur eine Fernbedienung, in: FAZ, 02.02.2010.
Kaufmann Jr., Edgar: What Is Modern Design? New York 1950.
Kemper, Peter/Langhoff, Thomas/Sonnenschein, Ulrich (Hg.): But I like it. Jugendkultur und Popmusik, Stuttgart 1998.
Kesey, Ken: One flew over the cuckoo's nest, New York 1962.
Klemp, Klaus: Das USM Haller Möbelbausystem, hrsg. von Volker Fischer, Frankfurt a. M. 1997.
Klooster, Thorsten: Smart Surfaces. Intelligente Oberflächen und ihre Anwendung in Architektur und Design, Basel/Boston/Berlin 2009.
Klot, Kristina von: Jedes Bild ist Verheißung und Problem zugleich, in: mobil. Das Magazin der Deutschen Bahn, Nr. 4, 2010.
Krämer, Harald/Lettner, Robert/Reissberger, Mara/Schmidt, Burghart: Im Bild – Über Bilder sprechen, Wien 2006.
Krippendorff, Klaus: The semantic turn. A new foundation for design, Boca Raton/London/New York 2006, dt.: Die semantische Wende. Eine neue Grundlage für Design, Basel 2011.
Kurz, Melanie: Die Modellmethodik im Formfindungsprozess am Beispiel des Automobildesigns. Analyse der Wechselwirkungen zwischen Entwurfs- und Darstellungsmethoden im Hinblick auf die systematische Entwicklung und Bewertbarkeit der dreidimensionalen Form artefaktischer Gegenstände im Entstehungsprozess. Dissertation Baden-Baden 2007.

L

Lahlou, Saadi (Hg.): System Innovation for Sustainability 4: Case Studies in Sustainable Consumption and Production – Energy Use and the Built Environment, Sheffield 2010.
Langer, Susanne K.: Philosophie auf neuem Wege. Das Symbol im Denken, im Ritus und in der Kunst, Frankfurt a. M. 1987.
Laurel, Brenda/Mountford, Joy S.: The Art of Human-Computer Interface Design, Boston 1990.
Laurel, Brenda: Computer as Theater, Amsterdam 1993.
Lehmann, Harry: Die ästhetische Wende, in: lettre international (Berlin) Nr. 86, Berlin Herbst 2009, S. 128.
Lengyel, Stefan: 50 Jahre VDID, in: VDID Design Kompetenz Deutschland, Past, Present, Future. Stimmen zum Design zum 50-jährigen Jubiläum des VDID, Berlin 2009, S. 13.
Lévi-Strauss, Claude: La pensée sauvage, Paris 1962 (Dt.: Das wilde Denken, Frankfurt a. M. 1968).
Lichtenstein, Claude/Engler, Franz (Hg.): Stromlinienform, Kat. Museum für Gestaltung Zürich, Zürich 1992.
Liebl, Franz: Vom »Defining the Business« zum »Designing the Business«. Auf dem Weg in eine Design Economy, in: form.diskurs, Nr. 8/9, 2000/01, S. 6–9.
Liebl, Franz: Do Placebo Products Dream of Electric Sheep? Annäherungen an »Strategisches Design«, http://home.snafu.de/jonasw/PARADOXLieblD.html
Liebl, Franz: Strategisches Design. Eine Positionsbestimmung aus Sicht des Strategischen Managements, in: Strategisches Design. Tankstellenwelten der nächsten Generation, hrsg. von B. Bürdek, F. Liebl und C. Mennicken, Offenbach/Witten 2005, S. 5.
Lipps, Theodor: Ästhetik. Die ästhetische Betrachtung und die bildende Kunst, Leipzig 1920.
Loewy, Raymond: Hässlichkeit verkauft sich schlecht. Die Erlebnisse des erfolgreichsten Formgestalters unserer Zeit, Düsseldorf 1953.
Louven, Sandra: Teuflische Signale, in: Handelsblatt, 16.02.2010, S. 4–5.
Luhmann, Niklas: Die Kunst der Gesellschaft, Frankfurt a.M. 1995.

M

Macho, Thomas: Zukunft ohne Kultur – Kultur ohne Zukunft. In: DIE ZEIT (Hamburg), 1996, Nr. 17, Seite 52.
Maes, Pattie: Designing Autonomous Agents. Theory and Practice from Biology to Engineering and Back, Cambridge 1991.
Maes, Pattie: Intelligent Agents III. Agent Theories, Architectures, and Languages: ECAI '96 Workshop (ATAL), Berlin 1997.
Mager, Birgit/Gais, Michael: Service Design. Design studieren, Stuttgart 2009.
Marchart, Oliver: Cultural Studies, Konstanz 2008.
Marquard, Odo: Zukunft braucht Herkunft. Philosophische Essays, Stuttgart 2003.
Marshall, Timm: Design ist keine Disziplin, in: Roger Nr. 2/2005, S. 32–36.
Maser, Siegfried: Einige Bemerkungen zum Problem einer Theorie des Designs (Manuskript), Braunschweig 1972.
McDonough, William/Braungart, Michael: Cradle to Cradle. Remaking the way we make things, New York 2002.
Meadows, Denis/Meadows, Donella/Zahm, Erich/Milling, Peter: Die Grenzen des Wachstums. Bericht des Club of Rome zur Lage der Menschheit, Stuttgart 1972.
Mentges, Gabriele/Richard, Birgit (Hg.): Schönheit der Uniformität. Körper, Kleidung,

Medien, Frankfurt a. M. 2005.
Miller, Daniel: Material Culture and Mass Consumption, Oxford 1987.
Miller, Daniel: Coca-Cola: A Black Sweet Drink from Trinidad, in: Material Cultures. Why some Things Matter, hrsg. von Daniel Miller, Chicago 1998, S. 169–187.
Mo, Zhenyao: Gesture Interface Engine – A Framework for Gesture Interface Design, Saarbrücken 2009.
Muggleton, David: Inside Subculture. The Postmodern Meaning of Style, Oxford 2000.
Mukařovský, Jan: Kapitel aus der Ästhetik, Frankfurt a. M. 1970.
Müller, Jörg P.: The Design of Intelligent Agents, Berlin 1996.

N

Norman, Donald A.: Living with Complexity, Cambridge/Mass., London 2011.

O

Opel, Adolf (Hg.): Trotzdem: 1900–1930. Adolf Loos, Wien 1982 (Erstausgabe 1931, Innsbruck).

P

Papanek, Viktor: Miljön och Miljonerna. Stockholm 1970 (Dt.: »Das Papanek-Konzept. Design für eine Umwelt des Überlebens.« München 1972).
Peters, Sascha: Die Macht der Materialien (Leitartikel), in: form 217 (Sonderheft »Materialien für Designer«), Basel 2007.
Peters, Sascha/Bochumer Institut für angewandte Innovationsforschung: Die Bedeutung von Design für technische Innovationsprozesse. Beitrag zum 3. Symposium Industriedesign 17./18.04.2009, Dresden 2009.
Peters, Sascha: Technisch aufpolierte Möbel, in: IMM cologne visions. Following interior trends, hrsg. von Kölnmesse GmbH, Basel/Berlin/Boston 2010.
Peters, Sascha: Material formt Produkt. Innovations- und Marktchancen erhöhen mit professionellen Kreativen, Wiesbaden 2010.
Peters, Sascha: Materialrevolution. Nachhaltige und multifunktionale Materialien für Design und Architektur, Basel 2010.
Peters, Sascha: Vom Material zum marktfähigen Produkt. Broschüre des Hessischen Wirtschaftsministeriums, Wiesbaden 2010.
Pevsner, Nikolaus: Gemeinschaftsideale unter den bildenden Künstlern des 19. Jahrhunderts, in: Deutsche Vierteljahresschrift für Literaturwissenschaft und Geistesgeschichte (Stuttgart/Weimar), Jg. 9, 1931, S. 125–154.
Pevsner, Nikolaus: Pioneers of Modern Design. From William Morris to Walter Gropius, New York 1949.
Pevsner, Nikolaus: Design in relation to industry through the ages, in: Journal of the Royal Society of Arts (London), Bd. 97, 1948, S. 90–100; deutsch: Design und Industrie im Laufe der Geschichte, in: Architektur und Design. Von der Romantik zur Sachlichkeit, München 1971, S. 220–229.
Pietsch, Hans: Herzen aus Stahl, in: art. Das Kunstmagazin (Hamburg), 27.11.2009.
Plattner, Hasso/Meinel, Christoph/Weinberg, Ulrich: Design Thinking. Innovationen lernen – Ideenwelten öffnen, München 2009.
Polhemus, Ted: Style Surfing. What to wear in the 3rd millennium, London 1996.
Poynor, Rick: Anarchie der Zeichen. Grafik-Design von den Achtzigern bis heute, Basel/Berlin/Boston 2003.
Probst, Hartmut/Schädlich, Christian: Walter Gropius. Bd. 3: Ausgewählte Schriften, Berlin (DDR) 1987.

R

Radice, Barbara: Memphis. Gesicht und Geschichte eines neuen Stils, München 1988.
Ratzel, Friedrich: Völkerkunde. Dritter Band: Die Kulturvölker der Alten und Neuen Welt, Leipzig 1888.
Reese, Jens/Lindemann, Udo/Seeger, Hartmut/Thallemer, Axel/Wetcke, Hans Hermann (Hg.): Der Ingenieur und seine Designer. Entwurf technischer Produkte im Spannungsfeld zwischen Konstruktion und Design, Berlin/Heidelberg/New York 2005.
Reese, Jens/Thallemer, Axel: Visuelle Permutationen. Die Kreativität des Augenblicks, Stuttgart 2010.
Richard, Birgit: Die oberflächlichen Hüllen des Selbst: Mode als ästhetisch-medialer Komplex, in: Kunstforum International (Köln), Bd. 141, Juli–September, 1998, S. 76.
Richard, Birgit/Neumann-Braun, Klaus (Hg.): Coolhunters. Jugendkulturen zwischen Medien und Markt, Frankfurt a. M. 2005.
Riegl, Alois: Spätrömische Kunstindustrie, Darmstadt 1992.
Romero-Tejedor, Felicidad: Design ist mehr: Fragen im Jahrhundert des Designs, in: Öffnungszeiten. Papiere zur Designwissenschaft 23/2009, Fachhochschule Lübeck.
Romero-Tejedor, Felicidad/Jonas, Wolfgang (Hg.): Positionen zur Designwissenschaft, Kassel 2010.

S

Sachs, Angeli (Hg.): Global Design. Internationale Perspektiven und individuelle Konzepte, Kat. Museum für Gestaltung Zürich, Baden 2010.
Saffer, Dan: Designing Gestural Interfaces. Touchscreens and Interactive Devices, Sebastopol 2008.
Sartogo, Piero/Grenon, Nathalie (Hg.): Italian Re Evolution. Design in Italian Society in the Eighties, Kat. La Jolla Museum of Contemporary Art, La Jolla (Cal.) 1982.
Satō, Kazuko: ALCHIMIA. Italienisches Design der Gegenwart/Contemporary Italian Design, Berlin 1988.
Schäppi, Bernd/Andreasen, Mogens M./Kirchgeorg, Manfred/Radermacher, Franz Josef: Handbuch Produktentwicklung, München/Wien 2005.
Schmidt, Walther: Ein Architekt geht über Feld. Betrachtungen zur Baugestaltung, Ravensburg 1947.
Schmidt, Wilhelm/Koppers, Wilhelm: Der Mensch aller Zeiten. Gesellschaft und Wirtschaft der Völker, Regensburg 1924.
Schneider, Beat: Design – eine Einführung. Entwurf im sozialen, kulturellen und wirtschaftlichen Kontext, 2. Aufl. Basel/Boston/Berlin 2008.
Schönberger, Angela: Raymond Loewy, München 1990.
Schultz, Tanjev: Geschwätz oder Diskurs? Die Rationalität politischer Talkshows im Fernsehen, Köln 2006.
Schulze, Gerhard: Die Erlebnisgesellschaft, Frankfurt a. M. 1992, 2. Aufl. Frankfurt/New York 2005.
Schumacher, Ernst Friedrich: Small is Beautiful – Economics as if People Mattered, London 1973 (Dt.: Die Rückkehr zum menschlichen Maß. Alternativen für Wirtschaft und Technik. Small is possible – Mittlere Technologien in der Praxis, Reinbek bei Hamburg 1977.).
Selle, Gert: Geschichte des Design in Deutschland. Studienausgabe. Frankfurt am Main/New York 1997.
Seriff, Suzanne: Folk Art from the Global Scrap Heap. The Place of Irony in the Politics of Poverty, in: Recycled, Re-Seen. Folk Art from the Global Scrap Heap (Ausst. Kat. Museum of International Folk Art), hrsg. von Charlene Cerny und Suzanne Seriff, Musuem of International Folk Art, Santa Fe 1996, S. 8–29.
Shneiderman, Ben: Software Psychology. Human Factors in Computer and Information Systems, Boston 1980.
Shneiderman, Ben/Plaisant, Catherine: Designing the User Interface. Strategies for Effective Human-Computer Interaction, Reading 1987.
Siebertz, Marco: Der erste Designforscher, in: Roger Nr. 4/2007, S. 62–67.
Simmel, Georg: Soziologische Ästhetik, Darmstadt 1998.
Spitz, René: hfg ulm. Der Blick hinter den Vordergrund. Die politische Geschichte der Hochschule für Gestaltung 1953–1968, Stuttgart 2002.
Stamm, Bettina von: Managing Innovation, Design and Creativity, London 2003.
Stamm, Bettina von/Trifilova, Anna (Hg.): The Future of Innovation, London 2009.
Steffen, Dagmar (mit Beiträgen von Bernhard E. Bürdek, Volker Fischer und Jochen Gros): Design als Produktsprache. Der »Offenbacher Ansatz« in Theorie und Praxis, Frankfurt a. M. 2000.
Steger, Manfred B.: Globalization, Oxford/New York 2003.
Steve Jobs Profile: Apple's hard core, in: Scotland on Sunday, 11 January 2009.
Sturm, Hermann: Geste und Gewissen im Design, Köln 1998.
Sudjic, Deyan: The Language of Things, London/New York, 2008.
Swiss Design Network (SDN) (Hg.): Erstes Design Forschungssymposium, HGK Basel 13./14. Mai 2004, Zürich 2004.
Swiss Design Network (SDN) (Hg.): Forschungslandschaften im Umfeld des Designs. Zweites Design Forschungssymposium (23./24. Juni 2005), Zürich 2005.

T

Thallemer, Axel: Scionic. Purpose-driven Gestalt, Stuttgart 2010.
Thomsen, Christian W. (Hg.): Aufbruch in die Neunziger. Ideen, Entwicklungen, Perspektiven der achtziger Jahre, Köln 1991.
Thornton, Sarah: Club Cultures. Music, Media and Subcultural Capital, Cambridge, 1995.
Tischner, Ursula/Schmincke, Eva/Rubik, Frieder u. a.: Was ist Ecodesign, Frankfurt am Main 2000.
Tischner, Ursula (Hg.): System Innovation for Sustainability 3: Case Studies in Sustainable Consumption and Production – Food and Agriculture, Sheffield 2010.
Tukker, Arnold/Tischner, Ursula (Hg.): New Business for Old Europe. Product-Service Development as a means to enhance competitiveness and eco-efficiency, Sheffield 2006.
Tukker, Arnold (Hg.): System Innovation for Sustainability 1. Perspectives on Radical Changes to Sustainable Consumption and Production, Greenleaf Publishing, Sheffield 2008.

U

United Nations – Agenda 21: The Earth Summit Strategy to Save Our Planet, document E.92-38352, New York 1992.
United Nations – Department of Economic and Social Affairs – Population Division: International Migration Report 2006: A Global Assessment, 2009, S. XIV.

V

van Zijl, Ida: Droog Design 1991–1996, hrsg. v. Centraal Museum Utrecht, Utrecht 1997.
Venturi, Robert: Complexity and Contradiction in Architecture (The Museum of Modern Art papers on architecture; 1), New York 1966.
Venturi, Robert/Brown, Denise Scott/Izenour, Steven: Lernen von Las Vegas. Zur Ikonographie und Architektursymbolik der Geschäftsstadt (MIT 1978), Braunschweig/Wiesbaden 1979.
(Vitruvius:) Des Marcus Vitruvius Pollio Baukunst (Band 1), Leipzig 1796.
Voigt, Claudia: Oder einfach nur Tee trinken, in: Spiegel spezial, Hamburg 12/1996, S. 58.
Volkers, Imke: Böse Dinge. Eine Enzyklopädie des Ungeschmacks. Begleittext zur gleichnamigen Ausstellung im Werkbundarchiv – Museum der Dinge, Berlin 2009.
von Clausewitz, Carl: Vom Kriege, Hamburg 2008 (Original um 1830).
von Moos, Stanislaus: Schönheit als Funktion. Anmerkungen zu Max Bill, in: Wege zur »Guten Form«. Neun Beiträge zur Geschichte der Schweizer Produktgestaltung, hrsg. von Arthur Rüegg und Ruggero Tropeano (Reprint der Zeitschrift Rassegna, Jg. XV/1962–1965/II) Basel 1995.
von Moos, Stanislaus: Nicht Disneyland. Und andere Aufsätze über Modernität und Nostalgie, Zürich 2004.

W

Walker, John A.: Designgeschichte. Perspektiven einer wissenschaftlichen Disziplin, München 1992.
Wandmacher, Jens: Software-Ergonomie, Berlin 1993.

Wellmer Albrecht: Zur Dialektik von Moderne und Postmoderne. Vernunftkritik nach Adorno, Frankfurt am Main 1985.
Welsch, Wolfgang: Ästhetisches Denken, Stuttgart 1990.
Welsch, Wolfgang (Hg.): Wege aus der Moderne. Schlüsseltexte der Postmoderne-Diskussion, Berlin 1994.
Welsch, Wolfgang: Grenzgänge der Ästhetik, Stuttgart 1996.
Willis, Paul: Jugend-Stile. Zur Ästhetik der gemeinsamen Kultur, Hamburg 1991.
Wolf, Brigitte: Design Management in Professional Life – Survey in cooperation with the Design Management Institute Boston, www.kisd.de
Wolf, Brigitte (Hrsg.): Design & Innovation in KMUs, Bergische Universität Wuppertal (April) 2009.
Wooldridge, Michael J. / Jennings, Nicholas R.: Jennings: Intelligent Agents, Amsterdam 1994.

Z
Zec, Peter (Hg.): Universal Design – best practice, vol. 1, Essen 2009.
Zimmermann, Anja: Avantgarde, in: Lexikon Kunstwissenschaft. Ideen, Methoden, Begriffe, hrsg. von Ulrich Pfisterer, Stuttgart 2003, S. 34–37.

BILDNACHWEIS

HERRMANN/MOELLER: STRATEGISCHES DESIGN
1: aus: Herrmann, C. / Moeller, G.: Innovationen – Marke – Design. Grundlagen einer neuen Corporate Governance, Düsseldorf 2006, S. 290; 2: Bosch Powertools

SACHS: GLOBAL DESIGN
1: Foto: Apple; 2: Foto: © Nigel Young / Foster + Partners; 3: Foto: Vlisco Helmond B.V.; 4: © 2009 Starbucks Corporation; 5: Foto: © Nigel Young / Foster + Partners; 6: Foto: Museum für Gestaltung Zürich. Betty Fleck © ZHdK; 7: Foto: © Inter IKEA Systems B.V.; 8: Foto: © Yves Béhar/fuseproject for OLPC; 9: Foto: Hs-Jörg Walter, Zürich; 10: Foto: © United_Bottle Group

FORAITA: GRENZGÄNGE
1: Foto: Florian Holzherr, 2001; 2: Foto: Bernhard E. Bürdek; 3: aus: Sean Topham: Where's my space age? The rise and fall of futuristic design, München / Berlin / London / New York 2003, S. 113; 4: Foto: Verner Panton Design; 4: Kunstmuseum Wolfsburg, Ausstellung Interieur / Exterieur, Foto: Matthias Langer, Braunschweig/Varel, courtesy neugerriemschneider, Berlin; 5: Foto: Bernhard E. Bürdek; 6: Foto: Heinz H. Landes; 7: Front, Produced and distributed by Friedman Benda Gallery, N.Y.

ALBUS: CONVENTIONAL PATCHWORKS
1–3: kkaarrlls, Foto: bitterfield.net

COOK: GREEN ARCHITECTURE
1: aus: Giovanna Borasi / Mirko Zardini (Hg.): Sorry, Out of Gas. Architecture's Response to the 1973 Oil Crisis, Ausst.kat. Canadian Centre for Architecture, Montréal / Mantova 2007, S. 55, Foto: IMAGNO / Ullstein; 2: ebd., S. 74: La Conquête du Pétrole, Société Fernand Nathan, France, 1973, Foto: Les Éditions Nathan; S. 75: Energy Quest, Weldon Productions, Inc., Columbia, South Carolina, 1977, Foto: Carolina Biological Supply; 3: ebd., S. 103, Foto: Jimmy Carter Library; 4: ebd., S. 114, Foto: Jon Naar; 5: Foto: Jürgen Landes

TISCHNER: ECO DESIGN
1: Foto: Wilkhahn; 2: Foto: Professor Ursula Tischner; 3: Fotos: Michael Himpel; 4: Foto: Herman Miller; 5: Ohnes & Schwahn, München; 6: econcept; 7: Fotos: www.baufritz.de

FUNKE: MORALISCHE DIMENSIONEN VON DESIGN
1: aus: Hasso Bräuer (Hrsg.): Archive des deutschen Alltagsdesigns. Warenkunde des 20. Jahrhunderts. Digitale Bibliothek, Bd. 56. CD-ROM, Berlin 2002, S. 812 und 797; 2: MAK – Österreichisches Museum für angewandte Kunst / Gegenwartskunst, Wien, Foto: © Gerald Zugmann/MAK; 3: Foto: Aldo Ballo, Guido Cegani, Peter Ogilvie Courtesy Memphis srl; 4: © Dani Winston/Transtock/Corbis; 5: CHANEL, Foto: Jean Paul Goude

HAHN: ETHNOLOGIE UND KONSUM
1: aus: Ratzel, Friedrich (1888): Völkerkunde. Dritter Band: Die Kulturvölker der Alten und Neuen Welt. Leipzig, Tafel nach S. 426 »Indisches Kunstgewerbe«; 2: Hans Peter Hahn; 3: Hans Peter Hahn; 4: Hans Peter Hahn; 5: Hans Peter Hahn; 6: Hans Peter Hahn

HERWIG: UNIVERSAL DESIGN
1: Ergonomidesign; 2: emporia; 3: Bauerfeind AG, Zeulenroda; 4: Tobias Förtsch

MAGER: EINE EXPEDITION ZUM SERVICE DESIGN
1: Copyright + Foto: sedes research, Center for Service Design Research (KISD); 2: sedes research, Center for Service Design Research (KISD), Foto: Martin Koziel

EISELE: RETRO-DESIGN
1: Matheus Lopes Castro; 2: Screenshot aus dem Film »Look at Life: IN Gear«, Granada International; Produktion: Rank Organisation, Produzent: George Grafton Green; Script: Michael Ingrams; 3: aus: Summer of Love. Psychedelische Kunst der 60er Jahre, Kat. Tate Liverpool / Schirn-Kunsthalle / Kunsthalle Wien, Ostfildern-Ruit 2005, S. 104; 4: Foto: Carlo Lavatori; 5: frogdesign; 6: aus: http://www.plagiat.ch/wp-content/uploads/diverses/iphone_braun.jpg; 7: aus: Eva Müller-May: Marie in Clichy, in: A&W, 5/2008, S. 115; 8: Foto: Bruno Suet; 8: aus: Eva Müller-May: Marie in Clichy, in: A&W, 5/2008, S. 119, Foto: Bruno Suet; 9: Der Urheber war nicht zu ermitteln; 10: aus: Josephine Green: Democratizing the future. Towards a new era of creativity and growth, ed. by Koninklijke Philips Electronics N.V. 2007, S. 15

GAUGELE: VOM STYLING ZUM STYLE
1: Fotocollage: BusinessWeek 2008, Bild der Originalkamera: Ralph London (London Collection). Vgl. Bill Buxton: Lessons from History: What Apple Learned From Kodak. BusinessWeek.com, Dec. 5, 2008 http://www.businessweek.com/innovate/next/archives/kodak_ipod 14.05.2010; 2: aus: Nigel Whiteley: Pop Design. Modernism to mod, London 1987, S. 56; 3: aus: Enrico Morteo: Design-Atlas mit 850 bis heute. Köln 2008, S. 143. Foto: Airstream Inc.; 4: Marilyn Neuhart/Hohn Neuhart: The Story of Eames-Furniture, Bd. 2 (The Herman Miller Age). Berlin 2010, S. 593; 5: Braun; 6: Braun; 7: aus: Mark Sanders (Hg.): Fresh Fruits. London 2005, S. 17, Foto: Shoichi Akoi

HULLMANN: VOM ORNAMENT ODER VON DER TIEFE DER OBERFLÄCHE
1: Foto: Abet Laminati; 2: Foto: Abet Laminati; 3: Foto: Alex Gebel, Nils König; 4: Foto: Walter Vogel; 5: Foto: Philips Technologie GmbH, Lumiblade Aachen; 6: Foto: Frank Grenzel; 7: Foto: Alice Gruhle; 8: Foto: A.S. Création; 9: Foto: Gandia Blasco (GAN); 10: Foto: © Vitra (www.vitra.com); 11: Foto: Jörg Gimmler; 12: Montagen: Johanna Schönberger

KURZ / ZEBNER: ZUM VERHÄLTNIS VON DESIGN UND TECHNIK
1: Nico Reinhardt und Hochschule für Gestaltung Offenbach am Main, 2010; 2: Florian Kössler und Hochschule für Gestaltung Offenbach am Main, 2010; 3: Steffen Reiter und Hochschule für Gestaltung Offenbach am Main, 2009; 4: Jifei Ou und Hochschule für Gestaltung Offenbach am Main, 2009; 5: Harald Schieder und Hochschule für Gestaltung Offenbach am Main, 2009

HENSELER: EINFACH EINFACH
1: Der Urheber war nicht zu ermitteln; 2: Apple; 3: Sony Deutschland; 4: Professor Wolfgang Henseler; 5: Professor Wolfgang Henseler; 6: Der Urheber war nicht zu ermitteln; 7: Der Urheber war nicht zu ermitteln; 8: http://siri.com; 9: Foto: g.tec

PETERS: MATERIALIEN EINER NEUEN DESIGNKULTUR
1: Uni Kassel, Foto: Thorsten Klooster; 2: LiTraCon, Foto: Áron Losonczi; 3: Litwork GmbH, Rendering: Montfort Werbung; 4: Jürgen Mayer H.; 5: Novelis Deutschland, Foto: Fototeam Jürgen Gutzeit; 6: Ingo Maurer GmbH, Foto: Tom Vack, München; 7: Mehrwerk Designlabor, Foto: Stefan Oßwald; 8: Mandy den Elzen, Foto: Tom Kouwenhoven; 9: Foto: EDAG GmbH & Co. KGaA, Fulda; 10: Foto: hollomet

THALLEMER: NATUR UND TECHNIK
1: © Klingersberger, scionic® I.D.E.A.L.; 2: © Margolus, scionic® I.D.E.A.L.; 3: Bodmer & Hempel für scionic® I.D.E.A.L.; 4: © Digital Fabrication Shop, scionic® I.D.E.A.L.; 5: © Bionik-Origami-Seminar, scionic® I.D.E.A.L.; 6: © Ingenieurs-Origami-Seminar, scionic® I.D.E.A.L.; 7: © Dai Yali, scionic® I.D.E.A.L.; 8: © Ziller, scionic® I.D.E.A.L.

BREUER: ZUKUNFT GESTALTEN
1: Sammlung Merrill C. Berman, aus: Dawn Ades, Posters: the 20th-Century Poster – Design of the Avant-Garde, Minneapolis, New York: Walker Art Center, 1990, S. 99; 2: Foto: LAVA / Atelier illume; 3: aus: designreport 1/08, S. 31, Foto: Herman Miller; 4: Schoeller Textil AG

GRONERT: AVANTGARDE IM DESIGN
1: aus: Uwe M. Schneede, Geschichte der Kunst im 20. Jahrhundert, 2001, S. 78, Foto: Alfred Stieglitz; 2: aus: Magdalena Droste, Bauhaus 1919–33, Bauhaus-Archiv, 1990, S. 80; 3: aus: Bauhaus-Möbel. Eine Legende wird besichtigt, Berlin 2002, S. 6; 4: aus: Emilio Ambasz (Hrsg.): Italy: The New Domestic Landscape, Ausst.kat. Museum of Modern Art, New York 1972, S. 161; 5: Foto: Tom Jacobi; 6: aus: form 185, 2002, S. 55 Foto: Klaus Wäldele

ZÄSURSEITEN / KLAPPEN
S. 10/11: Zahnarztinstrumente aus Instrumentenstahl, Aesculap AG; Foto: regiophot, Tuttlingen; S. 22/23: Dieter Rams: Regalsystem 606, 1960; Foto: Vitsœ und Airside; http://vitsoe.com; S. 32/33: Containerhafen – Zeichen der Globalisierung; Foto: Bopp, Friedrich, Wild, Mainz 2011; S. 44/45: Nendo: Cabbage Chair; Foto: Masayuki Hayashi; S. 56/57: © 2011 by Lucy + Jorge Orta; Lucy Orta: Refuge wear – Habitent, 1992–1993, Aluminium coated polyamide, polar fleece, telescopic aluminium poles, whistle, lantern, transport bag; Foto: Anne de Villepoix Gallery, Courtesy of the Artist; S. 66/67: mmw architects: Temporärer Pavillon, National Museum of Art, Architecture and Design, Oslo 2005; Foto: © mmw.no > photo: Eirik Førde; S. 80/81: Simple. 20 years in the making; S. 92/93: Gartenzwerge, vom Spießertum zum Kultobjekt; Foto: Bopp, Friedrich, Wild, Mainz 2011; S. 104/105: Aus gebrauchten Dosen gefertigte Spielzeugautos, Madagaskar; Foto: Lukas Plum, o.k.-Versand; S. 114/115: Kaffeemaschine WMF1; Foto: WMF; S. 126/127: Leitsystem der Fachhochschule Mainz; Johannes Bergerhausen, Carola Bieser, Johannes Ludwig, Isabel Naegele, 2008; Foto: Bopp, Friedrich, Wild, Mainz 2011; S. 136/137: Charles & Ray Eames: Plastic Armchairs; Foto: Vitra; S. 150/151: Haarschleife einer »Gothic Lolita« – einer unter vielen Trends in Harajuku, Tokio; Foto: Bopp, Friedrich, Wild, Mainz 2011; S. 164/165: Hans (Nick) Roericht: TC 100, © HfG-Archiv Ulm; Foto: Ernst Fesseler; S. 174/175: Platform – Jan Wertel, Gernot Oberfell, Matthias Bär, www.platform-net.com; Fractal Table; Foto: Platform; S. 186/187: Philips: Diagnostic Kitchen; Foto: Philips; S. 200/202: Oskar Zięta: Plopp, 2006; Zieta Prozessdesign; S. 212/213: prospective concepts ag, Schweiz: Technologieträger »Stingray«, entwickelt im Auftrag von Festo; S. 224/225: Sensacell: Interaktive Module auf der Expo 2008 in Zaragoza; Foto: Sensacell; S. 236/237: AO Gamesystem, Design und Konzeption: Péter Kalmár www.goldnbold.de; Foto: Klaus Wäldele! www.ausklaus.de; S. 250/251: Arnolfini, Bristol; Foto: Jamie Woodley

COVER
Schnittstellen; Foto: Bopp, Friedrich, Wild, Mainz 2010

DANK

Dieses Buch entstand in enger Zusammenarbeit mit der Fachhochschule Mainz, Studiengang Kommunikationsdesign. Herausgeber und Verlag danken den Gestalterinnen Blanka Bopp, Saskia Friedrich und Ina Wild unter der Leitung von Prof. Johannes Bergerhausen herzlich für ihr Engagement.

IMPRESSUM

Konzeption: Petra Eisele und Bernhard E. Bürdek
Wissenschaftliche Mitarbeit: Sandra Groll, HfG Offenbach
Redaktion: Anja Schrade
Gestaltung: Blanka Bopp, Saskia Friedrich, Ina Wild im Seminar Buchgestaltung von Prof. Johannes Bergerhausen, Studiengang Kommunikationsdesign, Fachhochschule Mainz
Lithografie: Corinna Rieber Prepress
Papier: Munken Print White 100 g/m²
Druck: Kösel GmbH & Co. KG, Altusried-Krugzell

avedition GmbH
Koenigsallee 57
D-71638 Ludwigsburg
Phone: 0049 7141 1477 391
Fax: 0049 7141 1477 399
www.avedition.de

ISBN 978-3-89986-150-1
Copyright © 2011 by **av**edition GmbH, Ludwigsburg

Wir haben uns bemüht, alle Rechteinhaber ausfindig zu machen. Wo dies in Einzelfällen nicht gelang, bitten wir um Nachricht.
We have taken great pains to locate all copyright holders. Should we have been unsuccessful in individual cases, please contact us.

Alle Rechte, insbesondere das Recht der Vervielfältigung, Verbreitung und Übersetzung, vorbehalten. Kein Teil des Werkes darf in irgendeiner Form (durch Fotokopie, Mikrofilm oder ein anderes Verfahren) ohne schriftliche Genehmigung reproduziert oder unter Verwendung elektronischer Systeme verarbeitet, vervielfältigt oder verbreitet werden.
This work is subject to copyright. All rights are reserved, whether the whole or part of the material is concerned, and specifically but not exclusively the right of translation, reprinting, reuse of illustrations, recitation, broadcasting, reproduction on microfilms or in other ways, and storage in databases or any other media. For use of any kind, the written permission of the copyright owner must be obtained.

Printed in Germany